上

# 簡明
# 中國近代史
# 讀本

*A Brief Modern Chinese History*

張海鵬 翟金懿 / 著

余雅君
匯文君
文君
年

# 明中國近代史讀本（上、下冊）

□
著者
張海鵬 翟金懿

□
出版
（香港）有限公司
9 號北角工業大廈 1 樓 B
2）2137 2338
）2713 8202
ghwabook.com.hk
hwabook.com.hk

公司

社授權出版

# 前　言

　　本書是應約為公眾撰寫的一本中國近代史簡明讀本。

　　公眾需要了解中國近代史，社會需要了解中國近代史，一代一代成長起來的年輕人需要了解中國近代史。了解一點中國近代史，對正在為中華民族復興而奮鬥的人們，增加一種前進的動力，增加一種正能量，是我們樂於為之的。這是我們撰寫這本《簡明中國近代史讀本》的出發點。

　　普及本的中國近代史書，以往已經出版很多，特別是20世紀70—90年代，同類讀物數以百計。還有必要再增加一本嗎？應該說還是有必要的。時間已經過去了1/3世紀，人們對中國近代史知識的渴望不僅未減少，反而增加了；學界對中國近代史的認識遠比過去清楚了，學術研究的進步也很大。過去的歷史，是一個客觀存在，由於主客觀各方面的原因，人們的認識是不可能一步到位的，而是一個不斷累積的過程。隨着時代的前進，隨着新史料的發現，人們回思歷史，總是難免某種新鮮感。近三四十年來，由於國家的對外開放，學者們利用歷史資料，特別是利用國內外檔案史料的方便程度，與三四十年前相比，是不可同日而語的。隨便舉一個例子，三四十年前，中國內地學者到海外各國查閱與中國相關的檔案史料，是不大可能的；今天則完全不成問題。又如，30年前，台灣海峽兩岸的學者是不可能坐在一起探討中國近代歷史的，今天不僅已經具備這個條件，而且共享史料，共寫史書，也有條件了。三四十年來，我們國內有關檔案史料的公佈，學術論文、研究專著的發表和出版，與以往相比也是不可同日而語的了。再如，過去我們從一些書籍上看到的蔣介石日記是經過作偽的，今天我們可以從美國胡佛研究所看到真實的蔣介石日記手稿了。這就是說，今天我們的歷史認識較之

過去更客觀、更深刻、更全面。這就為本書引用海峽兩岸學者對中國近代史研究的正確觀點提供了方便。

再說，20世紀出版的中國近代史，下限都是到1919年，這是30年前對中國近代史的認識。此後，中國近代史學界的眼光發展了，他們認識到，1840—1919年的中國近代史，只是中國近代史的前半部分。如果把1919—1949年的歷史加上去，中國近代史就完整了。1840—1949年的中國，是半殖民地半封建社會，1949年10月中華人民共和國成立後，中國的社會性質不同了。我們是從社會性質的角度來定義中國近代史的。1949年10月以後，就成為中國現代史了。今天關於中國近代史的完整概念，已經與30年前不一樣了。

所以，今天再寫一本中國近代史，與三四十年前相比，基本內容、基本形象是不大一樣的。讀者如果拿本書與從前出版的同類書名的近代史書相比較，就會發現這個鮮明的特點。

以往人們常說，近代中國的歷史是屈辱的歷史。從鴉片戰爭清政府失敗時候起，中國社會便逐漸陷入半殖民地半封建社會的深淵。這便是近代中國社會的「沉淪」。這是半個世紀前歷史學家對中國近代史的一種解說。20世紀80年代，有學者發表論文，提出近代中國不僅有「沉淪」，還有「上升」。所謂半殖民地半封建社會，半殖民地是對獨立國家而言的，半封建是對半資本主義而言的。半資本主義，對封建社會是一種歷史的進步。半資本主義的存在，就是「上升」。所以，半殖民地半封建社會不僅有「沉淪」，而且有「上升」。這種「沉淪」和「上升」是同時並存的。這是歷史學家對近代中國歷史的又一種解說。

我們今天應該怎樣認識這個歷史問題呢？說近代中國歷史在「沉淪」，有它合理的地方，因為它看到了帝國主義侵略、政府腐敗給中國社會帶來的嚴重後果，但是，僅止於此，卻不能很好地解釋為甚麼近代中國以後有積極的、向上的發展。說近代中國的「沉淪」中有「上升」，也有它合理的地方，因為它看到了在「沉淪」、屈辱的中國，仍

然存在着「上升」的因素。但說在「沉淪」的過程中始終「包含着向上的因素」，「沉淪」與「上升」同時並存，也不能解釋整個中國近代史。

我們應該這樣思考：以往從近代中國80年的歷史看，主要只看到了近代中國歷史的「沉淪」，這是因為那時中國近代史的概念局限了自己的眼光。如果換一個角度，從近代中國110年的歷史看，就豁然開朗了。帝國主義侵略確實使中國社會發生「沉淪」，使獨立的中國社會變為半殖民地半封建社會，獨立主權、領土完整受到嚴重損傷。但是，「沉淪」也不是近代中國社會的唯一標誌，換句話說，近代中國社會也不是永遠「沉淪」下去。這就是說，即使是「陷入半殖民地半封建社會的深淵」，這個「深淵」也應該有一個「底」。

這個深淵的「底」在哪裏？底就在20世紀頭20年，就在《辛丑條約》簽訂以後至北洋軍閥統治時期。因為是「谷底」，所以是中國社會最困難的時候：《辛丑條約》給中國帶來了最大的打擊，帝國主義侵略中國更加重了，西有英國對西藏的大規模武裝侵略，東有日俄在東北為瓜分中國勢力範圍進行的武裝廝殺，北有俄國支持下外蒙古的獨立運動，南有日本、英國、法國在台灣、九龍租借地（新界）和廣州灣租借地的統治；到1915年以後，又有袁世凱接受日本提出的企圖滅亡中國的「二十一條」、袁世凱稱帝、張勳復辟、日本出兵青島和山東以及軍閥混戰，民不聊生至極點。看起來中國社會變得極為黑暗、極為混亂，毫無秩序、毫無前途。這正是「沉淪」到「谷底」的一些表徵。但是，正像黑暗過了是光明一樣，中國歷史發展到「谷底」時期出現了向上的轉機。中國資產階級革命派力量壯大起來，並導演了辛亥革命推翻帝制的悲喜劇，這次革命失敗，中國人重新考慮出路。於是，新文化運動發生了，五四愛國運動發生了，馬克思主義大規模傳入並被人們接受也在這時候發生了。孫中山領導的中國國民黨從這時改弦更張，重新奮鬥。中國共產黨在這時候成立並提出反帝反封建的明確主張。我們可以看出，

從這時候起，中國社會內部發展明顯呈現上升趨勢，民族覺醒和階級覺醒的步伐明顯加快了。在這以前，中國社會也有不自覺的反帝反封建鬥爭，也有改革派的主張和吶喊，但相對於社會的主要發展趨勢而言，不佔優勢；在這以後，帝國主義的侵略還有加重的趨勢（如日本侵華），但人民的覺醒，革命力量的奮鬥，已經可以扭轉「沉淪」，中國社會積極向上的一面已經成為社會發展的主要趨勢了。

近代中國社會的發展軌跡像一個元寶形，開始是下降，降到「谷底」，然後上升，升向一片光明。這就是說，鴉片戰爭以後，中國陷入半殖民地半封建社會「深淵」，直到20世紀初期，北洋軍閥時期，深陷到了「谷底」。對於中國社會來說，這時候面臨的主要是「沉淪」，雖然，這時中國在經濟、政治、思想、文化諸方面，實際上出現了積極的、向上的因素，但這種因素的發展是漸進的、緩慢的，相對於社會「沉淪」主流來說，它是弱小的；北洋軍閥往後，直到20世紀40年代，半殖民地半封建社會階段的中國漸漸走出「谷底」，隨着新的經濟因素不斷成長、壯大，隨着新的社會階級的出現，隨着人民群眾、社會精英民族意識和階級意識的日漸覺醒，社會向上的、積極的因素逐漸發展成為社會的主流因素，影響着社會向好的方面發展，雖然，消極的、「沉淪」的因素仍然嚴重地存在，它對中國社會的壓迫，甚至不比北洋軍閥時期以前弱。但是由於有新的階級、新的政黨、新的經濟力量、人民群眾的普遍覺醒這樣的上升因素在起作用，終於制止了帝國主義使中國滑向殖民地的企圖。

也就是說，中國近代史不僅是屈辱的歷史，也是中國人民為了民族獨立、國家富強而不屈不撓奮鬥的歷史。所謂屈辱主要體現在歷史的「沉淪」時期，所謂奮鬥，主要體現在歷史的「上升」時期。這不是說歷史的「沉淪」時期沒有奮鬥，那個時期中國人民有過不少次的奮鬥，但是，由於覺醒程度不夠，物質力量不夠，鬥爭經驗不夠，那時候中國人民的奮鬥還不足以制止中國社會的「沉淪」；在歷史的「上升」時

期，不是沒有屈辱，日本帝國主義對中國的侵略，甚至比以往歷次帝國主義侵略給中國造成的損害還要嚴重，但由於中國人民空前的民族覺醒和空前的艱苦奮鬥，中國社會不僅避免了繼續「沉淪」，而且贏來了反侵略戰爭的徹底勝利，為中國的現代化造就了基礎條件。

以上所說，就是本書所把握的兩個方面。第一，所謂中國近代史，它起於1840年英國為侵略中國發動的鴉片戰爭，終於1949年中華人民共和國成立，由於新中國成立這個歷史事件，結束了中國半殖民地半封建社會的歷史，開創了中國歷史的新紀元；第二，近代中國的歷史發展過程，不僅經歷了由於帝國主義侵略和封建腐敗統治的雙重作用，不斷向半殖民地半封建社會的深淵「沉淪」，並且「沉淪」到「谷底」，更經歷了衝出「谷底」，向上發展，進而走出半殖民地半封建社會的魔影，走向社會主義現代化的新中國的歷程。

近代中國這個「沉淪」到「谷底」，然後「上升」的過程，就體現了中國近代史的發展規律。本書正是按照這個發展規律，來安排章節，來鋪陳歷史的。著者希望讀者閱讀後，能夠掌握近代中國歷史發展的這個規律。對於這個規律的認識，著者是在1998年得出的，並且以學術論文的形式公開發表。近20年來，這個規律性認識，在中國近代史學術界，似乎未見反駁。今天，著者對這個規律性認識更堅定了。

本書的基本史實，依據下列各書：

1.張海鵬主編：《中國近代史（1840—1949）》，群眾出版社1999年版；

2.張海鵬主筆：《20世紀的中國·政壇風雲卷》，甘肅人民出版社1999年版；

3.張海鵬主編：《中國近代通史》，10卷本，江蘇人民出版社2007年版；又鳳凰出版傳媒集團·鳳凰文庫本2009年版；

4.馬克思主義理論研究和建設工程重點教材、《中國近代史》教材編寫課題組（張海鵬為第一首席專家）：《中國近代史》，高等教育出

版社、人民出版社2012年版。

本書主要參考讀物：

1.中國社會科學院近代史研究所編，丁名楠等主編：《帝國主義侵華史》，第1卷（人民出版社1973年版）、第2卷（人民出版社1986年版）；

2.中國社會科學院近代史研究所編，余繩武等主編：《沙俄侵華史》，第1—4卷，人民出版社1978—1990年版；

3.中國社會科學院近代史研究所編，劉大年主編：《中國近代史稿》，第3卷，人民出版社1986年版；

4.中國社會科學院近代史研究所編，張振鵾、沈予主編：《日本侵華七十年史》，中國社會科學出版社1992年版；

5.劉大年、白介夫主編：《中國復興樞紐——抗日戰爭的八年》，北京出版社1997年版；

6.中共中央黨史研究室著：《中國共產黨歷史》第一卷（1921—1949），中共黨史出版社2011年版；

7.中共中央黨史研究室著：《中國共產黨的九十年》（新民主主義時期），中共黨史出版社、黨建讀物出版社2016年版。

在編寫過程中，著者還參考了時賢一些學術論著，吸收了一些最新研究成果，書中未盡一一列名，謹在此對他們的貢獻表示謝意。

與一般大眾讀物不同，本書儘可能多地增加了一些注釋，一方面表示寫作有據，另一方面力圖為有興趣深入閱讀的讀者提供方便。絕大部分注釋都逐一進行了核對，糾正了前引各書中的個別注釋錯誤。著者也希望通過增加注釋這種方式，提高這本簡明讀本的學術性，也就是說，這本簡明讀本是在學術研究的基礎上寫成的。

本書是中國社會科學出版社申請的中國社會科學院院長交辦課題。本人接受任務後雖然經常縈繞心際，始終未停止思考，但一直未能抽出時間撰寫，以至拖延了時間，這是需要向讀者說明並致歉意的。回過頭

來看，也許拖延一點時間有好處，好處就是可以更多吸收最新學術觀點，本書在這方面下了一些功夫。

　　求簡、求新、求全是本書的寫作原則。求簡，就是儘可能簡明扼要，不要拖泥帶水；求新，包括一個全新的學術、邏輯體系和一些學術界最新的研究成果；求全，是指大事不漏，一本簡明的近代史，篇幅有限，不可能處處兼顧，政治、經濟、軍事、文化都不漏掉，是不可能的，但近代歷史上的大事不可遺漏，圍繞着政治史的大事不可漏掉。與以往類似篇幅的中國近代史書相比，本書可以做到，基本史實力求準確，學術體系全新，又吸收了最新研究成果。本書不僅引證中國近代史學界那些最著名的學者們的觀點，也引證做出紮實研究的年輕學者的學術觀點，包括台灣一些學者的學術觀點。引用的書籍包括本書作者即將完稿時出版的中國近代史著作，最晚的是2016年11月出版的書。

　　本書由我和我的學生翟金懿博士合作撰寫，我撰寫了第一至七章、第十二、十三章；翟金懿提供的第八至十一章初稿，由我修改定稿。

　　當然，智者千慮，或有一失。本書可能會有表述不夠嚴謹，概括不夠周到，或者運用史實有錯誤與不妥的地方，敬請讀者不吝指正！

張海鵬

2017年8月10日

# 目　錄

# 1840年前的
# 世界形勢與清朝社會

1840年，是英國對中國發動鴉片戰爭的一年。鴉片戰爭，中斷了中國社會歷史獨立發展的行程，使中國開始走上半殖民地半封建社會的道路，成為近代中國歷史的開端。中國是在怎樣的國際環境中進入近代社會的？

　　1640年，英國發生資產階級革命，隨後在1789年法國發生資產階級革命，資本主義制度在世界上逐步確立起來。歐洲主要資本主義國家在資產階級革命勝利前後，積極向海外進行殖民擴張。他們依靠海盜式掠奪、直接搜刮、販賣奴隸、走私鴉片以及發動殖民戰爭、爭奪海上霸權等暴力掠奪手段，從亞洲、非洲、美洲掠奪大量財富，是資本主義原始積累的重要來源之一，大大加速了歐洲資本主義的發展。歷史事實證明，給人類帶來了光明的歐洲先進的資本主義文明，是伴隨着對亞洲、非洲、美洲等地區廣大國家和人民的殖民掠奪發展起來的。一邊是資本主義國家，愈來愈富有，另一邊是殖民地、半殖民地國家和地區，愈來愈貧窮，這就是17世紀中葉資產階級革命以來的世界財富分佈圖。

　　18世紀60年代起，象徵着資本主義生產力蓬勃發展的「工業革命」在英國首先開始。此後半個多世紀，資本主義機器生產在英、法、美等國逐漸佔據主導地位。19世紀20年代，英國工業總產值佔全世界工業總額50%，原煤產量佔世界70%。社會生產力飛速增長，對產品市場和原料來源的要求越來越強烈，爭奪殖民地的鬥爭也就日趨激烈。到19世紀30年代，非洲大陸的北部和南部、美洲的加拿大、大洋洲的澳大利亞和新西蘭、亞洲的西南和東南部，已經或者正在變為資本主義列強的殖民地、半殖民地。世界上不同的國家和民族日益增多地被捲進資本主義的旋渦裏面。亞洲的封建古國清帝國仍獨立不倚，但已受到英國鴉片的不斷襲擊，英國的大炮也已對準它了。從國際的環境講英國侵略中國的鴉片戰爭，是這種世界形勢的必然產物，往後在中國發生的一系列新的事變，也是以這個形勢為背景一幕一幕地展開的。

　　在19世紀30年代，主要的資本主義強國或宗主國是英、法等國。

西班牙、葡萄牙、荷蘭則是老牌的海上殖民帝國，早在17世紀已經衰落了。它們的殖民地或者被英法等國奪去，或者擺脫殖民統治而獨立，如拉丁美洲的大部分國家就是在19世紀20年代從西班牙、葡萄牙的殖民統治下獨立出來，並在30年代或稍後一些發展成為資產階級共和國的。但西班牙仍領有菲律賓，荷蘭仍領有荷屬東印度（今印度尼西亞），葡萄牙仍領有非洲的安哥拉等地。

英國自17世紀中葉開始資產階級革命，18世紀中葉開始工業革命，迅速發展成為當時世界上最先進的工業國。英國資產階級對內加強階級壓迫和剝削；對外加緊發動侵略戰爭，到處擴張殖民帝國，開闢新的市場。在亞洲，英國東印度公司於17世紀就佔領了印度的馬德拉斯、孟買和加爾各答，18世紀中葉，英國直接出兵佔領孟加拉。此後，又數次發動對印度的殖民戰爭。到19世紀30年代，除中部、北部若干土邦外，整個印度都成了英國的殖民地。佔領印度，使英國受益無窮。此後，印度成了英國侵略亞洲各國的前進基地：用來打開中國大門的特殊商品鴉片，主要的產地就是印度的孟加拉。侵略中國和亞洲其他國家的軍人，一部分也是從印度派出的。印度淪為殖民地，對西方資本主義世界和中國都產生了深遠的影響。1824年，英國又把馬來亞的檳榔嶼、馬六甲和新加坡合併起來，建立海峽殖民地。北美的加拿大和大洋洲的澳大利亞在18世紀成了英國的殖民地。澳大利亞東南的新西蘭，也在1839年接受了英國的殖民統治。19世紀初，英國取得了西非洲的岡比亞、塞拉勒窩內和黃金海岸等殖民地以及南非的開普敦殖民地。約略統計，19世紀前期，英國擁有的殖民地領土為200多萬平方公里，人口達1億，掌握着資本主義世界的霸權。

法國大革命為法國資本主義發展掃清了道路，工業生產迅速上升。法國成為僅次於英國的資本主義國家。18世紀中葉，在英、法爭奪殖民地的七年戰爭期間，法國在北美和印度的殖民勢力大部被英國逐出，但仍保有非洲的塞內加爾殖民地和南美洲的法屬圭亞那，並在1830年出兵

北非的阿爾及利亞，使它成為法國的殖民地。同時在中南半島上的越南打開侵入亞洲的缺口。佔領越南，侵略中國，成為法國殖民者的最終目的。

北美十三州原是英國的殖民地，1775—1783年反對英國殖民者的北美獨立戰爭取得勝利，建立美利堅合眾國。美國的資本主義雖比英、法落後，但發展很快。1803年、1819年美國分別從法國、西班牙購得大片肥沃土地，領土一下擴大了一倍多。19世紀中葉，美國鐵路總長已佔世界第一位。美國商人活躍於世界各地。不久，美國資產階級就成了英國侵華的幫兇。

俄國是一個長期處在封建農奴制統治下的歐洲國家，直到19世紀前半期封建經濟仍佔統治地位。沙皇俄國從16世紀末起就推行對外擴張政策。17世紀中葉，俄國兼併烏克蘭，征服西伯利亞，把他們的活動推進到中國黑龍江流域。1689年中俄簽訂了《尼布楚條約》，劃定了中俄東段邊界。1727年中俄簽訂《布連斯奇條約》，劃定了中俄中段邊界。18世紀，俄國把白俄羅斯、波羅的海沿岸地區並入俄國版圖。19世紀初，俄國又吞併了波蘭、芬蘭、北高加索、比薩拉比亞等地，到19世紀40年代，俄國勢力就侵及中國東北和新疆地區了。

以上英、法、美、俄四國，就是在中國近代史初期侵略中國的幾個主要國家。此外，德國在19世紀30年代，資本主義才有較快的發展。但德國還處在四分五裂狀態中，未能統一起來。日本是中國的東鄰，自17世紀以來，一直處在德川家族封建軍事專政下面。鴉片戰爭後日本受到震動，開始發動改革。19世紀六七十年代後，日本的資本主義才得到發展。此後，德國和日本也加入對華侵略國的行列。

在這個時期，世界上的國家除了資本主義、宗主國及其殖民地外，還有一類是獨立國家。獨立國家中，最大的就是處在亞洲東部的中國，統治中國的是清朝皇帝。清朝立國200年，已經進入自己的晚期。除了它的北部鄰國外，它的東部、南部、西南部各鄰國，有的已成了殖民地，

有的正要成為外國殖民侵略的對象。在亞、非、歐三洲的接合部，有一個龐大的奧斯曼帝國，那是一個鬆散的聯合體，它的強盛時期已經過去。其中，希臘已經在1830年獨立出來，阿爾及利亞也在同年成為法國的殖民地，埃及不久也要擺脫帝國的控制。奧斯曼帝國也正在受到列強的侵略。

世界上完全沒有被殖民者踐踏的大片土地除了非洲荒漠的腹地外，就是中國了。

中國不是「中央之國」，「華夷秩序」觀念落後了。

這時候，中國是怎樣一個國家呢？

1644年清順治皇帝昭告天下，「定鼎燕京」，一晃就快200年。康熙、雍正、乾隆三朝盛世已經過去了，中國封建王朝的盛世也已過去了。封建社會末世的許多弊端明顯地暴露出來。

最重要的是，封建社會一系列制度和思想觀念束縛了生產力的發展。據人口史學者研究，到鴉片戰爭前夕，中國人口已猛增到 4 億，生齒日繁，生存不易，耕地的增加遠遠跟不上人口的增長，社會壓力很大。承平日久，各地普遍出現土地兼併、土地集中、兩極分化、貧富懸殊的現象。乾隆時期就有人上奏指出：「近日田之歸於富戶，大約十之五六，舊日有田之人，今俱為佃耕之戶」[1]，還有人指出：「一家而有數千百家之產，則一家而致失業者數千家。」[2]在這種社會分化情況下，社會階級矛盾的爆發是遲早要發生的。當時的人口學者洪亮吉認識到：人口增長快於耕地增長，必定引起社會的動盪。加之自然災害頻發，人民生活痛苦。

中國封建社會長期形成的地主制經濟穩定結構，小農自然經濟的特點，重農抑商的歷史傳統觀念，使得長江三角洲、珠江三角洲少數地

---

1 楊錫紱奏：《皇清奏議》卷十三。
2 錢維城：《養民論》，《皇朝經世文編》卷十一。

方出現的工場手工業難以衝破封建制度的樊籬，當歐洲在17世紀發展資本主義生產方式，18世紀開始工業革命的時候，中國還處在封建社會階段。這時候，中國作為一個大國，生產力發展明顯落後於歐洲了。從社會形態發展來說，中國落後於歐洲，說明中國社會開始呈現下降趨勢。

清朝皇帝當然看不到這一點，仍然以大國自居，妄自尊大。乾隆年間，為了防止中外交往，實行了只准廣州一口貿易的閉關政策，制定了防止外國人來華活動的種種苛細繁雜的規條和章程[1]，把中國人了解歐洲的大門關緊了。1793 年（乾隆五十八年），英國國王派出馬嘎爾尼勛爵組成的龐大使團來華訪問，隨團 700 多人，帶着顯示英國科技水平和工業能力的大批「奇異之物」來到中國，要求「駐使」、「通商」，劃舟山和廣州附近一小島歸英商使用，自由往來等。兩廣總督用「華夷秩序」觀念把使團信函錯譯成補祝乾隆皇帝八十大壽的來函，把使團當作「貢使」接待。馬嘎爾尼雖然在熱河避暑山莊受到皇帝接見，但因禮儀問題，雙方都不愉快，交涉未能達成協議。乾隆皇帝和朝中大臣、督撫，完全不了解英國和歐洲情勢，不知道英國已經是一個歐洲新興的資本主義海上強國，仍視其為「蠻夷之邦」，拿出以「上國」對付「下國」的「駕御外藩之道」，虛驕自大。已是資本主義海上強國的英國使節，不把中國皇帝放在眼裏，不能屈就中國禮儀，在通商要求的背後，隱藏着類似割讓領土的條件。中英雙方最初的接觸不歡而散。這次接觸反映了兩種文明的差異，也反映了社會形態的差異。清朝皇帝因虛驕自大失去了一次了解外部世界的機會。乾隆對於英國的「奇技淫巧」不屑一顧，哪裏知道這些「奇技淫巧」背後的支撐力量是遠勝於封建地主制小農經濟的先進資本主義生產方式呢。

到了封建社會末期，地主階級在歷史上曾經發揮過的進步作用已喪失殆盡，腐敗貪污成為大小官僚的一般現象。乾隆皇帝又是六次南巡，

---

**1** 參見戴逸《乾隆帝及其時代》，中國人民大學出版社1992年版，第412—413頁。

又是六十大壽，又是大修圓明園，極盡豪奢。滿洲作為統治階級，政治上早已失去進步動力，清初曾經建功立業打天下的八旗軍人已經完全不能打仗。吏治腐敗，貪污橫行。官僚貪贓枉法、斂財納賄。最典型的是乾隆時代的大官僚和珅，擔任軍機大臣20多年，專權、貪婪，被民間稱為「二皇帝」。乾隆死去，嘉慶立即治和珅罪，沒收田地85萬畝，查抄家產109號，已估價的26號，值白銀2.2億兩，是當時國庫年收入 5 倍，難怪民間有「和珅跌倒，嘉慶吃飽」的諷刺。

這種情況給農民起義提供了溫床。乾隆末期，各地起義頻發，其中尤以川鄂陝白蓮教起義對清廷威脅最大。川鄂陝交界地區，深山老林，農民生活艱難，各地前來就食的貧民聚集，生活動盪不安。這裏又存在民間祕密會社白蓮教及其各支派，白蓮教有明顯的反清傾向。河南、陝西、湖北各省搜捕、殺害各地白蓮教首領，激起了各地信教農民和無業遊民的不安。各地官吏藉搜捕白蓮教之機搜刮民脂民膏，進一步造成大批老百姓流離失所。1796年（嘉慶元年），湖北各地白蓮教發動起義，起義軍控制鄂西、鄂北大片地區。次年起義軍轉進河南、陝西、四川各地，沉重打擊了清朝統治。清廷舉全國之力，大肆鎮壓起義軍，直到1804年歷經九年才把白蓮教鎮壓下去。實際上，到鴉片戰爭前，各地農民起義此起彼伏，始終未有停息。

就在這個時候，英國資產階級向中國加緊輸入鴉片，中國社會的動盪更加劇烈。英國輸入鴉片、中國禁止鴉片，表面上是通商爭執，本質上是英國開拓殖民地、中國抵制英國侵略的鬥爭。英國資產階級積極準備用戰爭手段來實現它的目的。上升中的世界資本主義強國，它的霸權衝動，終於把中國捲進了日益頻繁的世界衝突的旋渦。中國面臨社會「沉淪」已是無可迴避的了。

第一章

# 鴉片戰爭：
# 中國走向半殖民地半封建社會的開始

## 第一節

# 英國走私鴉片與
# 林則徐禁煙

　　17世紀開始，英國就從中國採購茶葉、絲綢和瓷器，以後還從中國採購土布。但是英國產品並不受中國歡迎，英國拿不出多少東西與中國交換。東印度公司自中國輸往英國的茶葉，1760—1764年為42,065擔，到1830—1833年達到235,840擔，是前者的六倍。[1] 英國自中國輸入土布，1817—1818年度值395,237兩白銀，1830—1831年度值386,364兩白銀，英國輸出中國的棉紡織品則較少，1821—1822年度值9,807兩白銀，1830—1831年度值246,189兩白銀，入超很大。[2] 進口多於出口，形成巨大的收支逆差。開始英國是從國內運白銀到中國來平衡逆差。18世紀70年代以後，英國商人找到了鴉片作為平衡逆差的工具。根據中國近代經濟史專家的研究，在1837—1839年，英國銷華合法商品的總值平均每年不過91萬多鎊，從中國進口的商品總值，平均每年高達427萬多鎊，入超平均每年超過330萬鎊。這個巨大逆差就是依靠走私鴉片來平衡的。[3] 走私鴉片，成為英中貿易的生命線。

　　從19世紀20年代起，英國運進中國的鴉片激增。據估計，1820—1824年，每年平均輸入近8,000箱；1825—1829年，每年平均輸入12,576箱；1835—1838年，每年平均輸入35,445箱；1838—1839年，輸入鴉片超過 4 萬箱。每箱鴉片售價通常是600—800元，有時高達1,000元。鴉片

---

**1** 參見蕭致治主編《鴉片戰爭史》上冊，福建人民出版社1996年版，第131頁。
**2** 參見嚴中平等編《中國近代經濟史統計資料選輯》，科學出版社1955年版，第13頁。
**3** 引自嚴中平主編《中國近代經濟史 1840—1894》上冊，人民出版社1990年版，第18頁。

煙價，不但抵補了英國貿易的逆差，而且大有盈餘。白銀的流向開始改變。據印度孟買、加爾各答和馬德拉斯三處海關記載，1833—1839年，中國平均每年流出白銀420萬兩。估計鴉片戰爭前夕，中國每年全部白銀流出量在1,000萬兩以上。[1]

很早以前，清政府就禁止鴉片入口，但是實際效果不大。英、美等國鴉片販子有本國政府支持，不顧清政府禁令，勾結中國沿海私販，賄賂清朝各級官吏，把鴉片偷偷運進中國。沿海一帶負責查拿煙販的官吏，直至皇帝任命的海關監督、巡撫、總督，大部分明裏掛着禁煙的招牌，暗裏收受賄賂，包庇、縱容鴉片走私。甚至遠在京城的衙門官員和皇帝，也直接間接從鴉片走私中得到好處。在這種情況下，外國煙販有恃無恐地破壞中國政府的禁煙行為。馬克思曾經一針見血地指出：「中國人的道義抵制的直接後果就是，帝國當局、海關人員和所有的官吏都被英國人弄得道德墮落。侵蝕到天朝官僚體系之心臟、摧毀了宗法制度之堡壘的腐敗作風，就是同鴉片煙箱一起從停泊在黃埔的英國躉船上被偷偷帶進這個帝國的。」[2]

大量鴉片毒品走私入口，不僅造成白銀外流、國庫空虛，而且造成嚴重的社會問題。據1835年的估計，全國吸食鴉片的人數達到200萬，大多數是官僚、地主等剝削階級以及依附剝削階級的人。官僚、士兵吸食鴉片，走私和賄賂公行，吏治進一步腐敗。統治階級遭受腐蝕而遇到內部癱瘓的危機，不能不引起清朝統治者的嚴重關注。

清朝統治階級內部關於如何對待鴉片問題展開討論。有兩種針鋒相對的意見發表，一種是弛禁論，另一種是嚴禁論。弛禁論的代表是中央政府的太常寺少卿許乃濟。他曾任廣東省按察使，常與廣東地方官紳私

---

1 參見中國社會科學院近代史研究所編《中國近代史稿》第一冊，收入張海鵬主編《劉大年全集》第5卷，湖北人民出版社2016年版，第16頁。

2 馬克思：《鴉片貿易史——二》，《馬克思恩格斯文集》第二卷，人民出版社2009年版，第633頁。

下議論禁煙問題，據此寫成《弭害論》在民間傳播，地方官紳等也各寫成文章流傳，隱然形成一種弛禁的輿論。但最早向皇帝提出弛禁問題的是廣東的官員。1834年10月，兩廣總督盧坤回覆道光皇帝，認為按照皇帝上諭驅逐停泊在伶仃洋的英國鴉片躉船是辦不到的，同時他把廣東官紳的私下議論作為奏摺的附片，上報給皇帝，試探皇帝的態度。他在附片裏說，鴉片走私「勢成積重，驟難挽回」，經過多次「周咨博採」，了解到廣東名士私下議論，有三種意見：一是「准其販運入關，加徵稅銀，以貨易貨，使夷人不能以無稅之私貨為售賣紋銀者」；二是「弛內地栽種罌粟之禁，使吸食者買食土膏，夷人不能專利，紋銀仍在內地運轉，不致出洋者」；三是認為「內地所得不償所失，不若從此閉關，停止外夷貿易」[1]。但是盧坤對「閉關」的意見作了明確駁斥，表示「萬無閉關之理」，對前兩種意見未示可否，顯然是作為正面看法，提供皇帝參考。道光皇帝對官紳的這種私議，未加評論。第二年，還廢止了每年奏報一次禁煙情況的制度。弛禁派受到鼓舞，即連續有人奏請弛禁鴉片。最重要的奏報是1836年6月由太常寺少卿許乃濟提出的一奏一片，正式提出「弛禁」鴉的建議，實際上就是前此廣東官紳的私議。他的建議主要是：一是「准令夷商將鴉片照藥材納稅，入關交行後，只准以貨易貨，不得用銀購買」；二是「如官員、士子、兵丁私食者，應請立予斥革，免其罪名，寬之正所以嚴之也」，「其民間販賣吸食者，一概勿論」[2]；三是「寬內地民人栽種罌粟之禁」，「內地之種日多，夷人之利日減，迨至無利可牟，外洋之來者自不禁而絕」[3]。許乃濟的弛禁奏摺使

1 盧坤：《奏請對英人私販鴉片一事應暫為羈縻約束再圖禁絕片》，中國第一歷史檔案館編《鴉片戰爭檔案史料》第一冊，上海人民出版社1987年版，第166頁。
2 許乃濟：《奏為鴉片煙例禁愈嚴流弊愈大應急請變通辦理摺》，《鴉片戰爭檔案史料》第一冊，第202頁。
3 許乃濟：《奏請弛內地民人栽種罌粟之禁片》，《鴉片戰爭檔案史料》第一冊，第203頁。

國內外的鴉片販子受到鼓舞。英國鴉片販子查頓控制的《廣州紀事報》將許乃濟的奏摺全文發表，查頓並預計這個奏摺將為皇帝批准，此舉帶來了鴉片貿易的合法化，並刺激了鴉片貿易的發展。道光皇帝把許乃濟的奏摺發給各地大員討論。兩廣總督鄧廷楨立即表示支持，認為「弛禁通行，實於國計民生均有裨益」[1]。但是反對弛禁的奏摺有3份之多，對許乃濟的主張作了全面的駁斥。[2] 道光採納反對弛禁的意見，堅定禁煙的決心。此後，兩廣總督鄧廷楨也收回弛禁主張，在廣東實施禁煙措施。但是究竟如何禁，一時拿不出辦法。

嚴禁論的代表是鴻臚寺卿黃爵滋。1838年6月，黃爵滋奏請嚴禁吸食鴉片，他建議，皇帝頒下諭旨，限一年內戒煙，如一年後仍然吸食，是「不奉法之亂民」，可以處以死刑；文武大小各官如逾限吸食者，應照常人加等，子孫不准考試；「其地方官署內官親幕友家丁，仍有吸食被獲者，除本犯治罪外，該本管官嚴加議處」[3]。道光將黃爵滋奏摺批轉各地討論，並且很快收到了各地督撫將軍大臣的議覆奏摺29件，除林則徐等 8 位督撫同意黃爵滋重治吸食的意見外，其餘主張加重處罰，但不必殺頭；還有19人主張禁煙的重點在查禁海口，切斷毒源，而不同意重治吸食。[4] 林則徐的奏摺，不僅分析了鴉片泛濫對社會經濟的破壞，駁斥了反對嚴禁吸食的種種主張，明確指出法當從嚴：「若猶泄泄視之，是使數十年後，中原幾無可以禦敵之兵，且無可以充餉之銀。」[5] 1839年6月，清政府吸收這次討論的精神，本着法當從嚴的原則，制定了《嚴禁

1 鄧廷楨：《奏請准照許乃濟所奏弛禁鴉片並擬章程呈覽摺》，《鴉片戰爭檔案史料》第一冊，第206頁。
2 參見蕭致治《鴉片戰爭史》上冊，第174—178頁。
3 黃爵滋：《奏請嚴塞漏卮以培國本摺》，《鴉片戰爭檔案史料》第一冊，第256—257頁。
4 參見茅海建《天朝的崩潰——鴉片戰爭再研究》，生活 · 讀書 · 新知三聯書店1995年版，第90—91頁。
5 林則徐：《奏為錢票無甚關礙宜重禁吃煙以杜弊源摺》，《鴉片戰爭檔案史料》第一冊，第361頁。

鴉片煙條例》，對興販、吸食鴉片者，按罪行輕重，定出了斬立決、絞監候等各等處分。這個條例，基本上採納了黃爵滋和林則徐的主張。

1838年10月，道光命令將兩年前提出弛禁主張的許乃濟降級、退休。11月，召湖廣總督林則徐進京，任命林則徐為欽差大臣，節制廣東水師，趕赴廣東查禁鴉片。1839年3月，林則徐到達廣州後，立即與兩廣總督鄧廷楨、廣東水師提督關天培等整頓海防，嚴拿煙販，嚴懲受賄買放的水師官弁。他在詳細了解了鴉片走私活動情況後，通知外國商人在3天內將所存煙土全部交出，聽候處理；他要求外商申明：「嗣後來船永不敢夾帶鴉片，如有帶來，一經查出，貨盡沒官，人即正法，情甘服罪」，同時宣稱：「若鴉片一日未絕，本大臣一日不回，誓與此事相終始，斷無中止之理。」[1]

禁煙行動在廣州雷厲風行。1839年4月至5月，英國、美國鴉片商人共呈繳煙土1.9萬多箱，約計118萬公斤。林則徐下令將所繳煙土在虎門海灘公開銷毀。從6月3日起開始銷煙，銷毀行動延續20多天。虎門銷煙是中國政府發起禁煙運動、維護國家主權的一個鄭重宣示。這個宣示向世界表明中國人民的道德心和反抗外國侵略的堅強意志。天安門廣場上人民英雄紀念碑的第一幅浮雕，就是1839年6月3日虎門銷煙的莊嚴場面。

---

1 林則徐：《諭各國商人呈繳煙土稿》，《林則徐全集‧公牘》，中華書局1963年版，第59頁。

# 戰爭進程 《南京條約》
# 的簽訂與條約體系的形成

　　林則徐命令外商呈繳鴉片的消息傳到倫敦，英國資產階級沸騰起來，特別是其中的鴉片利益集團，立刻叫囂發動戰爭。1839年10月1日，英國政府正式做出出兵中國的決定。1840年2月，英國政府任命懿律和義律為正副全權代表，以懿律為侵華英軍總司令。6月，英國艦船40多艘，士兵4,000多人陸續到達中國南海澳門附近海面。鴉片戰爭正式開始。英軍首先進攻廣州海口，因林則徐、鄧廷楨早有防備，不能得逞，便以主力北犯，7月初侵佔浙江定海，8月上旬到達大沽口外，企圖迫使清政府屈服。這時候，道光皇帝的態度動搖了。直隸總督琦善受命前往大沽口與英軍談判。琦善對英軍表示要懲辦林則徐等人，只要英軍退返廣東，便可以滿足其要求。英軍南返後，清廷撤去林則徐、鄧廷楨職務，任命琦善為欽差大臣，到廣州與英國人談判。11月底，琦善在廣州答應了英軍大部分要求。談判未成，英軍突然在1841年1月7日攻佔珠江口的沙角、大角炮台。琦善未經清廷同意，被迫答應了割讓香港、賠償煙價600萬元、開放廣州等條件。接着，英軍佔領香港。這是戰爭的第一個段落。

　　清廷得知沙角、大角炮台失守，便發佈了對英宣戰詔書，同時派御前大臣奕山主持廣東戰事。奕山未到廣州，英軍卻先攻佔了虎門和廣州以南各炮台。5月，奕山到廣州，稍與英軍發生戰事，便全部退入城內，與英軍訂立了可恥的城下之盟《廣州和約》，規定向英軍交出贖城費600萬元，清軍退出廣州城。這是戰爭的第二個段落。

　　英國政府認為英軍在華取得利益太少，改派璞鼎查為全權公使，增

中國水師與英國海軍在穿鼻洋面激戰 （採自Basil Lubbock, *The Opium Clippers*, p. 192）

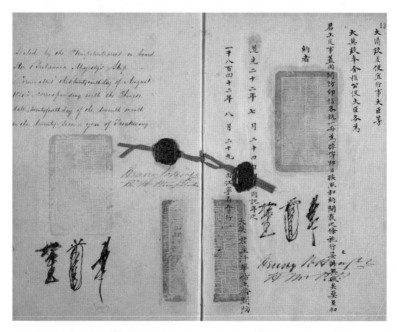

《南京條約》中英文簽字頁 [採自英國國家檔案館，檔案號FO/93/23/1b(13)]

**第一次鴉片戰爭形勢圖（1840—1842）**本書歷史地圖，來源參見張海鵬編著《簡明中國近代史圖集》，北京：長城出版社，1984年版。

派援軍，擴大對華侵略。1841年8月，璞鼎查率援軍到達南海，隨後攻佔廈門、定海、鎮海、寧波。1842年6月，英軍攻入吳淞口，7月攻陷鎮江，8月初英軍到達南京江面。盛京將軍耆英等奉命趕到南京求和，8月29日在英國戰艦「康華麗」號上與璞鼎查簽訂了中國近代史上第一個不平等條約《南京條約》，結束了鴉片戰爭。

1843年10月，中英又簽訂了《五口通商附黏善後條款》（即《虎門條約》）。隨後，1844年7月，中美簽訂《望廈條約》，同年10月，中法簽訂《黃埔條約》。通過這一系列不平等條約，中國被納入歐美殖民主義的「條約體系」，中國的獨立主權遭到了嚴重損失，外國列強在中國攫取了大量的侵略權益：一、割佔香港島，破壞了中國領土完整；二、賠款2,100萬元；三、被迫單方面開放廣州、廈門、福州、寧波、上海五口為通商口岸，外國人在這些口岸有居住權，為日後在許多口岸建立租界提供了藉口；四、協議關稅權，破壞了中國關稅自主權；五、領事裁判權，外國人在中國犯罪，中國不能過問，破壞了中國的司法主權；六、領海航行權，破壞了中國的領海主權；七、片面最惠國待遇以及通商口岸的自由傳教權。從此，中國的大門被西方列強的鴉片和大炮打開了，閉關鎖國的封建社會受到西方資本主義強權勢力的猛烈衝擊，封建經濟開始走向解體，獨立的封建的中國開始走上半殖民地半封建社會的道路。

# 第三節

# 中國思想界的
# 反應與對策

　　鴉片戰爭打過了，《南京條約》簽訂了，道光皇帝對於英國究竟位於何方，距離中國遠近，英國為甚麼由年輕的女王統治，感到一頭霧水，毫不知情。這反映了清朝統治階級高層的顢頇、封閉與腐朽。

　　經過戰爭的洗禮，一批處在第一線的官員和具有經世致用主張的學者和思想家，做出自己的思考，提出應對主張。

　　林則徐在接任赴廣州處理鴉片交涉以前，對外國事物的了解也是不多的。由於他為官辦事具有實事求是的品格，與英美官員和煙商交涉，需要有國際知識和處理手段，他便努力學習域外知識。他在廣州開辦譯館，羅致譯員，對所能搜集到的有關西洋各國的消息情報，進行摘譯。凡西洋國情、中外交通、中西曆法、各國貨幣、鴉片產地種類、各國對中國禁煙的反應，以及地球儀、航海圖、地圖集、地理書等，無不悉心搜集。在他的主持下，先後彙譯了《澳門新聞紙》《華事譯言》《各國律例》《洋事雜錄》《四洲志》等。掌握夷情，恰當制訂禁煙方策，與英國駐華商務監督義律等的破壞禁煙活動進行鬥爭，整頓廣東海防以備敵來犯等措施，起到了重要作用。林則徐是最早了解西方有關萬國公法（今稱國際法）知識的中國官員。著名歷史學家范文瀾在所著《中國近代史》（上冊）中稱林則徐是近代中國開眼看世界第一人，這是一個很重要的歷史評價。他在對外交涉中主張嚴屬禁煙，但不停止正當的中外貿易；主張抵抗外敵侵略又主張學習敵人的長處。他總結與英國鬥爭的經驗，提出

「器良技熟，膽壯心齊」八個字[1]。這就是他主張造炮、造船、發動群眾抵抗侵略的理論根據。

鴉片戰爭給中國精英提出的首要任務是了解外國，走出「天朝上國」的封閉圈子。鴉片戰爭期間擔任台灣道的姚瑩，曾擊敗英國的進攻。此人在鴉片戰爭前就開始搜集外國書籍。鴉片戰爭後，更注意尋求抵抗外國侵略的辦法。他認為：要雪中國之恥，首先需要知道敵人的虛實。書生眼光短淺，不勤遠略，對海外夷勢夷情，平日不肯講求，一旦外國猝然來攻，驚若鬼神，畏如雷霆。這種拘迂之見，誤盡天下國家大事。他對英、法、俄等國的情況，印度、尼泊爾入藏的交通要道，以及喇嘛教、天主教等問題進行探討，指出英國在吞併印度之後，早已蓄謀窺伺中國的西藏，建議清政府加強沿海和邊疆地區的防務。

林則徐被貶後，把《四洲志》交給他的朋友魏源。《四洲志》被梁啟超譽為「新地志之嚆矢」[2]。此書據英人慕瑞著《世界地理大全》編譯而成，刊行於1841年，對當時世界上30多個國家和地區的歷史沿革、地理概況、山川河流、民情風俗、政治制度、物產稅餉、宗教信仰、文化教育、種族隔閡等進行了介紹，其中重點介紹了英、法、美國家社會風情、政治制度、工藝製造、機械生產、對外貿易和西洋各國相互關係等，意在通過對這些殖民主義國家國情的了解，尋求禦敵之法。該書作為林則徐開眼看世界的代表之作，是中國近代史上第一部較為系統的世界史地譯作，為中國社會打開了一扇眺望世界的窗戶。

魏源在鴉片戰爭中擔任裕謙幕友，主張抵抗英國侵略。他在《四洲志》基礎上編成《海國圖志》一書，該書按照世界五大洲介紹各國歷史、地理和社會現況，介紹外國軍事和科技，是近代中國最早介紹外國歷史地理的書籍之一，被譽為了解外國知識的「百科全書」。該書「敍

---

1 林則徐：《致姚春木、王冬壽書》，《道咸同光名人手札》，第二集。
2 梁啟超：《中國近三百年學術史》，崇文書局2015年版，第273頁。

言」開宗明義地指出，是書「為以夷攻夷而作，為以夷款夷而作，為師夷長技以制夷而作」。

《海國圖志‧籌海篇》分析鴉片戰爭失敗的教訓，提出許多強國禦侮的辦法，中心思想是「師夷長技以制夷」。為了「制夷」，首先應洞悉「夷情」。魏源批評當權頑固派閉塞無知和拒絕吸取敵人長處的守舊態度，認為在對外戰爭中，只有對敵人保守自己的機密，沒有怕了解敵情的。要「制夷」，就要效法西方，設廠製造輪船和槍炮，聘請西洋工匠舵師教授，選派本國巧匠精兵學習製造、使用；仿照西方選兵、練兵和養兵的經驗，改造軍隊，變通取士制度，增設水師科，凡能製造戰艦、輪船和槍炮、水雷等新式器械的，都作為科甲出身；創辦民用工業，如量天尺、千里鏡、龍尾車、火輪機、火輪舟、自轉碓、千斤秤等，凡有益民用的，可與軍需工業同時舉辦；允許私人設立廠局，製造輪船、器械等，自行出售。等到那時，人們會雲集鶩赴，中國的機器工業也將與西洋各國並駕齊驅。魏源斥責那些把外國的一切機器製造都說成是「奇技淫巧」而加以排斥的人是不明白「因其所長而用之，即因其所長而制之」[1]的道理。《籌海篇》中再三歌頌三元里等處人民的英勇鬥爭，指出「三元里之戰，以區區義兵圍夷酋，殲夷兵」；廣東「捐戰艦者皆義民，兩擒夷舶於台灣，火攻夷船於南澳者亦義民」[2]。魏源以為從人民群眾抗英鬥爭勝利的經驗來看，外國侵略者是可以打敗的。該書流傳到日本，對推動日本維新運動起到重要作用。《海國圖志》50卷於1843年初刊，以後續有增編，1852年再刊時擴編為100卷。

福建布政使徐繼畬是又一位開眼看世界的人物。他在福建處理對外交涉事物，留心搜集外國事物和西人著述，撰成《瀛寰志略》10卷，於1848年刊刻出版。《瀛寰志略》全書以圖為綱，系統地介紹了當時世

---

1　魏源：《籌海篇三‧議戰》，《海國圖志》第二卷。
2　魏源：《籌海篇二‧議守下》，《海國圖志》第一卷。

界上近80個國家和地區的地理位置、歷史變遷、經濟文化、風土人情簡況，內容豐富，敍述完備，尤重歐美各國考察和介紹。

鴉片戰爭對中國的打擊還不是足夠大，《南京條約》簽訂後，道光皇帝還在一份奏摺上批示，英吉利到底在哪裏，道里遠近？中國朝野還是笙歌如舊。魏源、徐繼畬等先進士人反映出來的新思考，影響的範圍很有限。魏源的書倒是對日本的明治維新產生了啟迪作用。

# 第四節

# 戰後中國社會的變化
# 農民起義的醞釀

　　《南京條約》及其後一系列不平等條約簽訂後，除了列強大量損害中國主權外，中國的社會經濟開始出現新的深刻變化。人們從日常生活中已感受到了社會的劇烈動盪。

　　首先是位於東南沿海的五個通商口岸，鴉片戰爭後迅速地畸形繁榮起來，又以上海的發展變化為最大。除廣州是舊有的開放口岸外，其餘四口於1843—1844年間相繼開放。由於地理條件的限制，福州和寧波貿易增長相對較慢。廈門的傳統貿易對象是台灣以及南洋的菲律賓，與歐美商人的需求也不盡一致。而上海地處長江出海口，交通方便，又與絲、茶的傳統產地相距較近，因而鴉片戰爭一結束，西方資本主義列強就開始把經濟侵略的重心轉向上海。自19世紀50年代中期起，上海的出口貿易已佔全國出口的一半以上，從而取代廣州成為對外貿易的中心。1845年，英國駐上海領事與清政府地方官員議定土地章程，在上海劃定一個區域作為英國人居留地。這是外國在中國設立租界的開始。接着，美、法兩國也相繼在上海強行劃定了租界。由此開始，租界制度逐漸推廣到其他通商口岸。最初，中國政府對租界內行政、司法等還保有干預權。後來列強逐漸排斥中國的治權，實行獨立於中國的行政系統和法律制度，使租界成為所謂「國中之國」，成為它們進行政治和經濟侵略的基地。它們在各通商口岸的租界或租借地，開設商行，經營貿易，更有人走私、販毒、掠賣人口、充當海盜以及從事其他種種駭人聽聞的活動。正如恩格斯為美國《紐約每日論壇報》所寫的一篇社論中指出的：這些人「保留了大量的為我們16世紀和17世紀的共同祖先所特有的古老

**1857年上海黃浦灘**（採自H. B. Morse, *The International Relations of the Chinese Empire*, Vol. I, p. 464）

的海盜式掠奪精神」。甚至英國駐上海領事也不得不承認，來自各國的
這群外國人，生性卑賤，放縱強暴，為全中國所詬病，也為全中國的禍
患，是「歐洲各國人的渣滓」。

　　其次是外國商品的傾銷開始破壞中國的手工業生產。五口開放以
後，英、美等國的資本家欣喜若狂。璞鼎查回國後，很得意地告訴英國
資本家，說是已經為他們的生意打開了一個新的世界，蘭開夏全部紡織
廠的產品也不能滿足中國一個省日常需要的布料。英國資本家也以為，
只要中國人每人每年需用一頂棉織睡帽，全英格蘭現有的紡織廠就已經
供給不上了。於是他們把大量棉紡織品和其他各種工業產品運到中國來
銷售，甚至把中國人根本不使用的餐具刀叉之類以及鋼琴等，也大批運
進來。然而中國佔統治地位的是小農業與家庭手工業相結合的基本上自
給自足的傳統經濟，商品經濟在廣大鄉村地區依然很不發達。那些潮水
一般湧進來的外國貨物，不得不大批地積壓起來。從1846年起，英國對

華商品輸出量開始急劇下降。因此對於外商來說，五口開放後短期的商業效果是極不理想的。不過進口商品由於價格便宜，尤其是英國商人為了摧垮中國的手工紡織業，不惜以低於成本 20%—30% 的價格傾銷其紡織品，因而逐步在通商口岸及其附近地區為自己打開了銷路。這些地方的富裕階層和商業人口穿用洋布的逐漸增多。英國輸入中國的貨物總值，從1855年起重新上升。而東南沿海一帶的家庭紡織業也開始衰退，中國土布逐步大量退出沿海城市市場。

鴉片戰爭打過了，鴉片走私依然是西方列強對中國進行經濟掠奪的重要手段。從英、美等國來中國的商人，幾乎無例外地都參與過這項毒品生意。第一次鴉片戰爭後，清政府既不敢再談「禁煙」，也不便公開「弛禁」。英、美等國的鴉片販子們便無須繳納關稅，肆無忌憚地將非法的鴉片貿易公開化。南起廣東、北到奉天（今遼寧省）的許多港口，成了鴉片走私船經常出沒的地方。鴉片輸入的數量逐年增多，據馬士《中華帝國對外關係史》記載，1843年近4.3萬箱，超過戰前最高數，1855年超過7.8萬箱。10餘年間，數量翻了一番。其價值也從一千數百萬元增到3,000多萬元。外國鴉片販子每年從中國運走1,000萬元以上的白銀。鴉片戰爭前已經很嚴重的白銀外流問題，這時更加嚴重。銀錢比價差額越來越大。1838年，白銀1兩換銅錢1,600文，1842年已漲到1,700餘文，1849年更達2,350餘文。中國的財政金融、人民生活受到的威脅更加嚴重。

中國人民對於西方列強的侵略活動，進行了種種不同形式的抵制和反抗。鴉片戰爭時期，廣東人民目睹了英國侵略者的種種倒行逆施，曾進行過有力的抵抗。鴉片戰爭後，他們反對外來侵略的愛國熱情愈益高漲。在地方民間團體「社學」的組織領導下，進行了反對英國在廣州強行租地和反對英人進入廣州城的多次抗爭。1847年3月，英軍突襲虎門，闖入省河，準備強行進城。廣州的社學壯勇立即武裝戒備，廣州城鄉出現揭帖，號召「四民人等，務宜齊心殺絕，不准一步入城」。清朝當局

既屈服於侵略者的淫威，又害怕激起民變，只得約定英人兩年後入城。而到了1849年，當港英總督文翰親率兵船再次闖入省河時，南海、番禺各社學團練紛紛趕至河邊，10餘萬人嚴陣以待，殺聲震天。文翰懾於廣州群眾的聲勢，只得再次暫時放棄入城要求，退返香港。

鴉片戰爭的失敗，還使得中國國內社會各階級之間，尤其是官民之間的矛盾鬥爭激化。大清王朝已經毫無振作的希望。因循守舊的官場習氣，使得清朝官員中，為官清謹者但拘文法，中下者更墮廢苟且，形成了「貪與廉皆不能辦事」的可悲局面。各級官府，尤其是州縣的所謂「親民之官」，只知變本加厲地敲詐勒索，把戰費與賠款的負擔轉嫁給廣大納稅者，尤其是貧苦農民的頭上，致使他們的生活陷入絕望的境地。官府與人民大眾（包括相當部分的中小地主）之間的關係已更加惡化。早在1843年，也就是鴉片戰爭剛剛結束後一年，時任兩江總督耆英向皇帝彙報說：「官與民，民與兵役，已同仇敵。……吏治日壞，民生日困，民皆疾視其長上。一朝有事，不獨官民不能相顧，且將相防。困苦無告者，因而思亂。」[1] 到了19世紀50年代初，天地會系統的《萬大洪告示》痛心疾首地宣稱：「天下貪官，甚於強盜，衙門污吏，何異虎狼？富貴者縱惡不究，貧賤者有冤莫伸，民之財盡矣，民之苦極矣！我等仁人義士，觸目傷心，能不將各府州縣之賊官狼吏盡行除滅，救民於水火之中也！」[2] 人民的反抗鬥爭愈演愈烈。首先是抗租抗糧鬥爭不斷湧現。南方是稻米的主要產區，東南更是清王朝所謂財賦之地。江浙一帶的佃農，面臨愈益增加的地租剝削，曾多次掀起抗租鬥爭的風潮。與抗租鬥爭相表裏的是針對官府的抗糧鬥爭。由於錢糧的徵收直接牽涉各階層人民的利益，抗糧鬥爭的參加者更為廣泛，其影響也更大些。人數

---

1 中國史學會主編，齊思和等編：《鴉片戰爭》第三冊，神州國光社1954年版，第469—470頁。
2 楊松、鄧力群原編，榮孟源重編：《中國近代史資料選輯》，生活・讀書・新知三聯書店1954年版，第115—116頁。

眾多的自耕農和貧農佔有土地少，但賦稅負擔重，是抗糧鬥爭的主力。中小地主及其知識分子則是抗糧鬥爭的積極參加者乃至組織者。據記載，1842年湖北崇陽縣的抗糧鬥爭，其領袖人物鍾人傑是「有名行善富戶」，起初只是反對地方官暴斂橫徵，後因清廷「剿滅」政策所逼，才發展成萬餘人的反清起義。1844年湖南耒陽和台灣嘉義的抗糧鬥爭，其領袖人物分別是富戶、秀才和一位武生。其後浙江、江蘇、江西的幾起抗糧鬥爭的領袖骨幹，也都是些貢生、秀才、武舉甚至醫生。

清政府對各地的抗租抗糧採取了武力鎮壓的強硬措施，迫使各地的鬥爭逐步演化升級為直指清王朝的武裝起義。祕密社會組織，尤其是南方的天地會，因而空前地活躍起來。清代祕密社會名目繁多，但大體上可歸結為以白蓮教為主體的教門系統和以天地會為主體的會黨系統兩大類。白蓮教主要在長江以北活動。在嘉慶初年川楚陝三省白蓮教大起義及稍後的天理教起義相繼失敗以後，其有生力量遭到極大摧殘。及至道光年間，教門系統已逐步衰微。與此形成強烈對照的是南方的會黨系統開始日益活躍起來。會黨系統中最早也是最大的組織為天地會。該會以「反清復明」、「替天行道」為宗旨，在嘉慶、道光年間迅速發展。鴉片戰爭後的 10 年間，天地會（包括其各支派）的勢力，已遍及閩浙、兩廣、湘贛、雲貴等南方省份。據統計，在嘉慶初年，天地會所發動的武裝起事每年 10 起左右，而到道光末年（19 世紀 40 年代後期）每年平均發生 100 多起，差不多增長了 10 倍。而這些武裝起事，又相對集中於地域相連的廣東、廣西和湖南。面對天地會點燃的遍地造反烽煙，清政府防不勝防，剿不勝剿，極大地耗散了自己的精力。

中國走上半殖民地半封建社會道路，中國社會的「沉淪」開始了。

1850年，一次強大的農民革命——太平天國革命，就在這樣的形勢下爆發了。

第二章

# 內憂外患中的
# 清朝政府

# 太平天國農民起義及其
# 政治社會主張

　　太平天國農民革命運動，是在鴉片戰爭以後風起雲湧的農民起義形勢下興起的，其發動者是洪秀全、馮雲山。

　　洪秀全（1814—1864），廣東花縣人。農民家庭出身。洪秀全自幼入塾讀書，熟誦四書五經等。自16歲到廣州參加府試，直到31歲，連秀才也考不上。科場連連失意，使洪秀全對社會憤懣不平。1843年最後一次應試落第，回家後他閱讀了七年前在廣州得到的一本小冊子《勸世良言》，這是由中國傳教士梁發編寫的基督教佈道書。書中宣揚上帝爺火華（現譯作耶和華）為獨一尊神，要求人們敬拜上帝而不可拜別的邪神偶像。洪秀全既不滿意孔孟偶像，便接受了基督教佈道書的這一套說教，並藉此找到了一種反抗清朝統治的形式。他按照書中所說的方法祈禱上帝，自行洗禮。他又說服同窗書友馮雲山、族弟洪仁玕以及自己的父母兄嫂等人同拜上帝。

　　此後，馮雲山到廣西貴縣賜穀村一帶傳教，又轉入紫荊山區。洪秀全在廣東花縣，繼續教書，並寫下了《原道救世歌》《原道醒世訓》等幾篇發揮宗教理論的文章。1847年春，洪秀全受美國傳教士羅孝全的邀請到廣州學習基督教義。羅孝全認為洪秀全「對於聖經之知識無多」，沒有給他舉行洗禮。洪秀全決意離開廣州，徑赴廣西，與馮雲山在紫荊山會面，從此走上了一條全新的道路。

　　紫荊山位於廣西桂平縣北部，是漢、壯、瑤等民族雜居的山區。馮雲山努力傳教，有大批山民接受拜上帝教。洪秀全與馮雲山攜手合作，紫荊山區拜上帝教的信徒很快就超過2,000人，建立了「拜上帝會」的組

織。不久後嶄露頭角的楊秀清和蕭朝貴都參與進來。楊秀清，生於1821年，是耕山燒炭的貧苦農民，自幼失去父親，艱苦生活的磨煉，使楊秀清養成了堅韌倔強、機警過人的性格。蕭朝貴，個性剛烈，做事決斷，也是以耕山燒炭為業。共同的命運遭際，使得他和楊秀清情同手足，親如兄弟。

洪秀全又寫了一篇《原道覺世訓》的宣教文章，引用《禮記・大同篇》，結合基督教教義，提出「太平」世界很快就可以到來，「天國」應該建立在地上，這就給了在痛苦中呻吟的廣大被壓迫被剝削群眾一種新的希望和力量。他在《原道覺世訓》中第一次明確提到各種妖魔邪神的總代表「閻羅妖」是上帝的對立面。他強烈譴責所謂閻羅妖，率領拜上帝會眾前赴象州打甘王廟，搗毀孔子偶像。拜上帝會在廣大貧苦勞動人民中獲得了更多的支持。正如李秀成後來所回憶的：信上帝的多為「農夫之家」、「寒苦之家」。

拜上帝會勢力迅速發展，引起了地主士紳們的仇視。1847年末，馮雲山被客家富戶率團練逮捕，後又被桂平縣拘押。繼任知縣判定馮雲山「並無為匪不法」情事，以無業遊蕩之名將其遞解回籍。馮雲山在遞解途中說服兩位解差相信拜上帝教，與其一道返回紫荊山。馮案發生時，正在貴縣賜穀村的洪秀全趕赴廣州，設法營救。

馮雲山被拘押和洪秀全遠走粵東，拜上帝會群龍無首，人心不穩。1848年4月，楊秀清利用民間降僮（神靈顯聖）習俗，聲稱「天父下凡」，安定人心，穩住紫荊山區拜上帝會會眾。洪秀全在返回紫荊山後，認可楊秀清代天父傳言的資格。同年10月，楊秀清的密友蕭朝貴又假稱「天兄下凡」，從而取得了代天兄傳言的資格。楊、蕭通過「天父」、「天兄」頻頻「下凡」，左右了拜上帝會的活動和進一步的發展方向。但他們維護了洪秀全對整個拜上帝會的領袖地位。

拜上帝會自此形成洪、馮、楊、蕭四人領導核心。四人為此還結拜為異姓兄弟：洪為二兄，馮為三兄，楊為四兄，蕭為妹夫（蕭妻楊宣嬌

為妹）。他們自稱是高天同胞兄弟，即同為上帝之子（或婿），耶穌則是他們的長兄。後來這一神聖家族的成員有所擴大：比楊宣嬌年長的韋昌輝成了上帝的第五子（宣嬌退而為第六女），最年輕的石達開則成了上帝的第七子。韋昌輝，原名韋正，生於1824年，是桂平縣紫荆山麓金田村人。其父韋元玠頗有家業田產，本人是監生，為人機敏。石達開，生於1831年，是貴縣北山里那邦村人。「家富讀書，文武備足」，是一位深孚眾望的年輕人。

拜上帝會領導核心的形成與擴大，洪秀全地位的確立，有力保證了金田起義的發動。1850年4月3日（庚戌年二月廿一日）洪秀全於平在山祕密穿起黃袍，正式就任太平天王。[1] 11月4日（庚戌年十月初一），金田、花洲、陸川、博白、白沙等處的拜上帝會眾同時舉旗，宣佈起義。[2] 楊秀清也於此日在金田公開露面，執掌兵權。以軍師楊秀清、蕭朝貴共同名義發佈的起義文告，着力宣揚了天父上帝「無所不知，無所不在，無所不能」的權能，並號召各省有志之士「各各起義，大振旌旗，報不共戴天之仇，共立勤王之勣！」[3]

有關州縣很快便得悉金田等處有人舉旗造反的情報。12月8日，廣西巡撫鄭祖琛正式將此事向清廷奏報，清廷調派正規軍前往鎮壓。這時，清朝官員尚不知這是與天地會造反截然不同的拜上帝會起義，甚至完全不清楚起義領袖是些甚麼樣的人。當然更不可能預見到這些「糾聚」的「匪徒」們行將成為大清王朝的勁敵。

在楊秀清的指揮調度之下，起義「勤王」的各路人馬加速向金田

---

1 此處從姜濤説。見姜濤《洪秀全「登極」史實辨正》，《歷史研究》1993年第1期。

2 此處從姜濤説。見《中國近代通史》第二卷，鳳凰出版傳媒集團‧鳳凰文庫本2009年版，第266—271頁。太平天國史的傳統觀點認為這是金田團營的一天，金田起義則在1851年1月11日。見羅爾綱《太平天國史》第1冊，中華書局1991年版，第31頁。

3 《東王楊秀清西王蕭朝貴發佈奉天誅妖救世安民諭》，載太平天國歷史博物館編《太平天國文書彙編》，中華書局1979年版，第107—108頁。

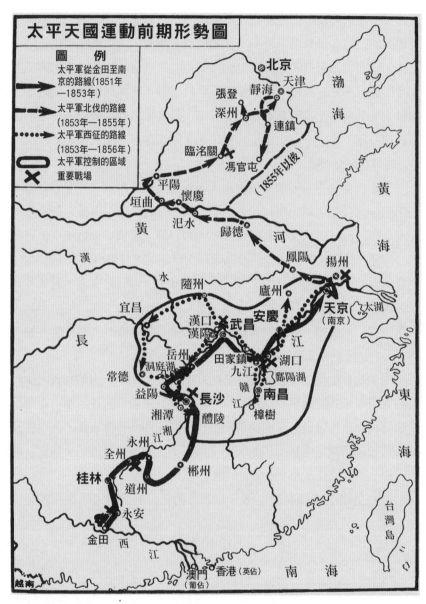

太平天國運動前期形勢圖（1850—1856）

地區集結。到1850年底，連同陸續來投的客家人與天地會武裝，總人數已逾2萬。楊秀清、蕭朝貴等着手將此2萬男婦編組成一支統一的軍隊，即太平軍。太平軍有着嚴明的軍紀。其編制係仿照古代《周禮》司馬之法，以五人為伍，五伍為兩，四兩為卒，五卒為旅，五旅為師，五師為軍，一軍足員為13,156人。但在金田時期，軍制尚未健全，每軍也不足員。

　　12月下旬，楊秀清派兵拔除了清軍安置在平南、桂平交通要道上的據點思旺圩。1851年1月11日（庚戌年臘月初十），全軍在金田熱烈祝賀洪秀全38歲壽辰。金田祝壽後，太平軍隨即東進，佔領交通要道江口圩。3月，進據武宣東鄉。太平軍在紫荊山及其毗鄰地區轉戰了半年多，全軍也從最初的五軍擴編為十軍。

　　太平天國起義發動前後，清廷為廣西全省的糜爛局勢所震驚，已改組了該省的軍政首領。1850年9月，調向榮任廣西提督，率所部楚軍進入廣西。10月，起用前雲貴總督林則徐為欽差大臣署廣西巡撫，赴廣西主持軍務。林則徐力疾應徵，於11月病歿於旅次。12月，又急調前兩江總督李星沅為欽差大臣，以前漕運總督周天爵署廣西巡撫。李星沅於1851年1月到達廣西後，才得知「金田會匪」乃是清朝的主要威脅。李星沅不久病逝。清廷又任命大學士、首席軍機大臣賽尚阿為欽差大臣，調集安徽、雲南、貴州、湖南、廣東、四川等省軍隊前往鎮壓。7月，賽尚阿到達桂林指揮。在紫荊山前線的主要是廣州副都統烏蘭泰和廣西提督向榮的部隊。

　　9月25日，太平軍攻克永安州。這是自金田起義以來所攻佔的第一座城池。進駐永安後，全軍人數已達37,000人。他們抓緊時機在永安進行休整補充，頒佈天曆，並制定各種制度。天王洪秀全封中軍主將、左輔正軍師楊秀清為東王，前軍主將、右弼又正軍師蕭朝貴為西王，後軍主將、前導副軍師馮雲山為南王，右軍主將、後護又副軍師韋昌輝為北王，左軍主將石達開為翼王，並規定西王以下各王俱受東王節制。

　　太平軍攻克永安，使負責圍剿的清欽差大臣賽尚阿極為被動。他與向榮等受到處分。統兵將領之間，尤其是烏蘭泰與向榮之間的矛盾鬥爭更加突出，因而始終未能對堅守永安的太平軍發動有力攻勢。1852年4月5日，太平軍乘雨突圍。烏蘭泰追軍偷襲太平軍後衛。太平軍乃於8日設伏與其死戰，清軍損失4,000餘人，四位總兵陣亡，元氣大傷。

　　太平軍向廣西省會桂林進軍。4月18日直抵桂林城下，全軍男婦已增至5萬人。烏蘭泰趕到與太平軍交戰時身受重傷，不治而死。但向榮卻先太平軍一日搶入桂林城部署守禦。太平軍攻桂林不下，主動撤圍北上，於6月3日攻克全州，並繼續沿湘江突入湖南南部。南王馮雲山在攻克全州後不幸犧牲。太平軍在湘南轉戰4個多月。當地窮苦百姓，包括大批天地會黨人，不斷加入太平軍。全軍人數迅速上升至10萬人。9月，西王蕭朝貴率先頭部隊奔襲湖南省會長沙，但不幸於指揮攻城時中炮身亡。蕭朝貴的犧牲，促使洪、楊率全軍北上，於10月中抵長沙。此時清軍主力也陸續調集，號稱十萬之眾。太平軍除繼續攻城外，又與外圍清軍展開激戰。太平軍三次穴地攻城均未成功，於11月底撤長沙之圍，轉經益陽、岳州，向湖北挺進。益陽、岳州一帶數千艘民船的船戶、水手踴躍參軍，太平軍從此建立了自己的水軍。

　　1852年12月到1853年1月，太平軍連克漢口、漢陽、武昌。武昌為湖北省省會，號稱九省通衢。武漢之役顯示了太平軍強大的軍事威力。2月9日，全軍順江東下。此時總人數據稱已有50萬之眾。武昌居民「男子從者十之九，女子從者十一二」[1]。天王與東、北、翼三王及秦日綱、羅大綱、賴漢英等由水路東進。林鳳祥、李開芳、胡以晃等統帶陸路之兵護衛。時人形容道：「其由武漢下江南也，帆幔蔽江，銜尾數十里。」[2]

---

1　佚名：《武昌兵燹紀略》，載中國史學會主編、王重民等編《太平天国》第四冊，上海人民出版社1957年版，第572頁。

2　張德堅：《賊情彙纂》卷五，載《太平天国》第三冊，第141頁。

2月15日，太平軍衝破清兩江總督陸建瀛設在湖北東部老鼠峽一帶江防。隨後攻克九江、安慶。3月19日，太平軍採用穴地攻城法，攻克東南第一大都會南京。接着，又先後克鎮江、揚州，自此形成三城鼎立的局面。東王楊秀清自水西門入城，駐滿城將軍署，又率諸王百官至江幹龍舟恭迎天王入城，即以原兩江總督署為天朝宮殿。從此，太平天國以南京為都城，改稱天京。

太平軍攻克南京僅10天，尾隨其後的清欽差大臣向榮的軍隊即抵達城東郊。接着，他攻破太平軍設在朝陽門外的一些營壘，於紫金山直至孝陵衞一帶紮下營盤，號為「江南大營」。4月，清朝另一欽差大臣琦善也率兵萬餘在江北揚州城外紮下「江北大營」。這兩座大營的設立，對太平天國首都天京，尤其是對無險可倚的揚州城構成了相當大的威脅，也遏止了太平軍向蘇南的常州、蘇州一帶及蘇北的裏下河地區的進一步發展。東王楊秀清決定不顧兩個大營的清軍主力，在1853年5月間先後發動了北伐和西征。

北伐，按照太平天國自己的提法是「掃北」，其戰略目標是攻取北京，推翻清王朝的統治。太平天國任命天官副丞相林鳳祥、地官正丞相李開芳及春官副丞相吉文元為北伐軍統帥。三人均久歷戰陣，林、李二人更是太平軍中最為驍勇的戰將。北伐軍計九軍2萬餘人，在太平軍當時所有的五十軍中，是戰鬥力最強的主力部隊。其中兩廣老戰士多達3,000人，也遠遠超出其餘各軍。

5月中，北伐軍前隊主力自浦口登岸，當即擊潰堵截的清朝山東兵勇和黑龍江馬隊，並相繼攻克安徽之滁州、臨淮關。後隊在出發時受挫，僅小部在殿左三檢點朱錫錕帶領下趕往臨淮關與前隊會合。楊秀清在接到北伐軍統帥的稟報時指示：「爾等奉命出師，官居極品，統握兵權，務宜身先士卒，格外放膽靈便，趕緊行事，共享太平。……諭到之日，

爾等速速統兵起行，不必懸望。」[1]楊秀清這一誥諭發出之時，天京方面正和江南、江北大營激戰，西征諸軍也已部署完畢，正待命出發，抽不出機動兵力加強「掃北」的力量。北伐軍便在沒有後續部隊增援、沒有後方依託、通信聯絡也得不到保證的情形下，以一往無前的氣概繼續前進。北伐軍由安徽入河南，一路攻勢凌厲，雖未多做逗留，但沿途參軍者絡繹不絕，6月下旬進抵朱仙鎮時總人數已達 4 萬餘人，隨即開始在汜水口北渡黃河。因船少人眾，尚未得盡渡。此時清軍已追至南岸，北伐軍後衛數千人放棄渡河。他們經一個多月的苦戰，於 8 月到達安徽太湖地區，與西征軍會師。

已渡河的 4 萬餘北伐軍從此走上了更為艱險的歷程。7—8月間，北伐軍圍攻懷慶府城（今河南省沁陽市），未能得手。由於外圍清軍越聚越多，不得已而撤圍，經濟源西入山西。懷慶之戰，對北伐全局影響至大。它不僅造成北伐軍人員及糧彈的損耗，更虛擲了56天的寶貴時間。懷慶戰後，北伐軍連克山西垣曲等 7 座府縣城，取得人員和大批糧彈的補足。此時北伐軍總人數又增至 5 萬餘人。9月下旬，入直隸境，10天時間即從臨洺關攻至深州。北伐軍如此神速進軍，目的是想在隆冬到來之前，迅速佔據有利地位，以發動對北京的攻擊。然而由於部隊連續行軍作戰過於疲勞，不得不在深州休整。

10月10日，北京誤傳太平軍已攻至定州，清廷大震。次日，咸豐帝在乾清宮行授印禮，任命惠親王綿愉為奉命大將軍，科爾沁郡王僧格林沁為參贊大臣，部署京城防務。僧格林沁率京營兵四五千人赴京南涿州防堵。欽差大臣勝保也率軍火速北上保定迎截。清帝擺下了欲與太平軍在北京城下決一死戰的姿態。然而北伐軍卻未由保定方向直撲北京，卻是轉而東向，沿運河向天津進發。10月底入據靜海縣城及獨流鎮，前鋒

---

1 《東王楊秀清西王蕭朝貴命天官副丞相林鳳祥等速急統兵前進誥諭》，載《太平天国文書彙編》，第175頁。

到達楊柳青。此時部隊雖有較多減員，但仍保有九軍的完整建制，總兵力超過 3 萬人。

北伐軍在獨流、靜海屯紮 3 個多月，是它由勝利走向失敗的轉折時期。其間，勝保、僧格林沁所率清軍主力相繼抵達，北伐軍在兵力上已漸處劣勢。然而真正給北伐軍帶來致命威脅的，並不是僧格林沁的馬隊，而是北方隆冬的嚴寒。北伐軍多南方將士，習慣於赤足行走，既少禦寒設施，更乏防寒經驗，凍斃者甚多。1854年2月初，北伐軍突圍南撤河間縣。此次突圍行軍，竟使北伐軍精銳主力凍死過半，未死者足部也都凍傷。北伐軍自此失去了機動作戰的能力，只能把希望寄託於援軍了。

天京方面於1853年12月組成援軍。援軍由安徽向山東進發，沿途大量吸收人馬，造成很大聲勢，在徐州附近渡黃河時總兵力已高達 6 萬。但由於新附者紀律敗壞，形成尾大不掉之勢，根本無意北上。1854年4月，在勝保軍和地方團練的夾擊下，援軍崩潰，勢如山倒。6月，楊秀清晉封秦日綱為燕王，令其統兵二次北援。秦日綱在安徽境內受挫，加之西征戰事吃緊，二次援軍中道夭折。以後天京方面再也無力派兵北援了。

1854年5月，北伐軍尚不知援軍的失敗，在轉移到連鎮後，決定由李開芳督帶由1,000名精幹戰士組成的馬隊南下接應，突入山東之高唐州城，自此林、李兩部被分別切割包圍。連鎮林鳳祥部堅守至1855年2月方被僧格林沁攻破。高唐李開芳部在得知連鎮敗訊之後突圍南下，於茌平縣之馮官屯再遭合圍，延至 5 月覆滅。林鳳祥、李開芳先後被押解到北京就義。

北伐以失敗而告終。李秀成後來總結「天朝十誤」，北伐及其援軍的失敗就佔其三。而「誤國之首」，即「東王令李開芳、林鳳祥掃北敗亡之大誤」。

太平天國西征的戰略目的，是奪取長江中游地區以作天京屏障和供給基地，並進規華南。西征作戰充分利用了水師的舟楫之便，採取了攻

城據守、設官安民等與北伐截然不同的做法。

　　1853年6月，首批西征軍近萬人分乘千餘號船隻離天京上駛，佔安慶、江西之南康府，隨即進抵南昌城下，開始攻城。同時組織船隊，徵集糧食解運天京。由於主帥賴漢英過於輕敵，不善於捕捉戰機，攻城93天不克，被迫於 9 月撤圍。賴漢英被召回革職。翼王石達開奉命赴安慶一帶安民並主持西征全局。南昌撤圍的西征軍退返長江後，一路下駛安慶，以加強安徽的兵力；一路於克九江後繼續沿江上駛，克湖北田家鎮，10月中旬，進克黃州和漢口、漢陽。11月初，石達開收縮戰線，全力攻奪皖北，進逼廬州（今合肥市）。1854年1月中，太平軍集中優勢兵力，攻克廬州，清安徽巡撫、太平軍的勁敵江忠源投水自殺。太平天國在安徽20多個州縣建立了自己的地方政權。

　　太平軍加強了對湖北的攻擊。2月，太平軍第三次佔領漢口、漢陽。旋即兵分三路：一路圍攻武昌，一路西取荊宜，一路南下湖南。圍攻武昌和西取荊宜的兩路先後得手，但南路軍卻遇上最為兇惡的敵手——曾國藩所統帶的湘軍。湘潭一戰，南路軍林紹璋部幾乎全軍覆滅。太平軍收縮兵力後，又連戰失利。7月，被迫放棄岳州。10月中旬，武昌也被迫棄守。太平軍趕緊在鄂東田家鎮一線部署防守。11月與湘軍在半壁山展開大戰。太平軍不敵氣勢正盛的湘軍，各路俱敗。湘軍乘勝東進九江。兩湖之敗，是太平天國金田起義以來最為嚴重的軍事失敗，尤其是萬餘船隻被毀，使得太平軍水師幾乎覆滅，喪失了對長江江面的控制權。

　　石達開再次受命主持西征全局，並親赴湖口部署防禦。1855年1月，湘軍主力進圍九江。太平軍九江守將林啟容沉着應戰，不為所動。湘軍屢攻不勝，轉攻湖口。1月29日，湘軍水師的長龍、舢板120餘號衝入鄱陽湖。石達開指揮太平軍迅即堵死出口。湘軍水師自此被分割為內湖外江兩部。當晚石達開即下令以小艇圍攻多為笨重大船的湘軍外江水師，焚其戰船39號。2月11日，太平軍再以小艇潛襲，並一舉擄獲了曾國藩的座船。曾國藩乘小船狼狽逃至其陸師營壘。湖口、九江太平軍連戰皆

**太平軍在湖口大敗清兵**（採自Lin-Le,*Ti-Ping Tien-Kwoh*, Vol. I, Day & Son, 1866, p. 261）

勝，沉重打擊了湘軍。石達開乃令林啟容繼續堅守九江，而以秦日綱等向湖北發動了大規模的反攻。2月，太平軍第四次佔領漢口、漢陽，並會攻武昌。湘軍主力被迫分散於幾個戰場，它的攻勢被瓦解了。4月初，太平軍三克武昌。清廷令湘軍領袖之一的胡林翼署湖北巡撫。在湖南強有力支持下，胡林翼部軍勢復振。10月，武昌形勢再度緊張。石達開率軍增援，並策劃反擊。11月，率軍由湖北入江西。1856年1月，又得廣東天地會起義軍前來會合，石達開軍力大增，在江西境內連連得手。2月，克吉安。3月，又在樟樹鎮大敗湘軍周鳳山部。江西全省十三府中，已有八府四十餘州縣入太平天國版圖。曾國藩困守南昌，急向兩湖求援。就在南昌孤城岌岌可危之時，楊秀清調石達開回天京往攻江南大營。曾國藩得到了喘息的機會。

　　在開展北伐和西征後，天京及揚州、鎮江三城即始終處於清軍江南、江北兩個大營的鉗制之下。1853年12月，揚州棄守。1854年，江北

僅存瓜洲一孤立據點。1855年，清廷在鎮壓了上海小刀會起義之後，令江蘇巡撫吉爾杭阿會同江南大營往攻鎮江。1856年一二月間，秦日綱等部與鎮江守軍裏應外合，大敗清軍，並乘勝渡江，踏破江北大營大小營盤120餘座。4月初，再次佔領揚州，取得軍糧運回鎮江。5月底，於高資大破清軍，擊斃吉爾杭阿。6月初，再破九華山營壘，清軍敗退丹陽。秦日綱等得勝之師回駐天京觀音門、燕子磯一帶。翼王石達開率主力趕到，與秦日綱等部連成一氣。兩路大軍會攻江南大營。在優勢太平軍的夾擊下，向榮等倉皇逃至淳化鎮，復敗退丹陽。大營軍械輜重，均為太平軍所獲。8月9日，向榮於丹陽病故（一說自殺身亡）。江南大營終於被攻破了。

太平天國是帶有濃郁的宗教理想色彩的農民革命，它的政治社會主張強烈地反映出這一特點。

洪秀全早就憧憬着建立一個「天下一家，共享太平」的地上天國。他在《原道醒世訓》一文中譴責了「世道乖離，人心澆薄，所愛所憎，一出於私」的社會弊端，明確提出：「天下多男人，盡是兄弟之輩；天下多女子，盡是姊妹之群」，不應存「此疆彼界之私」，不應起「爾吞我併之念」[1]。金田起義之後，在以楊秀清、蕭朝貴兩人會銜的三篇起義文告中，也明確揭示出太平軍起義的目的是推翻清王朝的統治，解放被壓迫的廣大人民，「上為上帝報瞞天之仇，下為中國解下首之苦，務期掃清胡氛，同享太平之樂」[2]。

在定都天京以後，太平天國領導人開始按照自己的意願重新規劃社會生活：主要是強令蓄髮變服，敬拜上帝；嚴分男行女行（將市內人民按性別各編成營）；實行人無私財的聖庫制度。太平天國還極為嚴厲地

---

1　《原道醒世訓》，太平天國博物館《太平天國印書》（上），江蘇人民出版社1979年版，第15—16頁。
2　《奉天討胡檄佈四方諭》，載中國史學會主編、王重民等編《太平天國》第一冊，上海人民出版社1957年版，第164頁。

**太平軍官兵圖**（採自C. A. Montalto, *Historic Shanghai*, p. 104）

禁止吸食鴉片黃煙、飲酒、嫖娼等。這一系列措施，使得具有多重社會經濟職能的城市，蛻變為幾乎只具單一軍事職能的大兵營。城市的原有生活節奏遭到徹底破壞。一些污泥濁水固然被蕩滌了，但城市的生機也被扼殺了。

在廣大農村地區，由於太平天國根本不承認土地私有，又不可能像對天京等城市居民那樣實行嚴格的管制，因而在一段時間裏採取了「以下供上」的貢獻代替「自上稅下」的賦稅政策。太平軍在西征途中曾發佈的「曉諭」明確向廣大農民宣佈：「普天之下，莫非王土；率土之濱，莫非王臣」，「我天朝斷不害爾生靈，索爾租稅，爾等亦不得再交妖官之糧米」。這一措施，曾一度受到農民的熱烈擁護。當時一些地主士人的筆下，都出現過「一鄉之人皆若狂」、「供獻迎賊，所在如狂」之類的記載。

　　太平天國在推行政治社會經濟政策的過程中，逐步形成了自己的社會改革方案。1853年12月頒佈《天朝田畝制度》，就是這方面一個綱領性文件。《天朝田畝制度》是太平天國建設新世界的藍圖，是農民向封建統治全面宣戰的總綱領，是革命農民對未來理想社會的結晶。兩千年來，中國農民舉行過無數次起義，提出過不少革命的口號，表達過對未來社會的理想，但還沒有提出過像《天朝田畝制度》這樣比較系統和完整的社會改革綱領。這個制度規定：全國要按照軍事體制組織起來，縣以下設立各級鄉官，鄉官不僅管理地方民政，也負責組織居民的經濟和文化生活。鄉官多由出身貧苦、忠誠於革命事業的積極分子充當，其體制、稱呼都與軍隊相同。每 25 家作為社會的基層組織，管理的鄉官叫兩司馬，下設國庫一所、禮拜堂一所。兩司馬組織這 25 家居民參加政治生活和經濟生活，安排他們接受文化教育。為了把殺敵和生產很好地結合起來，還規定了鄉兵制度，每家出一人為伍卒，有警為兵，殺敵捕賊；無事為農，耕田生產。兩司馬以上設有卒長、旅帥、師帥、軍帥、監軍、總制等官職。此外，還有關於國家的司法制度等的規定。《天朝田畝制度》最重要的內容是關於土地制度的。它提出「凡天下田，天下人同耕」的基本原則，決心建立「有田同耕，有飯同食，有衣同穿，有錢同使，無處不均勻，無人不飽暖」的地上天國，從而根本否定封建土地所有制。它規定：「凡分田照人口，不論男婦，算其家口多寡，人多則分多，人寡則分寡。」這種按人口平均分配土地的規定，表達了幾千年來中國農民對土地的強烈渴望。《天朝田畝制度》還宣佈：要使「天下人人不受私，物物歸上主」，希望達到「處處平均，人人飽暖」[1]。這表明：農民群眾不僅要求擺脫封建制度，而且還幻想在維護小農經濟的基礎上，消滅剝削和貧困。這些雖然表現了農民的平均主義空想，但世世

---

1　《天朝田畝制度》，載太平天國歷史博物館《太平天國印書》（上），江蘇人民出版社1979年版，第409—420頁。

代代生活在封建制度桎梏之下的農民，一旦覺悟到自己存在的價值，便希望一夜間把自己身上的枷鎖全部拋開。

按人口平分土地是《天朝田畝制度》的重點所在，是太平天國立國的一個重要原則。《天朝田畝制度》一方面抓住土地所有權不放，不願土地成為農民的私產；另一方面抓住對土地分配的控制權不放，只許農民過「通天下皆一式」的生活，這滿足了農民千百年來追求公平、平等、平均的願望，可以調動農民的革命積極性。由於太平天國時期始終是戰爭時期，《天朝田畝制度》無法加以推行，它在滿足農民願望上有着不可忽視的巨大作用，但在調動農民革命積極性上無法發揮持久作用。

太平天國所推行的一系列社會經濟政策的消極方面愈益暴露。城市居民，尤其是天京居民對家庭和私有財產的破壞深感怨憤。他們的不滿情緒為一些效忠清朝的敵對分子所煽動利用。1854年春，天京所發生的謀劃打開神策門接應江南大營的事件，曾給太平天國領導人造成極大的震動。但直到聖庫供給制難以為繼之後，家庭和私有財產才不得不恢復。太平軍還在向南京進軍途中，就以收繳、納貢等各種方式獲得大量銀米財物。在佔領南京等城以後，接管的公私財物及倉儲米穀更是不計其數。這是太平天國得以在天京推行聖庫供給制的強大物質基礎。然而上百萬軍民的浩繁開支不能不成為太平天國的沉重負擔。以糧食供應為例。太平軍在初入城時，對城內所有新老兄弟姊妹的糧食一律敞開發放，「來者即與之」。到了7月，「設立門牌，逐戶編查」以後，「既有名數可稽，始議每日發米數」。到癸好三年年終（1854年1月）盤存，豐備倉、復成倉、貢院三處，屯貯穀127萬擔，米75萬擔，僅足支放四個月的口糧。1854年6月，「始下一概吃粥之令」。8月、9月間終於出現斷糧的緊急狀態，城中大批男女被迫出城「割稻自食」，多有藉此而逃散的。

天京的糧食供應歷來靠上游地區。太平軍西征的首要目的即是採集

糧食。然而太平天國所實行的由農村居民自願貢獻的政策卻因沒有法定的統一標準而給採供雙方帶來不便。到了1854年，除新佔地區外，老區的貢獻實際已無法進行。人們不願主動進貢了。天京糧食供應的緊張迫使一些部隊採取強制徵收的極端措施，這就激化太平天國政權與當地人民的矛盾，甚至一些同情太平天國的人士也不贊成。

　　在階級社會裏，國家是一種凌駕於社會之上而又體現統治階級利益的有組織的力量。任何政府只有把各種衝突保持在「秩序」的範圍以內，才能維護自己的統治。在取民政策上，太平天國只能回到既有的賦稅制度上。1854年夏初，東王楊秀清等正式向洪秀全要求准予「照舊交糧納稅」。洪秀全立即批准了這一奏議。「照舊交糧納稅」的重要性在於：它從承認既有的賦稅制度出發，實際上也就承認包括地主在內私人佔有土地等生產資料的合法性。因而，隨着田賦徵收走上軌道，關稅、營業稅等稅收也相繼得到恢復。主持西征全局的石達開十分注意輕徭薄賦，因而逐步取得江西、安徽等省人民的信任和擁護。1854年9月、10月間，也就是江西、安徽等省正式實行照舊交糧納稅之時，楊秀清終於以天父下凡的形式，允許「一班小弟小妹團聚成家」。太平天國為此設立了婚娶官。原有室家者得以團圓。未經婚配的男女也得以建立家庭。城市的正常生活得到相當程度的恢復。太平天國從理想的天國退回到現實的人間，這是它在政治上開始逐漸成熟的表現，因而取得西征局勢的好轉和一破江南、江北大營的勝利。

# 英法聯軍侵略中國

　　正當太平天國起義弄得清政府手忙腳亂的時候，英法兩國發起對中國的第二次鴉片戰爭，清政府不得不面臨內憂外患的局面。

　　第二次鴉片戰爭之所以發生，是資本主義侵略者的利益最大化未能得到滿足。《南京條約》等一系列不平等條約簽訂後，西方列強雖然從中國取得許多特權，但還想要獲取更多的特權。英國之所以發動這場戰爭，很大程度上是要強迫清政府把鴉片貿易合法化，以保障當時英國在華最大的經濟利益——鴉片貿易。謀求在華的全面經濟與政治利益，這是它們的根本利益所在。這個根本利益拿不到手，新的一場侵略戰爭遲早是要爆發的。

　　早在19世紀50年代初，英國政府就在考慮對華發動新的戰爭。「1850年9月29日，巴麥尊寫道：很快就可以通過對揚子江下游重要據點的佔領以及切斷大運河的交通來對中國實行『新的打擊』。他寫道：『中國人在對唯一能使他們信服的論據——大棒論據退卻以前，就不僅應該看到這根大棒，而且應該感到這根大棒確實打在自己的背上。』1851年9月，巴麥尊詢問包令究竟在甚麼時候最宜切斷對北京的大米供應，中止大運河和長江會合處的糧食運輸。」[1]

　　戰爭發生源於英美等國對中國的修約要求。要求修約，是西方列強企圖從中國拿到更多權益的策略手段。早在1853年，英國就利用最惠國

---

[1] 引自A. Л. Нарочницкий: Колониальная Понитика Капиташстических Держав на Дальнем Востоке 1860—1895，第71頁，莫斯科，1956年，轉引自中國近代史資料叢刊《第二次鴉片戰爭》第六冊，第18頁。

待遇和中美《望廈條約》第34款有關12年後貿易及海面各款稍可變動的規定向中方提出修約要求。同年5月，英國政府訓令駐華公使文翰提出修訂《南京條約》問題，要他向中方提出：中國應毫無保留地給英國人開放全部城市和港口，英國人走遍全中國不受任何限制。文翰接到訓令時，太平軍北伐部隊已攻進天津附近，文翰感到太平軍與清政府之間誰勝誰負難料，就把訓令擱置起來。7月，美國向清政府提出幫助鎮壓太平軍，以此作為誘餌，以修約擴大在華權益。清政府懷疑美國的動機，沒有接受。英國要求修訂《南京條約》是沒有任何根據的，因為《南京條約》是一項政治條約，不是商約，沒有修訂的規定；而修約本身不能包括在最惠國待遇之內。英國利用中國當局不了解歐洲人的國際關係知識，加以蒙哄和欺詐，清政府只有被牽着鼻子走了。

1854年，英國、美國、法國都在進行修約活動。英國利用《南京條約》屆滿12年，曲解中美《望廈條約》關於12年後貿易及海面各款稍可變動的規定，援引最惠國條款，向清政府提出全面修改《南京條約》，要求中國全境開放通商，鴉片貿易合法化，進出口貨物免交子口稅，外國公使常駐北京等。法、美兩國也分別要求修改條約。但這些要求遭到清政府拒絕。

1855年，美國任命傳教士伯駕為駐華公使，給伯駕的任務是要他從清政府取得公使駐京、無限制擴大貿易以及取消對個人自由的任何限制三項主要權利。伯駕知道，《望廈條約》只規定了12年後作細小的修改，但他認為：「為了達到各國政府的最大利益，不僅細小的修改，而且激烈的變更是必不可少的」，為此「必須採取強硬手段」[1]。他在來華前，遍訪了倫敦和巴黎外交部，取得一致意見。1855年8月，伯駕希望北上渤海灣，逼迫北京政府舉行修約談判。英國駐華公使包令說：「用孤

---

**1** W. C. Costin: Great Britain and China 1833—1860, p.195. 轉引自中國社會科學院近代史研究所《帝國主義侵華史》第一卷，人民出版社1973年版，第122頁。

單的行動而不伴以強大的軍事壓力，就沒有希望從中國取得任何重要的讓步。」[1]因為各國軍艦尚未調到遠東來，沒有軍力支持，這次北上行動未能成行。1856年，中美《望廈條約》屆滿12年，美國在英、法的支持下，再次提出修改條約的要求，英、法也乘機提出同樣的要求，再次遭到清政府拒絕。這樣，發動一場新的對華戰爭便提上日程。

這就是說，用戰爭手段，達到逼迫清政府同意修約的目的，這已經是既定決策。戰爭已經逼近中國頭上了，清政府還渾然不覺。

1856年3月，克里米亞戰爭結束，俄國戰敗。這時候，英、法、俄等國都把目光投向了中國，各國軍艦都可以移師中國了。在克里米亞戰場上廝殺的對手，在中國成為合作的夥伴。利用戰爭手段已經決定，侵略者總要找一個冠冕堂皇的藉口。正在這時候，馬神甫事件發生了。儘管這是一個突發的個別事件，對於法國來說就是一個好藉口，但是，對於英國來說，這個藉口還不太有力。不久，「亞羅」號事件發生了。

「亞羅」號是一艘走私的中國船，曾在香港註冊，但已過期。1856年10月，廣東水師在黃埔逮捕了船上的幾名海盜和涉嫌船員。英國駐廣州代理領事巴夏禮在英國駐華公使、香港總督包令的指使下，硬指此船為英國所有，並且捏造船上曾懸掛英國國旗被中國兵勇侮辱，要求送回被捕者和公開道歉。兩廣總督兼管理通商事務的欽差大臣葉名琛先是據實覆函駁斥，後則妥協，將所獲人犯送到英國領事館。但巴夏禮蓄意擴大事端，拒絕接受。23日，英軍突然闖進珠江，進攻沿岸炮台。接着又轟擊廣州，一度攻入內城。後因兵力不足，於1857年1月陸續自省河撤走，等待援軍。

1857年春，英國首相巴麥尊極力主張擴大對中國的侵略。但反對黨在議會辯論中舉出包令承認船籍登記證無效，船不在英國保護之下，但千萬不要泄露給中國人等事實質疑巴麥尊。議會下院通過對巴麥尊的不

---

[1] 轉引自《中國近代史稿》第一冊，《劉大年全集》第五卷，第101頁。

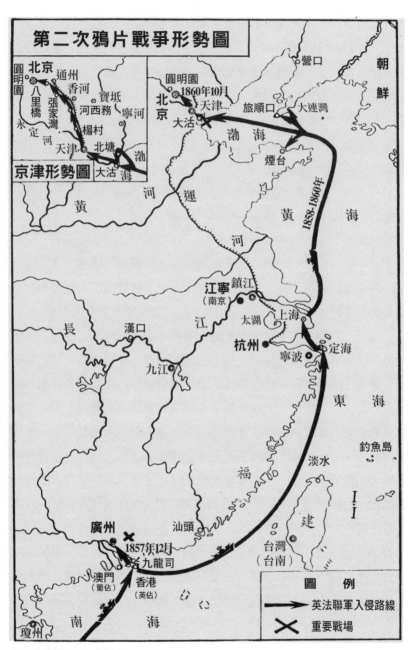

第二次鴉片戰爭形勢圖（1856—1860）

**1857年英軍侵犯廣州**（採自L. Oliphant, *Narrative of the Earl of ElgLondon 1859*, Vol. 1, p. 128）

信任案。巴麥尊便解散下院，在改選後的下院獲得多數議席後，終於通過擴大侵華戰爭的提案，並任命額爾金為全權專使，率領一支海陸軍前來中國。英國政府還建議法國與之共同行動。

法國的藉口則是所謂「馬神甫事件」（又稱「西林教案」）。法國天主教神甫馬賴非法潛入中國內地活動，於1856年2月在廣西西林縣被處死。法國便以此事件對中國進行訛詐。為了換取英國支持它在越南「自由行動」，並取得天主教在中國傳教不受干涉的保證，法國欣然接受英國的建議，派葛羅為全權公使，率軍來華，協同英軍作戰。

1857年10月，額爾金和葛羅先後率軍到達香港。11月，美國公使列衛廉、俄國公使普提雅廷也分別趕到香港。12月，英法聯軍5,600餘人（其中法軍1,000人）開始在珠江口集結。英、法向葉名琛投遞照會，要求進入廣州城，賠償損失，限10日答覆。葉名琛不予理睬，卻又不作戰守準備，結果在英法聯軍攻入城內後束手就擒，被解往印度加爾各答囚

**1858年簽訂《天津條約》現場圖** （採自L. Oliphant, *Narrative of the Earl of Elgin's Mission to China and Japan*, Vol. 1，扉頁）

禁。當時有人形容他是「不戰不和不守，不死不降不走」。廣東巡撫柏貴等人則在以巴夏禮為首的英法三人委員會嚴密監視下繼續擔任原職，替侵略者維持地方秩序。這是中國近代史上第一個由西方殖民者一手操縱的地方傀儡政權。

　　英法聯軍根據其本國政府在出兵時的指示，決計北上，直接和北京打交道。在幾乎重複1840年北上進軍的航行後，他們於1858年5月奪取戰略要地大沽炮台，威脅要佔領天津。6月，由於北京的門戶已向英法聯軍洞開，清政府在俄、美兩國公使的所謂「調停」之下，與侵略者開始談判。俄、美兩國首先獲利。6月13日和18日，中俄與中美《天津條約》相繼簽訂，兩國攫取了許多特權。尤其是中俄《天津條約》規定，

兩國派員查勘「以前未經訂明邊界」，「務將邊界清理補入此次和約之內」，為沙俄進一步侵佔中國領土埋下了伏筆。26日、27日，中英與中法《天津條約》分別簽訂。主要內容有：公使常駐北京；增開牛莊（後改營口）、登州（即蓬萊，後改煙台）、台灣府（今台南）、淡水、潮州（後改汕頭）、瓊州（今海口）、漢口、九江、南京、鎮江為通商口岸；英法等國人可往內地遊歷、通商、傳教；修改海關稅則，減少商船船鈔；賠償英國銀400萬兩，法國銀200萬兩。11月清政府於上海又同英、法、美三國分別簽訂《通商章程善後條約》，規定：鴉片貿易合法化；中國海關由英國人「幫辦稅務」；海關對進出口貨物照時價值百抽五徵稅；洋貨運銷內地，只納按價值2.5%的子口稅，免徵一切內地稅。咸豐皇帝批准了《天津條約》。

1859年，英國公使普魯斯、法國公使布爾布隆、美國公使華若翰前來與清政府交換《天津條約》批准書。三國公使各自率領一支艦隊，6月間到達大沽海口。其中英國艦隊即有戰艦、巡洋艦、炮艇共10餘艘，軍隊2,000人。清政府派直隸總督與三國公使接洽，指定他們在北塘登陸後，經天津去北京。又令沿途地方官備辦供應，妥為照料。英法公使蠻橫拒絕按照指定路線進京，聲稱「定行接仗，不走北塘」[1]，堅持經大沽口溯白河進北京。25日，英法聯軍突然襲擊大沽炮台。大沽炮台自1858年後就已增強了作戰能力。在僧格林沁的指揮下，中國守軍第一次齊射就擊中英軍旗艦，經一晝夜激戰，擊沉擊毀英法兵船10餘艘，斃傷敵軍400餘名，英艦隊司令也受了傷。美艦隊司令大喊「血濃於水」，煽動美國士兵的種族主義情緒，幫助英法軍進攻，也未能挽回敗局。英、法軍只得狼狽撤走。這是鴉片戰爭以來清王朝在對外戰爭中所取得的第一次大勝利。

大沽戰前，俄國公使與清政府在北京互換《天津條約》批准書。

---

1 《籌辦夷務始末（咸豐朝）》第38卷，第52頁。

大沽戰後，美國公使與清政府的代表在北塘互換《天津條約》批准書。英、法公使則不理會清政府要求他們由北塘進京換約的照會，率艦隊南下上海，準備調兵再戰。英、法兩國政府在得知大沽事件後，再度任命額爾金和葛羅為全權代表，率軍前來中國，其中英軍有軍艦79艘，地面部隊 2 萬餘人，僱用輪船126艘；法軍有軍艦40艘，陸軍7,600餘人。如此龐大的軍力，在西方殖民主義擴張史上也是罕見的。1860年 4 月，英法聯軍陸續抵達中國沿海，接着先後佔領舟山、大連、芝罘（今屬煙台），並封鎖渤海灣。俄使伊格納提耶夫和美使華若翰也於7月趕到渤海灣，再次以「調停人」為名，配合英、法行動。

　　8月1日，英、法聯軍以艦船200餘艘，陸軍1.7萬人，分別由大連、芝罘開拔，避開大沽，在未設防的北塘從容登陸。旋即佔新河，陷塘

1860年8月在英法聯軍打擊下放棄陣地的清軍北塘營地（部分圖）

沽。大沽在後路已斷、孤立無援的情形下失陷。僧格林沁在咸豐帝諭令下統領所部連夜撤出大沽南岸炮台，繞過天津，趕往通州一帶佈防。侵略軍長驅直入，24日佔領天津。清政府急派桂良等到天津議和。英、法方面提出，除全部接受《天津條約》外，還要求增開天津為通商口岸，增加賠款及各帶兵千人進京換約等。清廷下令桂良等不得簽字，堅持英、法先退兵，後定約。談判破裂。俄使竭力煽動英、法聯軍儘快進入通州，不給僧格林沁在這個城市設防的時間。9月初，英法聯軍向北京進犯。清廷以怡親王載垣等為欽差大臣，與侵略者在通州再開談判。由於擔任英國使團中文祕書的巴夏禮節外生枝，提出進京換約時須向皇帝親遞國書，致使談判再度破裂。18日，僧格林沁率部截拿巴夏禮等39人，並與聯軍先頭部隊在張家灣、八里橋大戰。兩次野戰，雙方都投入空前兵力。清軍的馬隊冒死衝鋒，但在敵軍猛烈炮火下損失慘重，並衝散了跟進的步兵。聯軍先頭部隊的彈藥消耗一空，而人員傷亡較少；僧格林沁等部清軍卻潰不成軍，完全喪失了戰鬥力。22日，咸豐帝帶領后妃和一批官員倉皇由圓明園逃往熱河（承德），留下其弟恭親王奕訢負責議和。在北京的清朝官員釋放了巴夏禮等人，但額爾金卻以巴夏禮等遭受「苛暴」為由，決計對清朝皇帝進行「報復」和「懲罰」。10月18日、19日，根據額爾金的命令，英軍大肆劫掠、焚毀了圓明園。這座經營了150餘年、耗銀上億兩，聚集了古今藝術珍品和歷代圖書典籍的壯麗宮殿和園林，如今只剩下些燒不爛、搶不走的石柱，在默默訴說着侵略者的暴虐。

奕訢在英、法的武力逼迫和俄國的恫嚇挾制下，於10月24日、25日分別與額爾金、葛羅交換了《天津條約》批准書，簽訂中英、中法《北京條約》。這兩個條約不僅承認《天津條約》完全有效，而且規定：增開天津為商埠；准許英、法招募華工出國；割讓九龍司地方一區，「歸英屬香港界內」；退還以前禁教期間沒收的教產，由法國公使轉交各處教民；賠償英、法軍費各增至800萬兩，恤金英國50萬兩，法國20萬兩。

鴉片以「洋藥」名義，納稅進口，實現了鴉片貿易合法化。

　　經過第二次鴉片戰爭和《天津條約》《北京條約》的簽訂，西方資本主義列強強加於中國的所謂「條約體系」業已形成。中國喪失了更多的主權，半殖民地化進一步加深了。《北京條約》的簽訂，標誌着近代中國「沉淪」繼續加深了。

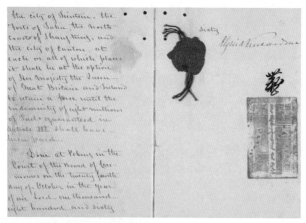

《北京條約》英文簽字頁 [採自英國國家檔案館，檔案號FO/93/23/6(13)]

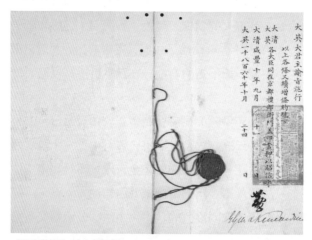

《北京條約》中文簽字頁 [採自英國國家檔案館，檔案號FO/93/23/6(14)]

# 第三節

# 俄國掠奪
# 中國大片土地

第一次鴉片戰爭以後，俄國加緊向中國東北和西北邊疆大肆進行以掠奪領土為中心的侵略擴張活動。

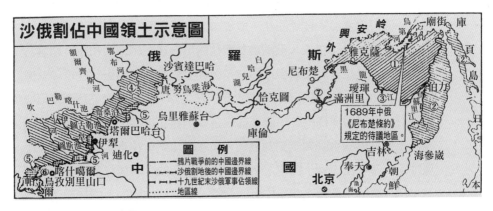

沙俄割佔中國領土示意圖

①③ 1858年，中俄《璦琿條約》，割佔黑龍江北至外興安嶺南60多萬平方公里。後製造慘案，強佔江東六十四屯。

② 1860年，中俄《北京條約》，割佔烏蘇里江以東（含庫頁島）約40萬平方公里。

④ 1864年，中俄《勘分西北界約記》，割佔巴爾喀什湖以東、以南和齋桑淖爾（即齋桑泊）南北44萬多平方公里。

⑤⑥ 1881年，中俄《伊犁條約》，割佔塔城東北和伊犁、喀什噶爾以西約7萬多平方公里。

1847年9月，沙皇尼古拉一世任命穆拉維約夫為東西伯利亞總督，加緊推行武裝鯨吞中國黑龍江流域的計劃。1849年，沙俄海軍由海上侵入黑龍江口和庫頁島地區。1850年8月，侵佔黑龍江口重鎮廟街，並以沙皇的名字為依據，將其改名為尼古拉耶夫斯克。至1853年，沙俄侵略勢力已擴張到黑龍江下游兩岸以及口外整個領海，並侵佔了庫頁島。1854年1月，沙皇尼古拉一世批准了東西伯利亞總督穆拉維約夫提出的「武裝航行黑龍江」計劃。5月，穆拉維約夫率領艦船70餘艘，運載俄兵近千名，強行越過石勒喀河中俄邊界，闖過雅克薩、璦琿等地，橫穿中國領土2,000多公里，並在黑龍江下游屯兵築壘，實行軍事佔領。1855年5月，沙俄再次武裝入侵黑龍江，並遷來大批「移民」，在左岸強行建立俄國居民點。1856年末，俄國將其所佔的黑龍江下游地區和庫頁島劃為它的濱海省，設首府於廟街。1857年，穆拉維約夫開始派兵在璦琿對岸駐屯。1858年5月，他乘英法聯軍進犯天津之際，以武力脅迫璦琿將軍奕山簽訂中俄《璦琿條約》，該條約規定：黑龍江以北、外興安嶺以南60多萬平方公里的中國領土劃歸俄國，僅在璦琿對岸精奇里江以南的一小塊地區（時稱江東六十四屯）仍保留中國方面的永久居住和管轄權；烏蘇里江以東的中國領土劃為中俄「共管」，原屬中國內河的黑龍江和烏蘇里江，此後只准中、俄兩國船隻來往，別國不得航行。清政府沒有批准《璦琿條約》，並對奕山等人予以處分。沙俄方面則將璦琿北岸的海蘭泡改名為「報喜城」（布拉戈維申斯克），沙皇特頒嘉獎，晉封穆拉維約夫為阿穆爾（黑龍江）斯基伯爵。

在中國西北地區，沙俄於1846年即已武裝入侵巴爾喀什湖以東地區。19世紀50年代，它越過伊犁河繼續向南擴張，侵佔了巴爾喀什湖以東、以南大片中國領土。

1860年英、法《北京條約》簽訂後，俄使伊格納提耶夫向清政府索取「斡旋」酬勞，再次提出割讓烏蘇里江以東領土，「會勘」西段邊界，以及北京、張家口、庫倫（今蒙古烏蘭巴托）等處通商並設立領事

館等要求。他一方面威脅說：俄中接壤達7,000俄里，「俄國較之其他任何海上強國都更易於隨時隨地給中國以有力的打擊」[1]。另一方面又以幫助鎮壓太平天國為誘餌迫使清政府簽訂了中俄《北京條約》，將烏蘇里江以東40萬平方公里的土地劃歸俄國，增加喀什噶爾為商埠，並在喀什噶爾、庫倫設領事館。關於西部疆界，條約第二款還把俄方提出的邊界走向強加給中國，為大規模侵佔中國領土製造根據。

自1862年起，中俄雙方在塔爾巴哈台（今新疆塔城）開始勘分西北邊界的談判。中國的西部邊界原在巴爾喀什湖。沙俄卻硬指清朝設在境內城鎮附近的常駐卡倫為分界標誌，把中國的內湖齋桑泊（今哈薩克斯坦境內）和特穆爾圖淖爾（今吉爾吉斯斯坦伊塞克湖）指為界湖，並出兵強佔中國境內山隘、要津，壘石立界，製造既成事實。甚至揚言攻取喀什噶爾和伊犁。1864年再開談判後，俄國方面派兵威逼塔城卡外，並堅持中國必須按照俄國的分界議單劃界。10月，中俄簽訂《勘分西北界約記》，具體劃定了從沙賓達巴哈山口（今俄境）起至浩罕邊界為止的中俄西段邊界。據此，沙俄再割巴爾喀什湖以東、以南44萬多平方公里的中國領土。

沙皇俄國通過《璦琿條約》《北京條約》和一系列勘界條約，侵佔了中國144萬多平方公里的領土，是第二次鴉片戰爭最大的獲利者。

---

**1** 布克斯蓋夫登：《1860年北京條約》，轉引自中國社會科學院近代史研究所《沙俄侵華史》第二卷，人民出版社1978年版，第188頁。

# 第四節

# 曾國藩湘軍集團崛起
# 與太平天國後期的苦撐苦鬥

　　清王朝面臨內憂外患交相襲來的艱難局面。它深知，真正威脅自己生存的是以太平天國為中心的國內各族人民的反清革命。對外來侵略，清王朝以最終的妥協投降予以解決了。但對於它所一心要剿滅的太平天國，卻必須經過你死我活的大規模持久內戰，才能予以最終解決。為此，它還必須依靠漢族官員的全力支持。

　　由於八旗和綠營正規軍的潰敗，在籍官紳曾國藩受命舉辦團練，組織地方武裝湘軍。曾國藩（1811—1872），字滌生，湖南湘鄉人，道光末年已官至侍郎。1853年初，他因母喪在籍，便以羅澤南的湘勇為基礎，「別樹一幟，改弦更張」，組建了一支不同於綠營制度的新軍。湘軍以士人為營官，以同鄉和倫常情誼為紐帶，選將募勇堅持同省同縣的地域標準，鼓勵兄弟親朋師生一同入伍，甚至同在一營。士兵由營官自行招募，只服從營官的指揮，整個湘軍則置於曾國藩的嚴密控制之下。湘軍還用三綱五常的思想灌輸士兵，進行較為嚴格的軍事訓練，並給以遠較綠營優厚的糧餉待遇。曾國藩和他的湘軍已成為清王朝維繫其統治的重要支柱。但在1856年以前太平天國蒸蒸日上的時候，湘軍雖能取得若干勝利，總的趨勢卻是勝少敗多。1856年3月，江西樟樹鎮湘軍大營被太平軍一舉踏平。4月，悍將羅澤南又在武昌城外斃命，全軍精銳大損。曾國藩坐困南昌，已成甕中之鱉。不久後太平天國領導集團發生分裂，江西、湖北太平軍失去指揮，不僅使曾國藩和湘軍擺脫了覆滅的命運，還使得湘軍日益發展壯大。

　　太平天國在西征取得一系列勝利，尤其是1856年6月攻破清軍江南大

營之後，已從根本上扭轉了自建都以來軍事上的被動局面。軍事上的這些勝利，並沒有成為太平天國事業成功的保證，反而激化了領導集團內部的矛盾。

太平天國在正式定都以後，其政權體制已日趨完善，並表現出向封建君主政體的轉變。在這一過程中，太平天國領導人之間原本「寢食必俱，情同骨肉」的結義兄弟關係，也日益為等級森嚴、名分各異的君臣關係所取代。這使得兩位最主要的領導人洪秀全與楊秀清之間的矛盾鬥爭變得尖銳突出。洪秀全處心積慮地利用繁文縟節的禮儀和中國傳統的尊君觀念，以確保自己作為君主的至尊地位。然而他的一切努力，不能阻止來自楊秀清的有力挑戰。楊秀清擁有代天父傳言的資格及「勸慰師」、「禾乃師」、「贖病主」等一系列神聖的宗教頭銜，擁有節制諸王以及群臣的極大權力。他被尊呼為「九千歲」，僅比「萬歲」之尊的洪秀全少一千歲，上朝奏事時可「立於陛下」而不必下跪。楊秀清本人更是「威風張揚，不知自忌」，上自天王，下至一班臣僚，都曾受到他的欺凌羞辱，有的甚至受到了過於嚴厲的懲處。眾人「積怒於心，口順而心不息，少怒積多，聚成患害」[1]。1856 年 8 月 15 日，也即清軍江南大營主帥向榮敗亡後的第六天，終於發生了楊秀清逼天王親到東王府封其為「萬歲」的內訌事件。

事情是由楊秀清逼封「萬歲」引起的。楊秀清假藉天父下凡之名，逼迫洪秀全封他為「萬歲」。所謂天父下凡，是楊秀清在金田起義前在紫荊山活動時創造的一種代天父立言的形式。那時由於洪秀全不在、馮雲山被捕，拜上帝會生存面臨極大危險，楊秀清借用當地鬼神附體的迷信，詭稱天父——皇上帝附體，在勸導會眾堅持革命事業上起過作用，後來得到洪秀全的承認。此後楊秀清經常採用這種形式來樹立洪秀全的領袖地位，鼓勵全軍奮勇殺敵。但在定都天京以後，天父下凡往往成為

---

1《李秀成自述》，載《太平天國文書彙編》，中華書局1979年版，第486頁。

楊秀清打擊諸王、挾制洪秀全的一種手段。這時，洪秀全迫於「天父」的壓力和楊秀清的權勢，一面同意楊秀清的請求，一面密召在江西的北王韋昌輝和在湖北的翼王石達開速回天京。9月2日清晨，韋昌輝率部從江西前線火速趕回，在楊秀清並無戒備的情況下，闖入東王府，殺了楊秀清及其全家。此後兩個月，韋昌輝又採用極其卑劣的手段，故意擴大事態，楊秀清部屬連同在變亂中被殺的無辜群眾，據說達到2萬多人，浮屍隨秦淮河水漂往城外。石達開從湖北趕回，斥責韋昌輝濫殺無辜。韋昌輝又要殺石達開，石聞訊連夜吊城逃走，家屬被全部殺光。1857年1月2日，洪秀全命令天京官兵，誅殺韋昌輝及其支持者，結束了這場自相殘殺的可悲局面，並召石達開回京輔政。不久，洪秀全又對石達開產生疑忌，怕石達開權重，便封其長兄、次兄為王，來限制石的權力。當時，石達開發現洪秀全有「謀害之意」，於1857年6月自天京出走，帶領一二十萬太平軍部隊遠走四川。

石達開的分裂行動，使太平天國的主戰場陷入兇險的絕境，也給他自己帶來了毀滅。石達開在出走之初，情緒即已消沉到極點。他到皖南駐軍所在地時，竟要解散部隊，其後雖稍有振作，但仍抱定「惟期成功後，予志復歸林」的想法。這就使得他日後的軍事行動，變得漫無目標，因而處處陷於消極被動。清方將帥在看出他的「流賊之象」後，便不再把他看作可怕的對手。1860年，石達開輾轉退入廣西，大批部屬紛紛離他而去。其中最重要的一支部隊，在彭大順、童容海、朱衣點、吉慶元等60多位將領統率下，一路血戰，「萬里回朝」，於1861年9月在江西與忠王李秀成的大軍會合。此時該部已擴至20餘萬人。天王洪秀全得知奏報，大喜，命名該部為「扶朝天軍」。石達開眾叛親離，又因清朝當局的懸賞嚴拿而無法藏身，只得在廣西重新招集人馬，並於1861年再出廣西，想取四川以自立。兩次入川受挫後，於1863年再由雲南入川，結果於當年5月在四川大渡河紫打地陷入絕境，全軍覆滅。石達開在成都就義，年僅33歲。

天京事變發生前，太平天國已控制上自武漢下至鎮江長江一線，擁有江西、安徽兩省大部和湖北、江蘇兩省的部分區域。除武昌、漢陽兩城處於清軍圍困之下外，在其他各戰場太平軍都佔相對優勢。天京事變使得太平天國的戰場形勢發生根本性的逆轉。武昌、漢陽守軍於1856年12月棄守突圍，湖北繼湖南之後成了湘軍又一個鞏固的後方基地。江西方面，由於石達開一心入浙入閩，當地守軍陷入既無救援又無統一指揮的困境。湘軍乘機發動多路進攻，分化瓦解，各個擊破。1858年5月，江防重鎮九江被攻破，守將林啟容手下1.7萬人全部戰死。10月，太平軍在江西的最後一個基地吉安失守。安徽方面，皖北的廬州和皖南的寧國先後失守。天京附近，清廷以和春為欽差大臣，張國梁幫辦軍務，於1857年初重建江南大營。江北大營也乘機復蘇。石達開出走後，江南大營加強了對天京地區的攻擊。1857年12月，鎮江、瓜洲的守軍在援軍接應下撤退。1858年1月，江南大營再次進逼天京近郊。

正在進行的第二次鴉片戰爭和持續高漲的各地各族人民起義，使太平天國得到寶貴的喘息時機。為了擺脫天京事變後，尤其是石達開帶走精兵良將後「朝中無將，國內無人」的窘困局面，洪秀全提拔任用了一批新人，並重新任命了五軍主將。蒙得恩為中軍主將，陳玉成為前軍主將，李秀成為後軍主將，韋俊為右軍主將，李世賢為左軍主將。五人中以蒙得恩年齡最長，是「永不出京門」的「天王愛臣」；韋俊為韋昌輝之弟，後於1859年秋叛降清朝；其餘三人，陳玉成及李秀成、李世賢卻都是忠於太平天國事業的有為將領。不久，因楊秀清徹底平反昭雪，率軍游移在外的楊輔清脫離石達開歸來，被改任為中軍主將。太平天國重建領導集團，開始做出了重新振作的努力。

1859年4月，洪仁玕歷經艱險到達天京，為太平天國的復蘇增添了希望。金田起義時，洪仁玕在廣東清遠縣教書，聞訊趕赴桂平後，太平軍已移營他去。後輾轉流亡香港，得瑞典巴色會教士韓山文的幫助。1854年他曾設法到上海，可是既不能使上海小刀會的領袖相信他與洪秀全的

關係，又無法突破清軍的封鎖去天京，只得回香港參加教會工作。他潛心研究基督教教義，並學習天文曆算等方面的知識。他於1858年再次由香港啟程，終於經陸路進入太平天國統治區。洪秀全對洪仁玕的到來大喜過望，不到20天即褒封其為「開朝精忠軍師頂天扶朝綱干王」。同月，陳玉成因軍功卓著受封英王。年內，又陸續封李秀成為忠王，蒙得恩為贊王，李世賢為侍王，楊輔清為輔王，林紹璋為章王，各有「奮興之志」。

洪仁玕長期脫離太平天國軍事鬥爭的實踐，到了天京，作為新的朝綱領袖，很快提出一個振興太平天國的綱領——《資政新篇》，並由天王下令鐫刻頒行。《資政新篇》共四部分：一、用人察失，禁止朋黨；二、革除腐朽生活方式，移風易俗；三、實行新的社會和經濟政策，仿效西方資本主義；四、採用新的刑法制度。關於實行新的社會經濟政策，《資政新篇》從政治上總結了太平天國立國以來的主要經驗教訓，要求加強中央集權，反對分散主義，反對結黨營私。但它的主要內容是回答了太平天國或者說農民革命應當向何處去的問題。他首先泛論當時世界各國的大勢，指出各國富強或者落後的原因，然後列舉出一系列仿效西方資本主義制度的建議。主要內容有：（一）創辦報紙，溝通上下情感，設立不受眾官節制也不節制眾官的各省新聞官，專收各地新聞紙呈送天王；（二）成立某些地方自治機構，管理地方財政、鄉兵、教育、醫院以及社會救濟事業等；（三）興辦近代工礦交通等企業，仿造火車、輪船，設立郵局，提倡築道路、修水利、開礦山、辦工廠，興辦銀行、發行紙幣等；並實行准許私人投資，獎勵發明創造，保護專利等政策；（四）與外國通商，平等往來，歡迎外國人前來傳授工藝技術，但不准干涉內政。《資政新篇》從「因時制宜，審勢而行」[1] 的原則出發，根據中國的實情和當時世界的潮流，提出在中國發展資本主義

---

1 《資政新篇》，載《太平天國印書》（下），第678頁。

經濟和進行一些相應的上層建築改革。洪秀全對《資政新篇》作了仔細的批示。除對其中講到不殺人、誡殺人的兩處表示反對外，大體上採取肯定和贊同的態度。《資政新篇》是近代中國最早提出的一個使中國走向資本主義的近代化藍圖，表明國門打開以後向西方學習的趨向。對《資政新篇》這種要求按照資本主義的模式來改造太平天國的大膽呈述，洪秀全表示基本支持和要求推行的態度，它表明，農民革命的領袖們面對太平天國立國以來的歷史經驗，開始國家建設問題上的新探索。這也表明，如果條件允許，太平天國完全可以走上與傳統農民戰爭不同的道路。向西方國家尋找真理，在當時是一種先進思想。洪秀全從一個農民革命領袖的地位來抓住這個問題，加以解答，表現了他的氣魄和思想光輝。

《資政新篇》同《天朝田畝制度》一樣，是反對封建社會制度的，但它向農民群眾描繪的不是以平均主義為尺度的小農經濟的天國，而是一個承認貧富差別的以資本主義為模式的新型天國。《資政新篇》的作者模糊地感到，只有發展資本主義，才能徹底戰勝封建制度，才能有效地抵制外國的侵略。這一點，反映了鴉片戰爭以後中國社會的時代特色，是合乎歷史前進方向的。但是，由於太平天國後期始終處在嚴酷的戰爭環境中，而且逐漸由戰略防禦轉入戰略劣勢，洪仁玕的政治設計不得不被擱置起來，得不到一點稍加實施的機會。因此，這個文件的頒佈並未給太平天國後期的政治生活帶來明顯的影響。

太平天國有了這批奮興有為的新人，振作同心，「自此一鼓之銳，振穩數年」[1]。他們首先積極聯絡江北的捻黨起義軍，發展壯大自己的有生力量。在此基礎上，太平軍各部隊同心協力，謀定而後戰，取得一系列重要戰役的勝利。早在1857年，陳玉成、李秀成等軍便已開始主動協同作戰。1858年9月，太平軍集中兵力，攻破江北大營，打通了天京北

---

1 《李秀成自述》，載《太平天國文書彙編》，第491頁。

岸交通。接着，又揮師西上，迎擊由九江來犯的湘軍，於11月間在三河鎮將其精銳6,000餘人一舉殲滅，從而遲滯了湘軍對安慶的圍攻。但江南大營的存在，依然對天京構成嚴重威脅。太平軍乃確定「圍魏救趙」戰略。1860年3月，先由李秀成率輕兵經小路奔襲江南大營的餉源杭州，迫使江南大營調動精銳往救。然後迅速回師，與陳玉成、李世賢、楊輔清等各路大軍共10餘萬人，於5月上旬一戰而粉碎江南大營，天京之圍立解。連湘軍領袖曾國藩也不得不承認此役為太平天國的「得意之筆」[1]。

攻破江南大營後，太平軍一鼓作氣，東征蘇、常。5月，江南提督、幫辦軍務大臣張國梁，清欽差大臣、督辦江南軍務、江寧將軍和春敗死。6月初太平軍進克蘇州，清軍降者達五六萬人。此時距出師還不到20天。但太平軍在向上海發起攻擊時卻遭到英法侵略軍的聯合抵抗。負責進軍的李秀成採取了極為克制的態度。儘管有數百名太平軍戰士犧牲，卻仍一槍未還並撤出戰鬥。李秀成自己也帶着面部的輕傷退回蘇州。

---

1　《致沅弟季弟》（咸豐十一年二月二十二日），載《曾國藩全集》第二十冊，岳麓書社2011年版，第584頁。

# 中外會剿
# 中國歷史上最大的一次農民起義失敗

　　1860年英法聯軍向北京進軍，目的不是顛覆清王朝，而是要維繫這一政權，以便勒索更多的權益。一位英國官員就說過：「推翻清王朝並非我們的旨趣。當我們向北京進軍時，我們真為我們的行動擔心，若隨之而發生無政府的局面，我們的貿易與茶葉都將化為烏有。」[1] 當1860年春，英法侵略軍在上海集結時，適逢太平軍東征蘇、常。在太平軍壓力下，清王朝在江南的首要人物集中到上海，並與侵略者加強了勾結。5月間，買辦出身的蘇松太糧道楊坊要求法國侵略軍代守上海城，6月初，上海道吳煦致函法國侵略軍司令，要求派法軍駐防上海附近的嘉定、太倉、崑山等地。同時，楊坊等資助美國流氓華爾招募在上海的外國冒險家與亡命之徒組成「洋槍隊」，向太平軍進攻，並於7月間佔領松江。兩江總督何桂清逃到上海後，更要求清政府完全接受侵略者的要求，以便共同鎮壓太平軍。英國公使蒲魯斯和法國公使在上海聯名貼出佈告，說他們完全同意「不使（上海）遭受屠殺搶劫，並阻止內部暴動，同時上海區城亦在保護之列，不使其蒙受任何外來之攻擊」[2]。英法聯軍一面北上和清朝政府作戰，同時又在南方幫助它鎮壓太平軍，當時侵略者自稱這一情況是一種「奇觀」。《北京條約》簽訂後，西方列強轉而強烈支持清王朝。他們的邏輯是清楚的：如果清王朝打垮了太平天國，外國人

---

**1** W. C. Costin: Great Britain and China 1833—1860, p. 307. 轉引自中國社會科學院近代史研究所《帝國主義侵華史》第一卷，人民出版社1973年版，第152頁。

**2** 梅朋、傅立德合著：《上海法租界史》，倪靜蘭譯，上海社會科學院出版社2007年版，第165頁。

將會保有他們的新收穫；如果太平天國擊敗了清王朝，即使有洪仁玕的半西化庇護，西方仍須開始令人厭倦的談判，或許還要訴諸戰爭，一切都得再來一次。

辛酉政變（1861年中曆干支為辛酉）後，清政府有意求助外國軍隊來鎮壓太平天國。1862年2月，慈禧太后以同治皇帝的名義發佈上諭，宣佈「借師助剿」徵求意見。曾國藩等大臣有不同意見，有人擔心外國軍隊在中國坐大。所以清政府沒有正式採納「借師助剿」的建議。但地方政府如上海的地方當局還是採納這個建議，花了很多錢，買通一些外國人，在上海編練一些開始是由外國人組成的軍隊，後來是由外國人指揮、中國人參與的軍隊，也就是後來的「洋槍隊」、「常勝軍」等。這都是由外國人指揮、訓練，用外國的槍炮武裝起來。在上海、江蘇、浙江這一帶打太平軍的時候取得步步勝利。

太平軍東下蘇、常時，曾國藩湘軍乘機加緊圍攻安慶。安慶是天京上游的重要屏障，自西征以來一直為太平軍所把守。保衛安慶，對於鞏固太平軍皖北根據地、屏蔽天京，十分重要，成為太平天國軍事上的重要決策。曾國藩和洪秀全都看到安慶戰略地位的重要。曾國藩乘陳玉成率部東進的時機，派他的胞弟曾國荃率精兵圍困安慶，並在安慶附近作了嚴密的軍事部署，投入的總兵力達五萬多人。清朝皇帝嚴令曾國藩率部收回蘇州、常州一帶。曾國藩以「安慶一軍，目前關係淮南之全局，將來即為克復金陵之張本」[1]為理由，拒不執行命令，始終堅持對安慶的圍困。洪秀全則與洪仁玕、陳玉成、李秀成議定救援安慶的戰略，決定以陳、李兩軍分別夾江奔襲，會取武昌，以1861年4月為會師日期。此舉如能迫使湘軍回援上游基地，則安慶之圍可解。

1860年9月，陳玉成渡江北上，10月聯合皖北捻軍西進，次年3月

---

**1** 曾國藩：《蘇常無錫失陷遵旨通籌全局並辦理大概情形摺》（咸豐十年五月初三日），載《曾國藩全集》第2冊，第501頁。

進入湖北，並克復黃州（今鄂州市）府城，進逼武昌。由於李秀成未能按期前來會師，又加上英國參贊巴夏禮從漢口前來黃州加以干涉：武漢三鎮組成一個巨大的貿易場，太平軍奪取其中任何一個城市，難免不損害整個大商港的貿易。因此，太平軍必須遠離該埠。他還說，九江方面沒有聽到李秀成等進兵的消息，如果陳玉成進兵武漢，勢將得不到南路軍的支持等。陳玉成遂放棄會攻武昌的計劃，回救安慶。李秀成以自己的根據地在蘇南，對上游用兵不積極，遲到1860年11月才由蕪湖開始行動，次年2月進入江西，直到6月才進入武昌以南。這時，會師日期已過，陳玉成軍已撤走，李秀成於是全師東返。當安慶會戰緊張進行的時候，李秀成於9月揮師進入浙江，年底再克杭州。

會取武昌的計劃，是救援安慶的上策。此計不行，安慶保衛問題就變得十分嚴峻了。1861年4月至9月半年時間裏，雙方對安慶展開了激烈的爭奪戰。兩軍陣地犬牙交錯，互相包圍。洪仁玕、楊輔清等趕來援助，幾次與湘軍大戰，不能取勝。6月，湘軍攻破安慶城北10餘里的太平軍據點集貿關。9月，湘軍用地雷轟塌安慶城牆，太平軍守將葉芸來、吳定彩等守城將士1.6萬人全部戰死，安慶失陷。

安慶決戰的用兵方向仍然是正確的，但由於太平天國的主要軍事統帥對用兵安慶的認識存在嚴重分歧，致使會取武昌的計劃流產，這是太平天國軍事上的一次重大失策。李秀成雖然在浙江擴大了根據地，但上游的損失是難以彌補的。陳玉成在指揮安慶保衛戰時，也犯了急躁求勝的毛病，存在拚命思想，因而採取了為一城一地的得失而消極防禦的戰略，而沒有吸取太平軍戰史上已經獲得的在攻堅時機動靈活的作戰經驗，也是一大失策。此後，太平天國在軍事上轉入劣勢。

太平軍諸王不和，各自為戰，戰略方向上雖是在為解救安慶之圍而行動，實際上各懷目的，沒有統一指揮，缺乏各地區戰略協同，安慶正面戰場各部援兵缺乏有機聯繫。湘軍利用了太平軍的這些弱點，靈活運用兵力各個擊破為解援安慶而行動的各部太平軍，取得安慶戰役的徹底

勝利。對於湘軍來說，安慶戰役的勝利，與他們堅定的戰略思想，正確而又靈活多變的戰術原則，以及成功的指揮藝術，是分不開的。拿它與太平軍加以比較研究，可以看出勝利與失敗的原因所在。[1]

安慶保衞戰的失敗，使得英王陳玉成的精銳主力幾乎折損殆盡。天王藉此嚴責，革其職權，更使他心煩意亂。他奏請天王分封其部將陳得才、賴文光等為王，率軍遠征陝西，自己則留守廬州。1862年5月，廬州失守。陳玉成突圍至壽州，遭到早與清朝勾結的捻首苗霈霖的暗算，被執送清帥勝保軍營。勝保勸其投降。陳玉成昂然表示：「大丈夫死則死耳，何饒舌也！」[2]就義時年僅26歲。陳玉成的犧牲，標誌着太平天國天京以西戰場無可挽回的失敗。

1861年12月忠王李秀成部再克杭州。浙江全省除衢州、溫州等少數孤城外，均入太平天國版圖。

杭州既克，太平天國所承諾的在1861年內不進攻上海的期限已到。太平軍乃發動第二次進攻上海之役。1862年1月7日，以忠王李秀成的名義向上海、松江發佈告示，聲稱：上海、松江為蘇浙之屏藩，乃太平天國必收之地，要求在滬洋商「各宜自愛，兩不相擾」，並警告說：「自諭之後，倘不遵我王化，而轉助逆為惡，相與我師抗敵，則是飛蛾撲火，自取滅亡。」[3]擔任前敵指揮的慕王譚紹光調動各路大軍，很快佔據上海周圍各廳縣，對上海、吳淞形成東西夾擊之勢。清朝當局則與外國侵略者達成中外會防上海的一致意見。1862年2月，英法聯軍集中上海，會同美國人華爾的洋槍隊（此時已改名常勝軍）及清軍，先後攻佔太平

---

**1** 參見張海鵬《湘軍在安慶戰役中取勝原因探析》，《近代史研究》1988年第5期；又見《追求集》，社會科學文獻出版社1998年版，第150—177頁。

**2** 佚名：《陳玉成被擒記》，轉據羅爾綱《太平天国史料考釋集》，三聯書店1956年版，第204頁。

**3** 《忠王李秀成告上海松江人民清朝兵勇及外國侵略者諭》，載《太平天國文書彙編》，第156頁。

軍的若干據點。4月，李秀成親率精兵自蘇州增援，又奪回嘉定、青浦等地，並將常勝軍圍困在松江城內，從上海來救援的侵略軍，均為李秀成所敗。奉賢守軍且陣斃法國海軍提督卜羅德。李秀成後來回憶說：「那時洋鬼並不敢與我見仗，戰其即敗。」[1] 此話是可信的。時任浙江清軍統帥的左宗棠就說過：「青浦、嘉定二處髮賊麇至，夷兵遽遁。夷人之畏長毛，亦與我同。委而去之，真情畢露。」[2]

正當松江指日可下，上海岌岌可危之時，曾國荃部湘軍在上游攻陷蕪湖等地，直逼天京。「天王一日三道差官捧詔到松江」[3]，李秀成只得撤軍回援。二次進攻上海之役被迫結束。

攻佔安慶以後，曾國藩即圖謀三路東進，奪取江浙。1862年春，三路進軍方案開始實施：左宗棠所部湘軍於2月入浙，從衢州向金華、杭州進攻；曾國荃所部湘軍於3月、4月間從安慶沿江東下，進逼天京；李鴻章率新建的淮軍，則於4月、5月間由安慶分三批乘輪船徑赴上海，再以上海為基地，向蘇州、常州進攻。三路大軍分進合擊，太平天國陷入東支西絀的困境。

在天王的嚴令之下，李秀成調集侍王李世賢、護王陳坤書等十三王軍隊救援天京。10月，各路大軍在五六十里長的戰線上對進圍天京的曾國荃部湘軍發起猛烈攻擊，但大戰40餘日，既未能切斷湘軍的後勤補給，更未能攻破雨花台之湘軍大營。

天京解圍戰的失利，從戰役指揮上說，與李秀成在用兵上沉穩有餘、勇戰不足的特點有關。但最主要的，還是太平天國立政無章、朝綱紊亂引起的人心渙散。天王洪秀全消極地吸取了天京事變的教訓，「因東、北、翼三王弄怕，故未肯信外臣，專信同姓之重」，致使「讒佞張

---

**1** 《李秀成自述》，載《太平天國文書彙編》，第524頁。
**2** 轉引自曾國藩《議覆調印度兵助剿摺》（同治元年六月二十二日），載《曾國藩全集》第4冊，第362頁。
**3** 《李秀成自述》，載《太平天國文書彙編》，第524頁。

揚，明賢偃避，豪傑不登」[1]。他對陳玉成、李秀成等在外統兵的高級將領，實際上也是不放心的。他一方面大封王親國戚和廣東同鄉，以為固本之舉；另一方面，對諸將部屬則增封為王，各有分地，以收弱枝之效。但是封王之舉一發而不可收，除有名號的王爵外，又有不給王號的列王以及「王加頭上三點」，以為「小王」之封。到太平天國失敗時，竟有2,700多王。其結果，非但未達收權於中央的目的，反而「內亂猜忌之萌，愈散漫不可制」。李秀成也在「天朝十誤」中指出：「誤封王太多，此之大誤。」[2]十三王兵力雖眾，武器裝備也佔優勢，但並沒有真正做到「聯萬心而作一心」，而是各有其小算盤，臨戰不肯用命，不願過多消耗自己實力，當然不能制敵於死地。

天京解圍戰失利後，在洪秀全的嚴令之下，李秀成又有歷時7個月的「進北攻南」之舉，但渡過江北的部隊因敵人實行「堅壁清野」政策，非但未能調動圍困天京的敵軍上援，反而使自身慘遭損失。當1863年6月李秀成率北征部隊返回天京時，東線的局勢已發生根本性的逆轉。李秀成雖曾親臨蘇州，與慕王譚紹光力挽危局，但已無濟於事。11月蘇州、無錫先後陷落。1864年3月，浙江杭州、餘杭守軍同時撤退。4月江蘇常州失陷。蘇浙戰場徹底瓦解。太平軍在各城的守將，或死或降。撤出的部隊則在侍王李世賢的統帶下分路衝入江西就糧。他們提出的口號是：「與其餓死江南，不如戰死江西。」[3]

李秀成在蘇州失陷後匆匆趕回天京，向天王提出「讓城別走」，遭到洪秀全的嚴厲申斥。天京糧食供應不繼，天王下令「合朝俱食甜露」[4]，即吃以百草製成的草團。李秀成則被留在天京主持城守。他多次組織出擊，傍城增築營壘，阻止敵人合圍。延至1864年4月，湘軍兩掘地道及用

---

1 《李秀成自述》，載《太平天國文書彙編》，第491、496頁。
2 《李秀成自述》，載《太平天國文書彙編》，第543頁。
3 《部署饒防片》，載沈葆楨《沈文肅公政書》卷一。
4 《李秀成自述》，載《太平天國文書彙編》，第531頁。

雲梯攻城，都未能得手。而「城內新種麥禾，青黃彌望」。曾國藩驚歎太平軍的「堅忍異常」。6月3日，天王洪秀全病故，幼天王繼位。

清廷對天京遲遲不能被攻下極為不滿，嚴加催責，且命江蘇巡撫李鴻章領軍前來會攻。曾國荃一心欲獨佔克城大功，不惜一切代價發起攻擊。7月3日，紫金山麓天京城外最後一個堡壘地保城失陷，湘軍得以迫近太平門城根開掘地道。19日，太平門城垣被轟塌20餘丈，天京城終被湘軍攻破。守城士兵破釜沉舟，高呼：「弗留半片爛布與妖享用。」湘軍入城後大肆燒殺搶掠。據趙烈文日記中記載：「賊所焚十之三，兵所焚十之七。煙起數十道，屯結空中不散，如大山，絳紫色。」[1] 40歲以下的婦女都被搶光，老人、幼孩則遭到屠戮。曾國藩向清廷報告說：「三日之間，斃賊共十餘萬人，秦淮長河屍首如麻。」[2] 但太平軍守城部隊僅一萬餘人，一部分還突圍而出，這是把全體南京居民都當成敵人了。

城破的當晚，李秀成即護衛幼天王等由太平門缺口突圍。為了「盡心而救天王這點骨血」[3]，以盡其愚忠，李秀成將自己的戰馬讓給幼天王，自己終致掉隊而不幸被俘。面對曾國荃用刀割其臂股的殘酷刑罰，李秀成絲毫不為所動。但在曾國藩由安慶趕來與其交談後，他卻同意親筆寫所謂「供詞」。他以自己只唸過兩年私塾的文化，冒着酷暑和身囚木籠的恥辱，奮筆疾書，而在寫完「天朝十誤」的當晚，即遭曾國藩殺害。現存洋洋數萬言的忠王自述原稿，便是他在生命的最後時刻對太平天國興亡史的回憶與思考。內中有一些自污和頌揚曾氏兄弟的言論，則顯然是有所求而發。這一篇也許是多餘的文字，雖使後人了解了太平天國可歌可泣的業績，但也使他在身後招致了種種不同的評價。

幼天王自天京突圍後，先到皖南廣德州，會合干王洪仁玕等。不

---

**1** 趙烈文：《能靜居日記》二十，載《太平天国續編》（七），第270頁。

**2** 曾國藩：《奏報攻克金陵盡殲全股悍賊並生俘逆酋李秀成洪仁達摺》（同治三年六月二十三日），載《曾國藩全集》第七冊，第299頁。

**3** 《李秀成自述》，載《太平天國文書彙編》，第538頁。

久，又被堵王黃文金迎至浙江湖州。8月，洪仁玕、黃文金等棄守湖州，轉入江西，擬先會合侍王李世賢的隊伍，再北渡長江會合扶王陳得才等。但李世賢部已向贛南轉移，黃文金不久又病逝，這支隊伍的軍心渙散了。10月終於在江西石城縣覆沒。干王與幼天王等先後被俘，在南昌遇害。

太平天國首都的陷落，頓使各地的太平軍以及已與太平軍結為一體的捻軍的活動失去重心。但他們仍堅持鬥爭達 4 年之久，南方的太平軍餘部曾以閩西南和粵東為根據地，太平天國的旗幟在閩南重鎮漳州飄揚了 7 個月。北方的太平軍和捻軍更以其步騎結合、機動靈活的戰略戰術，縱橫馳騁於黃淮與北方大地。他們以自己的熱血，譜寫了太平天國運動最後的篇章。

第三章

# 失去發展機遇的
# 三十年

# 清政府中央和
# 地方政治格局的演變

　　太平天國雖然失敗，但它沉重地打擊了清王朝統治，而且使得清朝政治結構發生新的變化，產生新的政治派別，並由此引起傳統政治和權力結構的變化。這一變化主要反映在中央權力下移、漢人權力增長、湘淮洋務派官僚集團形成。

　　第二次鴉片戰爭結束剛一年，清朝宮廷內部發生了政變。1861年8月，咸豐帝在熱河病逝，遺詔以年僅六歲的兒子載淳繼位，同時任命怡親王載垣、鄭親王端華、戶部尚書肅順等八人為贊襄政務王大臣，總攝朝政。載淳繼位後，改年號為「祺祥」，咸豐帝的皇后鈕祜祿氏（1837—1881）被尊為慈安太后，載淳的生母葉赫那拉氏（1835—1908）則被尊為慈禧太后。慈禧太后是個權力慾極強、力圖取得最高統治權的人物。她與慈安太后密謀並得到了恭親王奕訢和握有兵權的勝保等人的支持，迅速剪除了肅順等八大臣的勢力。載垣、端華、肅順三人被處死。他們所擬定的年號「祺祥」也被改為「同治」。在宣佈八大臣罪狀的上諭中，「不能盡心和議，徒以誘惑英國使臣以塞己責，以致失信於各國」，未能恰當處理對外關係，是重要罪狀之一。

　　《北京條約》簽訂後，英法聯軍陸續從北京撤往天津。清朝統治者起先總擔心外兵佔領北京將推翻他們的統治，建立新的朝代。1860年11月，英法聯軍全部撤走，清朝封建統治秩序照舊保存了下來。負責辦理議和手續的奕訢等人，對此大喜過望，以為「非始願所能料及」。有的原來堅決反對外使駐京、長江通商的大官僚看到這種情形，態度也顯著改變。戶部尚書沈兆霖就是其中之一。他說：英、法入侵，清朝的底

恭親王奕訢（1833—1898）

細固然被外國人摸清楚了，外國人的底細也被中國人摸清楚了。英、法的意圖是在以兵「脅和」，並無取代清朝統治的野心。奕訢等在給咸豐的報告中，反覆強調了這個認識。他們說：「自換約以後，該夷退回天津，紛紛南駛，而所請尚執條約為據，是該夷並不利我土地人民，猶可以信義籠絡，馴服其性，自圖振興，似與前代之事稍異。」[1] 他們從這種觀點出發，斷定今後嚴格遵守條約，按照規定辦事，盡量同外國保持「和睦」，對清政府統治是有利的，也是可能的。

　　1861年1月，清政府依約在北京設立總理各國事務衙門，派奕訢、桂良、文祥等主持。總理衙門成立前，奕訢派人徵詢英、法的意見。英使館祕書威妥瑪聽到這一消息，「甚為欣悅」[2]，說這是他們長期求之不得的。法國公使布爾布隆也表示贊成，認為這是「中外各國永敦睦好之

---

[1] 《籌辦夷務始末（咸豐朝）》第七十一卷，第18頁。
[2] 同上書，第28頁。

**駐英國首任公使郭嵩燾**（1818—1891）

最妙良法」[1]，也就是侵略者希望它會成為外國控制清政府的最好辦法。
總理衙門剛設立，就任命英國人李泰國為總稅務司，掌管海關管理和用
人等全部實權。李泰國不久回國，又命赫德繼任。赫德擔任中國海關總
稅務司40多年，奕訢及其以後歷屆辦理洋務的清朝大臣都深受其影響。
同年 3 月，法使布爾布隆、英使普魯斯從天津到北京設立使館，幾個月
以後，俄國公使巴留捷克也到北京。從這時起，外國對清政府中以奕訢
為代表的這派勢力積極地加以支持和培植，寄予極大的希望。

　　通過處理《北京條約》和發動祺祥政變，朝廷形成了以慈禧太后與
總理衙門大臣奕訢為核心、親近外國勢力的統治集團。這是一個非常重
要的變化，這個變化與清初形成的統治格局是完全不同的。這個變化，
幾乎決定了清政府此後半個世紀的政治走向。

　　外國侵略者本來擔心掌握實權的肅順等人返回北京後，外交上很

---

**1** 《咸豐朝籌辦夷務始末補遺》（抄本）第四冊上，第680頁。

可能出現反覆。慈禧太后和恭親王奕訢的上台，使他們感到十分滿意。1862年3月，英國駐華公使普魯斯向英國政府報告說：「在過去12個月中，已造就了一個傾心於並相信同外國友好交往可能性的派別。有效地幫助這一派人掌權，是一個非同小可的成就。我們在北京建立了令人滿意的關係，在某種程度上已成為這個政府的顧問。」[1]

清廷對外依靠外國侵略勢力的幫助，對內則注意調整與曾國藩集團的關係。還在1860年6月江南大營覆滅後，清廷即已命曾國藩署理兩江總督，8月實授，加欽差大臣銜，督辦江南軍務。1861年11月，慈禧太后上台當月，又命令曾國藩統轄江蘇、安徽、江西、浙江四省軍務，所有四省巡撫、提督以下文武官員都歸他節制。兩個月後，又加他太子少保銜，授為協辦大學士。不僅用兵方略聽從曾國藩，甚至任命大員也聽他的意見。慈禧太后上台後對曾國藩集團的放手使用，實際上改變了過去對他既使用又限制的方針。曾國藩湘軍集團以及隨後成長起來的李鴻章淮軍集團，也得以發展成為清政權中最大的地方實力派。曾國藩集團不僅擁有軍事大權，而且掌控了地方官員的任免權和地方財權。此後幾十年，湘淮系出身的人左右了政治局勢。

為了鎮壓太平天國起義，推進戰爭，湘淮軍出身的督、撫截留或奏請以地丁、漕糧作為軍餉，湖南、湖北、四川等省還增加新的徵收名目以擴大稅額。鎮壓太平軍初期建立的釐金，既無定章制度，便成為督、撫一手包攬的財源，使清政府控制地方財政的能力逐步喪失，曾國藩承認：「自軍興以來，各省丁、漕等款，紛紛奏留供本省軍需，於是戶部之權日輕，疆臣之權日重。」[2] 總之，督撫權力擴大已成為尾大不掉的局

---

**1** 《普魯斯致羅素函》，1862年3月12日，見阪野正高《中國和西方（1858—1861）》，第241頁。轉引自《中國近代史稿》，載《劉大年全集》第五卷，湖北人民出版社2016年版，第117頁。

**2** 曾國藩：《沈葆楨截留江西牙釐不當仍請由臣照舊經收充餉摺》（同治三年三月十二日），載《曾國藩全集》第七冊，第84—85頁。

面。

　　清初以來，滿族統治者對於漢官的使用是有限制的。太平天國起義，滿族高官多已養尊處優，八旗、綠營失去了軍事上的能力，無所作為。出於鎮壓太平天國的需要，不得不大量起用漢族官員。一些開明的滿族官員如文慶、奕訢、肅順等都支持咸豐帝重用漢人。軍機大臣文慶力主破除滿漢畛域，「重用漢臣，彼多從田間來，知民疾苦，熟諳情偽」[1]。肅順當權，主張重用漢人，多推重曾國藩等湖南楚賢。慈禧太后當權後，更是大力使用漢族官員。據統計，到1864年湘軍攻陷天京為止，湘軍的頭面人物中，漢族官員已先後有21人出任總督、巡撫。

　　漢族官員勢力的增長，滿族專權的政治格局被突破。這種政治格局的變化，刺激了沉寂已久的漢民族意識，漢族官僚與清王朝的分離意識有逐漸擴大趨向。一些漢族官員意識到清王朝的統治已窮途末路。曾國藩的親信幕僚趙烈文1867年（同治六年）在日記裏寫道：「天下治安，一統久矣，勢必至分剖。然主威素重，風氣未開，若非抽心一爛，則土崩瓦解之局不成。以烈度之，異日之禍，必先根本顛仆，而後方州無主，人自為政，殆不出五十年矣。」[2] 據趙烈文日記記載，曾國藩也同意這一看法。這說明，曾國藩等漢族官員開始思考清朝的出路了。

---

**1** 《文慶》，《清史稿》卷三百八十六·列傳一百七十三，第11686—11687頁。

**2** 趙烈文：《能靜居日記》（同治六年六月二十日），載《太平天國史料叢編簡輯》第三冊，中華書局1962年版，第411頁。

# 洋務自強活動
## ——抓而不緊的發展機遇

　　湘淮軍在作戰中開始都是使用傳統的冷兵器。戰爭進行中，洋槍隊使用的洋槍洋炮發揮了很大作用。淮軍和太平軍都曾引用外國武器。清朝大臣認識到了洋槍洋炮的作用。

　　奕訢和大學士桂良、軍機大臣文祥，在1861年1月向避難承德的咸豐皇帝上了《通籌洋務全局摺》，提出了以消滅太平天國和捻軍為先，治俄次之、治英又次之的戰略總方針。8月，兩江總督曾國藩上了《復陳購買外洋船炮摺》，提出「購買外洋船炮，則為今日救時之第一要務。……可以剿髮捻，可以勤遠略。」[1] 這兩個奏摺就成為此後30年間指導洋務活動的基本方針。

　　1862年李鴻章到上海後，得到外國侵略者的幫助，訓練洋槍隊，設立洋炮局，對於學習製造外國船炮甚為積極。他認為：如果火器能與西洋相埒，「平中國有餘，敵外國亦無不足」，中國只要有開花大炮、輪船兩樣，西洋即可以住手。[2] 奕訢在奏摺中說：自強以練兵為要，練兵又以製器為先。要趁洋人樂於幫助，實力講求外洋各種機利火器，盡窺其中奧祕。可以禦侮，無事可以示威。洋人的態度，當以中國的強弱為轉移。「我能自強，可以彼此相安。」[3] 奕訢、曾國藩、李鴻章等人，希

---

**1** 曾國藩：《復陳購買外洋船炮摺》（咸豐十一年七月十八日），載《曾國藩全集》第三冊，第186頁。

**2** 李鴻章：《上曾中堂》（同治二年三月十七日），顧廷龍、戴逸主編《李鴻章全集》第二十九卷信函一，安徽教育出版社2007年版，第218頁。

**3** 《籌辦夷務始末（同治朝）》第二十五卷，第1—2頁。

望通過購買和仿製外洋槍炮、船艦以及編練新式軍隊等途徑，在把人民革命鎮壓下去的同時，又能在外國侵略者面前實現地主階級國家的「自強、自立」。他們以為在腐朽的封建制度中，加進一些西方資本主義國家的先進技術，將可以穩定舊的秩序，清朝的統治也就可以長治久安。他們認定舉辦這些洋務，不但是必要的，而且是可能的，它能夠得到列強的同情和幫助。

洋務自強運動從19世紀60年代開始，一直到90年代中葉被更為激進的維新運動所取代，30多年中主要做了三件事：一是創建近代工業；二是建立近代海軍；三是舉辦近代教育事業。

1861年，曾國藩先在安慶湘軍營內建了一個軍械所，找了當時的一批技術能人如黃冕、徐壽、華蘅芳、李善蘭等，克服困難，白手起家。不到一年，試製成功了國內第一台輪船蒸汽發動機。同年，在上海的李鴻章也僱了英國退役軍人馬格里等，在松江一個小廟裏辦起了洋炮局，不久又擴建為三個局。中國匠人手巧，比着洋槍洋炮的樣子就能打造，但是費工夫，尺寸也難求精。李鴻章深感「欲學習外國利器莫如覓製器之器」，他設法買到汽爐、打眼、鉸螺旋、鑄彈等洋機器，又僱了幾個洋匠，大大提高了效率，每月能造大小炸炮4,000餘個。在取得這些經驗之後，1865年曾國藩、李鴻章收購了上海一家美國商人的旗記鐵廠（當時稱機器廠為「鐵廠」），以此為基礎辦起了中國首家以機器為動力的大型軍工廠，取名「江南機器製造總局」（亦稱「滬局」）。經過十幾年的努力，滬局擁有了機器廠、熟鐵廠、煉鋼廠、鑄造廠、炮廠、槍廠、子彈廠、炮彈廠、火藥廠、輪船廠、水雷廠等15個分廠，還附設廣方言館（外語學校）、工藝學堂和翻譯館等單位，職工達3,500多人。這些工廠裝備了當時世界上較先進的冶煉、加工及動力機械上千台，到19世紀90年代，製造了西式炮600餘尊，後腔槍5萬餘支，炮彈槍彈近千萬發。為了所需鋼材不受制於外商，滬局煉鋼廠用英式煉鋼爐每年可生產熟鋼幾十萬磅，並能夠自行軋製成材，這是中國近代鋼鐵工業的發端。滬局

金陵製造局

的船廠和船塢，於 1868 年造成第一艘輪船「恬吉」號，以後又造兵船
及其他機動船十幾艘，這便是今天中國最大的造船企業——上海江南造
船廠的前身。滬局的翻譯館聘請英國人傅蘭雅、偉烈亞力，美國人林樂
知等從事翻譯，共譯出西方書籍約 200 種，其中多為科技書籍，也有政
治、經濟、歷史書籍約 20 種，例如，《佐治芻言》《列國歲計政要》《美
國憲法纂釋》《四裔編年表》等。該局還長期編纂《西國近事彙編》，每
季度出一冊，介紹國際形勢和各國情況。這些成為中國士人系統地接受
西學的先導。滬局的廣方言館和工藝學堂招收 15—20 歲學生，學習外
文、算學、繪圖、機器、化學等課程，學制四年，近代中國第一代科技
人才大都是從這裏培養出來的。

　　在江南製造總局建設的同時，洋務派還創建了金陵機器局、福州

船政局、天津機器局、湖北槍炮廠、西安機器局、蘭州機器局、山東機器局、四川機器局、吉林機器局等21個大中型軍工廠，其中福州船政局（亦稱「閩局」）是規模僅次於江南製造總局的大型專業造船廠，由左宗棠於1866年主持建立，廠址選在福州馬尾港。閩局包括鑄鐵、打鐵、模子、水缸、輪機、儀錶、拉鐵、帆纜、火磚、舢板等14個分廠，並附設船政學堂，有職工約2,000人。船廠建立之初，聘用法國專家負責管理和工程技術，五年後外國員匠聘用期滿回國，全部由中方人員接替。自1869年第一艘軍用運輸船「萬年青」號下水到90年代末，共造大小艦船30餘艘，其所造艦船的馬力由750匹增至2,400匹，成為當時中國四支水師補充艦隻的主要基地。

在辦軍工廠的過程中，洋務派遇到了資金和原材料、交通運輸等方面困難，這使他們感覺到西方「強」的背後有「富」作為後盾，中國要自強，也必須「求富」。於是從19世紀70年代起，洋務派除繼續經辦軍事工業外，着手興辦航運、紡織、礦冶、電訊等民用企業，其中影響較大的有上海輪船招商局、上海機器織布局、開平煤礦、天津電報總局、漠河金礦、漢陽鐵廠等。到90年代，全國民用工業企業發展到40多家。這些民用工業企業沒有採取軍工企業那樣的官辦形式，而是面向社會招集商股，由官派督辦「總其大綱，察其利病」，「所有盈虧全歸商人，與官無涉」。這種形式叫「官督商辦」。當時國內除廣東有零星幾家純民辦的小工廠外，民間幾乎無人敢投資近代工業企業。在洋務派「官為扶持」之下，民間人士開始投資近代工業。就這樣，從洋務派的官辦軍工企業引進新式機器和新的生產方式，到「官督商辦」企業中一些官僚、地主、舊商人和依附於外國資本的買辦通過認股、參與經營到獨立經營（由「官督商辦」後來發展變為「官商合辦」和商辦），逐漸疏遠和脫離他們原有的階級和階層，與民間自下而上發展起來的資本家相會合，形成具有新的共同經濟利益和政治要求的集團，並構成一種新的社會經濟成分。這便是中國早期民族資本主義的誕生。

北京總理衙門的三位大臣（1871）

　　兩次鴉片戰爭遭受外國從海上而來的打擊之後，洋務派開始把加強海防、建設新式海軍作為強國的一個主要目標。19世紀60年代初，奕訢等人委託當時主持海關的英國人赫德和李泰國從國外購買炮艦。李泰國用了100多萬兩銀子，在英國訂造了 8 艘船艦，他要求清政府任命英國人阿思本為中國海軍總司令，並由他來轉達皇帝的意旨，其他中國官員不得過問。這一企圖控制中國海軍的行為，遭到總理衙門和曾國藩、李鴻章等的一致反對，最後只得賠錢把這批船變賣，把李泰國辭退。這件事促使洋務派加速建設福州船政局，並把江南製造總局改為兼造輪船。

　　1874年，日本派兵侵略台灣，引發了清政府高層關於海防問題的大討論。討論中李鴻章等人主張優先發展海防的意見佔了上風。清政府決定首先重點建設北洋水師，任命李鴻章、沈葆楨分別督辦北洋、南洋海防事宜。此後10餘年間，李鴻章等一面在國內繼續製造船艦，一面向國外大量購買兵船，充實北洋水師。1888年北洋水師正式成軍，已擁有當時遠東最「堅猛」的鐵甲艦兩艘，及巡洋艦 7 艘、炮艦 6 艘、魚雷艇 6 艘、練船 3 艘、運輸船 1 艘，還建立了旅順、威海兩處基地。艦隊指揮員以中國第一代留學培養的軍官為骨幹。北洋水師操練正規，在清軍中素質最高。與此同時，廣東水師、福建水師、南洋水師也陸續成軍。其時全國共有艦船130餘艘，規模和實力都曾超過日本海軍。

　　洋務自強事業最缺乏的是人才。為此，19世紀60年代初洋務派在北京、上海、廣州等地首先開辦了一批新式外國語學校——同文館。同文館聘請外國人為教習，開設英文、法文、俄文、德文等分館，後來又添設了天文、算學、物理、機械製造、國際法等其他學科的課目。在創辦近代軍事和民用工業的過程中，洋務派採取的方針是邊幹邊學，如福州船政局開辦時即設立船政學堂，並在聘用洋專家的合同中規定，五年內除完成造船16艘的任務外，同時要培訓中國學生工人，使其達到能夠獨立擔任製造和駕駛。後來在開發礦山時也用此辦法，所聘的外國礦業工程師兼任礦務學堂教習，「數年礦成而學亦成」。七八十年代，洋務

派興辦電訊事業，一批電報學堂應運而生。近代海軍的建設又推動了水師學堂、魚雷學堂以及軍醫學堂的開設。1885年，李鴻章創辦天津武備學堂，這是中國最早的新式陸軍學校。為了迅速掌握西方先進的科學技術，洋務派還向美國、英國、德國派遣了留學生，其中派往美國的四批，120人；派往歐洲的四批，85人。

由於長期閉關鎖國，國人對外情蒙昧無知。洋務派招考留學生時，有傳說孩子到了國外會被蠻夷蒙上狗皮，弄去展覽，因此報考者寥寥，只有沿海地區少數家長同意送孩子出洋學習。在招生不滿的情況下，又到香港補招。後來這些留學生大都學有所成，許多成為中國各項近代化事業的開創者，如詹天佑設計建造了京張鐵路；黃仲良成為滬寧、津浦鐵路的總經理；魏瀚長期任福州船政局總工程師，在洋員離廠後，獨立主持了大型艦船的建造；黃耀昌等首批礦業工程師負責唐山、開平煤礦的勘探和開採。在電訊業方面，國家和地方電報局的負責人幾乎全由留學歸來人員擔任，從而擺脫了外國對這一領域的控制企圖。在海軍方面，北洋水師的主力艦長多半由留學生擔任，劉步蟾、林永升、林泰曾等在中日甲午戰爭中英勇獻身，葉祖珪、薩鎮冰、劉冠雄、李鼎新等成為清末民初的歷屆海軍司令。留英學生嚴復回國後，長期擔任天津水師學堂總教習，他在從事教育事業的同時，翻譯了《天演論》等大批西方社會科學名著，對中國近代思想啟蒙做出了突出貢獻。在外交界留學生任公使、領事、代辦的就更多。

上述可知，中國是在西方列強入侵的特殊歷史條件下踏上近代化道路的，這是一個沒有完全沿着原路線演進的量變質變過程。面對侵略者的炮口，清王朝上層統治集團無法照舊生活下去，被迫出現分化，與堅持守舊立場的頑固派相對立，奕訢、文祥、曾國藩、李鴻章、左宗棠等洋務派開始了以變應變、挽救清王朝的所謂自強活動。邁出了第一步，就會有第二步第三步。雖然這些人的思想和實踐沒有向政治改革繼續前進，但他們確實充當了歷史的不自覺的工具，為社會進步的部分質變和

**第一批赴美中國留學生**（採自*Imperial China Photographs 1850—1912*, U.S.A., 1978, p. 70）

量變創造了條件。從這個意義上，說他們是中國近代化的先驅，給他們以歷史的評價是應該的。客觀地看，他們能夠從磐石般沉重、數千年積滯的傳統營壘中突破而出，很不容易，每前進一步都遇到令人難以想象的阻力，發生尖銳激烈的鬥爭。

太平天國以及國內各民族起義先後失敗，國內嚴重的階級鬥爭緩和下來，外國殖民主義者的侵略也還暫時沒有提上日程。國內出現了 20 多年相對比較平靜的時期，政權相對也比較穩定，統治階層某些上層人物對中外發展的差距已有較多認識。這本是清政府總結鴉片戰爭以來處處失敗教訓的時候，也是清政府努力從事國內發展的好時機。如果利用這個機會發展自己，事情未必不可為。日本正是在這個時候通過明治維新，奠定了發展資本主義的基礎。清朝統治層中一部分人如軍機大臣奕訢、封疆大吏曾國藩、李鴻章發起洋務新政，造船造炮，發展軍事工

業，隨後又以官辦或官督商辦形式發展了一些民用工業。這些人試圖只在器物層面上做一些變動，而不變動思想觀念、社會制度來謀求民富國強。即使這樣局部變動也沒有取得整個統治階級的共識，頑固派、反對派，朝野上下所在多有。清政府中有一些大官僚如大學士如倭仁等面對外國侵略，別無良策，僅以「忠信為甲冑，禮義為干櫓」等詞，以為這就足以制敵之命，堅決反對洋務活動，反對任何新的改革。頑固派搬出「恪守祖宗成法」的招牌，誰也不敢反對。他們對於建立新式海陸軍、建立近代軍事工業、開辦民用工礦交通運輸業以及與此有關的各種活動，無不加以反對。他們認為外國的科技不過是「奇技淫巧」，向外國學習是「以夷變夏」。有人認為「讀孔孟之書，學堯舜之道」，可以成為國家最有用的人才，辦同文館，學天文算術，講究製造輪船，是本末倒置的。這一類議論，充分表現出他們對世界形勢毫無所知，昏聵愚蠢到了極點。他們繼續沉湎於「四夷賓服」、「萬國來朝」等虛妄自尊和夜郎自大的迷夢裏，死死抱住綱常名教等封建陳腐教條，反對科學，反對任何新事物。這類人思想極端保守，是落後於時代，又不知進取的頑固分子。洋務派駁斥了頑固派的這些議論。

西太后葉赫那拉氏讓洋務派從事洋務活動，也放任頑固派攻擊洋務派，以抑制洋務派勢力的擴張。兩派互相攻擊，互相牽制，她從中操縱利用，使他們的行動都受到限制，不至於無所顧忌。正是由於慈禧太后並無定見，洋務活動只是在部分大臣中推動，只是在這些大臣擔任要職的省份運轉起來。曾國藩、李鴻章先後總督兩江和直隸，南京、上海、天津的洋務發展得好。左宗棠督閩浙，抓了福建海防工業，他改督陝甘，蘭州的近代工業隨之興起。張之洞後起，在武昌辦起了近代工業。其他督撫基本上無所作為。中央政府──朝廷的作為未能發揮出來。洋務新政並不是舉國一致的舉措。這與明治維新以後的日本統治階級正好相反。對於洋務派的「整軍經武」活動，日本政治家伊藤博文也看出

「皆是空言」，「此事直不可慮」[1]。一次發展自己的機會就這樣沒能抓住，失去了。甲午一戰，北洋海軍全軍覆滅，洋務新政主持者們求富求強的夢破滅了。

---

**1** 《軍機處奏》（光緒十二年正月初六日）附件，《清光緒朝中日交涉史料》第十卷，第2頁。

# 中國社會變化的思想總結——
# 早期改良主義的主張

　　魏源以後，面對第二次鴉片戰爭的時局，面對半殖民地化的局面，早期的改良主義者、政論家和思想家，是一些早期的洋務知識分子，他們一直在思考中國的出路。

　　最早提出比較明確改良主義思想的，是王韜、鄭觀應和稍後一點的馬建忠等人。王韜考舉人屢試不第，拋棄舉子業，投到英人在上海所辦的墨海印書局當編輯，了解到一些西方的情形，思想逐漸發生變化。1867—1870年，王韜應聘到英國協助翻譯中國經書，得到一個對西方資本主義國家實地察看的機會。他開拓了眼界，豐富了知識，由一個封建的知識分子變成一個資產階級改良主義思想的鼓吹者。1873年，在香港創辦《循環日報》，宣傳變法自強，主張凡一切工礦運輸，「皆許民間自立公司」，「令富民出其資，貧民殫其力」[1] 和實行「君民共治」的政治制度[2]。鄭觀應出生於廣東香山一個農村知識分子家庭，連秀才也沒有考上。他的家鄉是早期買辦的出產地，叔父和哥哥都是外國洋行的買辦。鄭觀應在科場失敗後，17歲就到上海外國洋行當學徒，當上英商太古輪船公司的買辦，總理該公司的攬載事務，積累起一筆資產。因為他曾經從事過商業活動，懂得商人的困難，在洋行中又看到外國資本主義瘋狂侵略，又想發展自己的企業。這種情況使他更加強烈地要求一個有商人參與政治的富強國家來作保障。在對西方資本主義國家做過種種

---

1　王韜：《重民》中，《弢園文錄外編》，中華書局1959年版，第22頁。
2　王韜：《重民》下，第23頁。

考察之後，他所下的論斷是：「其治亂之源，富強之本，不盡在船堅炮利，而在議院上下同心，教養得法。」[1] 馬建忠原來也「學舉子業」。他看到清朝統治的嚴重危機，看到洋人來自數萬里外，以一旅之師北上，清政府馬上投降，士大夫引為奇恥大辱。他於是捨棄舊學，講求洋務。「學其今文字與其古文詞，以進求其格物致知之功，與所以馴至於致治之要，窮原竟委，恍然有得於心。」[2] 這裏所謂「洋務」，意指外國事務，或對外事務，與後人所說洋務派的「洋務」二字，有所不同。下引改良主義者語言中「洋務」二字，意皆同此。

這些洋務知識分子對時局的認識比較敏感，他們大多看到時代變化很大，受到剛剛輸入的西方資產階級社會學說與自然科學知識的影響，認為中國社會非有所變革不可。馮桂芬在《校邠廬抗議》中指出：「乃自五口通商，而天下之局大變。」[3] 王韜說：「合地球東西南朔九萬里之遙，胥聚於我一中國之中，此古今之創事，天地之變局，所謂不世出之機也。」[4] 薛福成也說：「方今中外之勢，古今之變局也。」[5] 鄭觀應、王韜都認為這是中國三千年（或者四千年）未有之變局。中國如何適應這一變局，是這些知識分子思考的問題。在他們看來，各國前來互市，給中國提供了取法效仿的機會。乘此難得的有利時機，戮力同心，以圖自強，把「敵國外患」的不利因素改變為發展自己的有利因素。因此適應變局，首在自強。無論是發展自己，還是抵禦外敵，都在於自己是否自強。要自強，就要採西學、製洋器、師洋人之所長、奪洋人之所恃。馮桂芬說「變人之利器為我之利器」，「始則師而法之，繼則比而齊

**1** 鄭觀應：《盛世危言自序》，載中國史學會主編《戊戌變法》第一冊，上海人民出版社1957年版，第40頁。

**2** 馬建忠：《適可齋記言》，中華書局1960年版，第9頁。

**3** 馮桂芬：《籌國用議》，載《採西學議——馮桂芬馬建忠集》，遼寧人民出版社1994年版，第47頁。

**4** 中國史學會主編：《洋務運動》（一），上海人民出版社1961年版，第504頁。

**5** 薛福成：《上曾侯相書》，載《薛福成選集》，上海人民出版社1987年版，第22頁。

之，終則駕而上之」[1]。

馬建忠認為：「治國以富強為本，而求強以致富為先」，而且富國必先富民，「民富而國自強」[2]。求富以興商為要義。所謂興商，就是振興工商業。這就是要走上發展資本主義的道路。要自強、致富、興商，就要有為自強、致富、興商的大批人才，實現培育人才，就要辦學，認為八股取士謬種流傳，敗壞天下人才，所學非所用，所用非所學，提出廢八股、改科舉、設特科以造就有用之才的主張。

改良主義思想家提出的自強、致富、興商、廢科舉、辦學校的一系列主張，已經大大衝擊了傳統的治國理念和思想觀念，明確了發展資本主義社會的基本思想和觀念。

到19世紀80年代，鄭觀應、陳熾、何啟等人發展和豐富了這種思想。鄭觀應是位民間商人出身的「洋務通」，對改良自強看法獨到。他的著作以《盛世危言》最有名，也最有影響。陳熾是位京官，當過戶部郎中、刑部和軍機處章京，他考察過沿海和香港、澳門等許多地方，思想開通，積極主張變革。何啟則是香港的律師兼醫生。這些改良思想家的共同特點，是有一種強烈的抵抗外侮的憂患意識，他們看到中國在經歷了兩次鴉片戰爭的軍事失敗之後，又在遭受西方經濟上的步步入侵。他們認為，中國商務一日不興，則外國貪謀一日不輟。所以鄭觀應提出「商戰」的口號，認為國家應該以「商戰為本，兵戰為末」，大力保護和發展民間工商業，與外商爭權利爭市場，使中國轉虧為盈，轉弱為強。只有這樣才能真正抵禦外國的侵略掠奪。為此，他們向當權者提出了一系列建議。首先是工商企業如何開辦？起初他們贊成「官督商辦」的形式，以為這既解決了單純官辦的資金不足，又解決了民辦需要政府扶植的問題。可是當「官督商辦」企業辦起來之後，官從中操縱一切，

---

**1** 馮桂芬：《籌國用議》，載《採西學議——馮桂芬馬建忠集》，第84頁。
**2** 馬建忠：《富民說》，載《採西學議——馮桂芬馬建忠集》，第125、134頁。

安插私人，疏於管理，揮霍浪費，腐敗盛行，而入股的商人則對企業經營狀況無權過問，股息紅利給多少是多少。結果這種企業十有八九虧損。鄭觀應後來堅決主張：「今欲擴充商務，當力矯其弊，不用官辦，而用商辦。」其次是工商稅賦問題。清政府為籌餉鎮壓太平天國，特設了一種貨物過境稅，叫「釐金」，在國內關卡林立，盤剝民間商人最為厲害。而外商卻憑藉不平等條約的低關稅，得以在中國大肆傾銷商品。對此，馬建忠提出裁釐金加關稅的建議，他說：「洋商入內地持半稅之運照，連檣滿載，卡閘悉予放行；而華商候關卡之稽查，倒篋翻箱，負累不堪言狀。」這種狀況應該倒過來，「華商為我國之民，故輕其稅賦；洋商奪我國之利，故重其科徵」[1]。再進一步則是要有一定的制度和法律來保障工商業者的權利。陳熾強調政府必須設立「商部」，制定「商律」，「不立商部，何以保商？不定商律，何以護商？」[2] 他還提出有必要仿效西方建立專利制度以「勸工」，鼓勵民間的發明創造。

王韜較早看出了這個問題。他以為，所有這一切事業，「官辦不如商辦」[3]，要「任之商，不以官」[4]，「皆許民間自立公司」經營[5]。他說洋務派學西法是「徒襲其皮毛」，所以「委靡不振者仍如故」，「使恃西人之舟堅炮利，器巧算精，而不師其上下一心，嚴尚簡便之處，則猶未可與議」。馬建忠給李鴻章上書說，西方國家的富強，根本在於「學校建而志士日多，議院立而下情可達，其製造、軍旅、水師諸大端，皆其末焉者也」[6]。特別是在1884年中法戰爭中國不敗而敗之後，人們更

**1** 馬建忠：《覆李伯相札議中外官交涉儀式、洋貨入內地免釐稟》，載《適可齋記言》第四卷，中華書局1960年版，第77、79頁。

**2** 陳熾：《創立商部説》，載趙靖、易夢虹主編《中國近代經濟思想資料選輯》中冊，中華書局1982年版，第84頁。

**3** 王韜：《代上廣州府馮太守書》，載《弢園文錄外編》，第301頁；又見《弢園尺牘》第九卷，第3頁。

**4** 湯震：《開礦》，載《危言》第二卷，第16頁。

**5** 王韜：《重民》中，《弢園文錄外編》，第22頁。

**6** 馬建忠：《上李伯相言出洋工課書》，載《適可齋記言》第二卷，第31頁。

是覺得這20多年「洋務」，並沒有使國家真正振作起來。那些當官的只知中飽私囊，貪污撈錢，對企業盈虧沒有利益關係。商民百姓則無權無勢，任人宰割，其呼聲和意見沒有上達的途徑。要想達到「上下一心」，「君民不隔」，就應該學習西方的議院民主政治制度，這是西方富強的「國本」。何啟認為，民心不服，由於政令不平，如果讓人民自議其政，自成其令，怎麼能不服呢？他建議也像西方那樣設立議院，由人民選舉議員，由議員制定和修改法令，並決定政令，君主的責任則在於任命官吏去執行政令，這實際上就是君主立憲制度的主張。由贊同引進西方的先進器物和技術，到認清發展民族工商業才能作為其基礎；由要求學習西方的經濟制度以保護民族工商業，到對西方議會民主的政治制度產生濃厚的興趣；由主張制度的改良，到認識人的教養亦即文化教育改革的必要性。這既是思維發展的邏輯，也是中國社會演進的軌跡。

早期改良派的思想大致說來：其一，主張維護國家統一和主權；其二，要求為中國資本主義發展開闢道路；其三，主張改變封建的君主專制政體，仿照西方資本主義國家，實行君主立憲。這些思想，在當時是具有進步性的。

# 邊疆危機和中法戰爭：
# 不敗而敗的結局

　　洋務運動期間，中國周邊多事，邊疆危機四起。1864年，乘全國各地發生農民起義之機，新疆地區發生少數民族上層分子反對清中央政府的暴動，形成內亂局面。英國支持浩罕國（今烏茲別克斯坦境內）軍事首領阿古柏趁機入侵，佔領整個南疆和北疆部分地區。俄國則以「安定邊境秩序」為名，向伊犁地區發動進攻，佔領伊犁地區。俄國聲稱「只以中國回亂未靖，代收收復」[1]，此後佔領伊犁地區長達十年之久。1875年清政府任命陝甘總督左宗棠為欽差大臣督辦新疆軍務，出兵新疆平亂，經一年半的戰爭，擊敗阿古柏匪軍，1878年2月收復新疆南北兩路。接着清政府派崇厚為出使俄國大臣，前往索還伊犁。崇厚昏聵無能，與俄擅簽《交收伊犁條約》，把伊犁西、南大片土地割讓給俄國，引起國人激憤。1880年清政府又派曾紀澤使俄，交涉改約。經艱苦談判，重訂中俄伊犁《改定條約》，爭回了伊犁南境大片領土，以西境較小地區交換伊犁。1884年清政府在新疆正式建省，任命湘軍將領劉錦棠為巡撫。新疆設省，使西北邊疆渡過了危機。

　　明朝初年，琉球王國就與中國建立了緊密的宗藩關係。1871年，琉球漁民因漁船失事漂流到台灣南部琅嶠（今恆春鎮）地方，其中50餘人被當地牡丹社居民殺死，其餘12人被送到福建，由福建官方送回琉球。日本企圖利用這個事件發兵入侵台灣。1873年，日本封琉球國王為

---

1　《新疆圖志》第五十四卷，交涉志二，第2頁。

琉球藩王,強行把琉球視為屬國。1874年初,日本設立「台灣蕃地事務局」,藉口琉球船到台灣避風被當地人劫殺,出兵3,000人攻台。日軍在琅嶠登陸,對當地居民進行燒殺劫掠。清政府派福建船政大臣沈葆楨率海陸軍到台灣抵禦日本侵略。由於美國、英國偏向日本,勸誘中國妥協,也由於日本實力還不夠,日軍在台瘟疫流行,清政府與日本訂立《北京專約》,規定日軍撤出台灣,中國賠償兵費50萬兩息事。條約中把琉球漁民說成「日本國屬民」,等於承認原中國的屬國琉球歸日本保護。次年日本便派官進駐琉球,阻止琉球入貢中國。1879年更公然廢除琉球國王,改琉球為沖繩縣。日本此舉當即遭到清政府抗議,中日之間就琉球地位問題談判數年,琉球成為懸而未決的問題。1888年,日本已決心用戰爭手段解決中日關係問題,便主動放棄談判。此後,清政府不承認沖繩縣,只承認琉球國。[1] 經此事件的刺激,中國提高了東南海疆戰略地位重要性的認識,加快了海軍建設的步伐。為防日本進一步圖謀台灣,清政府加強了台灣的守備,1885年台灣正式建省。台灣建省,把台灣府從福建省劃出來,大大提高了台灣地位的重要性,提高了台灣省在國家的地位。

在吞併琉球的同時,日本開始染指朝鮮。1875年日艦侵犯朝鮮江華島,翌年,又逼迫朝鮮簽訂《江華條約》,以「朝鮮為自主之邦」的名義離間中國與朝鮮的傳統藩屬關係。1882年朝鮮發生帶有反日色彩的「壬午兵變」,日本決定出兵干涉。為阻止日軍侵朝,清政府應朝方要求派兵入朝。兩年後,日本又在朝鮮策動「甲申事變」,劫持朝鮮國王,成立親日政權。駐朝清軍在袁世凱的率領下平定了這次事變,卻引起中日對抗。1885年日本派伊藤博文來華與李鴻章談判,雙方協議同時

---

1 參見張海鵬、李國強《論〈馬關條約〉與釣魚島問題》,《人民日報》2013年5月8日第9版(要聞版)。又見張海鵬、李國強《論〈馬關條約〉與釣魚島兼及琉球問題》,載張海鵬、李細珠主編《台灣歷史研究》第一輯,社會科學文獻出版社2013年版,第29—42頁。

自朝鮮撤軍，將來如再出兵，須彼此知照。這樣日本便獲得了與中國同等的對朝派兵權，為日後的中日甲午戰爭埋下了伏筆。

英國佔領印度後，接着又佔領緬甸，進而覬覦中國雲南。1874年英國派柏郎上校率武裝人員企圖開闢緬滇交通，駐北京的英國使館派翻譯馬嘉理從雲南入緬迎接。次年這夥人在中國境內與邊民發生衝突，馬嘉理被殺。清政府的對策是力求避免開釁。案件發生後，英國駐華公使威妥瑪看準了這一點，向英國政府報告說：在處理馬嘉理事件時，離不開武力威脅，他致電英國外交大臣德比勛爵說「即使在艦隊增援之前我將各種問題都解決了，派遣強大的增援也會證明我們曾經是認真的」[1]。作為清政府總稅務司的英國人赫德，在處理滇案問題上，與英國駐華公使威妥瑪在維護英國利益上的立場是一致的，他在得知馬嘉理被殺的當天，在日記上表示，如果按照他自己的意願行事，它將使用武力，讓中國為此付出代價。[2] 英國政府百般訛詐，要挾清政府，1876年9月簽訂《煙台條約》和《入藏探路專條》，除了賠款、懲兇、謝罪等條款外，還允許英人進入西藏、雲南、青海、甘肅等地，並擴大英國在華的領事裁判權和通商特權。

利用《煙台條約》，英國又不斷策劃入侵西藏的圖謀。1884年，英軍從錫金越境，闖入後藏，企圖挑撥班禪與達賴的關係。兩年後，又派兵集結西藏亞東以南邊境。1888年英軍進攻西藏隆吐山要塞，當地軍民奮勇抵抗，最後清政府撤換了駐藏大臣，與英國「罷兵定界」，簽訂《藏印條約》和《藏印續約》，承認錫金歸英國保護，開放亞東為商埠，英國在亞東享有治外法權及進口貨物五年不納稅的特權。與此同

---

**1** "Sir T. Wade to the Eerby of Derby, January 5, 1876", British Documents on Foreign Office Confidential Print, Part I, Series E, Vol. 26, p. 9. 轉引自張志勇《赫德與晚清中英關係》，上海書店出版社2012年版，第76頁。

**2** "15 March, 1875", Hart's Journals, Vol. 20. 藏英國貝爾法斯特女王大學。轉引自張志勇《赫德與晚清中英關係》，第51頁。

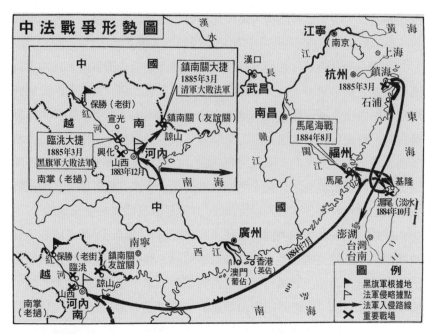

**中法戰爭形勢圖**（1883—1885）

時，法國和俄國也爭相向西藏伸展勢力。

　　面對險惡的國際環境，洋務派採取「外須和戎，內須變法」的施政方針。在危機處理過程中，李鴻章等人一味以消極退讓換取和平，結果不僅嚴重損害了國家的主權和尊嚴，還助長了侵略者的氣焰，使國際環境變得愈加對中國不利。中法戰爭就是突出的事例。

　　法國早就想變印度支那為它的殖民地，17世紀就開始了對越南的侵略。把越南變成進攻中國的根據地，是法國的基本方針。19世紀七八十年代，法國大規模入侵越南。中越之間早已存在傳統的宗藩關係，法國侵越，必然引起中法的交涉與鬥爭。對法國在越南的軍事行動，中國在越南的駐軍一直保持了克制，而太平天國失敗後由廣西撤退至越南境內的一支農民軍卻屢屢出動，幾次大敗法軍。這支軍隊以七星黑旗為戰

旗，故稱黑旗軍，首領劉永福被越南國王任命為三宣提督，協防越南北方。法國侵略越南，引起中國不安，越南也請求中國援助。1883年，法軍攻克越南京城順化，越南國王投降，簽訂《順化條約》，承認法國為其保護國。12月法軍以孤拔為統帥，進攻黑旗軍和駐在越南山西地區的清軍，中法發生軍事衝突。次年法軍進逼中越邊境，與中國形成對峙局面。對此事態，左宗棠、張之洞等官員主戰，李鴻章等人則強調各省海防，兵單餉匱，水師又未練成，「未可與歐洲強國輕言戰爭」[1]。慈禧授權李鴻章與法國談判，李以雙方撤軍，法不向中國索要賠款的條件為滿足，與法國在天津簽訂《中法會議簡明條款》，清政府承認法國對越南的「保護權」，同意在中越邊境開埠通商，清軍撤回邊界。

簽約後法軍氣焰大長，不等中方撤軍便搶佔諒山，中國軍隊憤而還擊，發生所謂「諒山事件」。法國方面惱羞成怒，法國報紙興風作浪，煽動戰爭狂熱。7月12日，法國駐北京代辦謝滿祿以最後通牒向總理衙門提出中國軍隊立即從越南北部撤退，賠償軍費2.5億法郎，否則就要佔領中國港口，「自取押款」[2]。

諒山事件成為法國擴大侵略的藉口。1884年7月，法國遠東艦隊司令孤拔率艦隊進入閩台海面，封逼馬尾港。1884年8月初，法艦進犯台灣北部的基隆，被督辦台灣軍務劉銘傳擊退。法國奪佔基隆沒有得逞，轉而集中力量攻擊福州。

法國海軍兵臨福州，清政府一味寄望談判解決問題，不做備戰準備。8月22日晚，法國艦隊司令孤拔召開各艦長會議，佈置作戰方案，決定在次日下午退潮時發起攻擊。由於中國兵艦均拴泊在碼頭固定位置，退潮時船頭及主炮朝裏不易掉頭，而每一艦都被法艦事先用重炮瞄準完

---

**1** 李鴻章：《覆總署論海防兵單未可輕言戰事》（光緒九年五月初四日），《李鴻章全集》第33卷信函五，第228頁。

**2** 《法使致總署撤兵賠款二項請於七日內見覆照會》，《清季外交史料》第三卷，湖南師範大學出版社2015年版，第809頁。

畢，捱打、失敗的命運已經注定。

23日，已駛入馬尾港的法艦突然向港內的福建水師開火，中方艦隻倉促應戰，旗艦「揚武」號在未及起錨的狀態下用尾炮擊中法旗艦「窩爾達」號，自身也被魚雷擊中下沉。炮艦「福星」號在管帶陳英（船政學堂三屆畢業生）指揮下，直衝敵陣，向大於自己數倍的法戰列艦「凱旋」號開火，「凱旋」號重炮反擊，陳英犧牲，三副王漣（船政學堂五屆畢業生）繼續指揮，直至全艦沉沒。炮艦「振威」號最早向法艦反擊，旋遭三艘法艦包圍，以5門炮對43門炮奮戰到底，管帶許壽山（船政學堂首屆畢業生）與艦同歸於盡。其他如「福勝」號管帶葉琛、「建勝」號管帶林森林、「飛雲」號管帶高騰雲等人也都率部拚死抵抗，壯烈捐軀。海戰中，福建水師近30艘艦船幾乎被擊沉擊毀，官兵陣亡近800人。法軍連日在馬江兩岸大肆燒殺破壞，炮轟馬尾造船廠，焚燒民房，擊毀炮台，然後撤出馬江，準備以全力封鎖和攻佔台灣。當時的外電評論說，這不能叫戰爭，這是屠殺。

馬尾海戰，中方失敗的原因有兩個方面，一是中國上層消極避戰，寄望求和，不做準備，聽任法國艦隻駛入自己的軍港，造成被動捱打的局面。清政府不同意福建官員攔阻法船入口、「塞河先發」的建議，指示他們不可「先發開釁」。法艦越來越多，與福建水師兵輪同泊一港，法艦積極備戰，中國兵輪奉命不准先行開炮，「違者雖勝亦斬」。二是中法海軍實力對比懸殊，開戰當天，法國方面有軍艦8艘，其中兩艘為鐵甲戰列艦，5艘為巡洋艦，總噸位14,514噸。有炮77門，幾乎全為大口徑後膛重炮。中國方面的11艘艦隻，有9艘是木殼小炮艦，總噸位6,500噸。有炮45門，多為前膛炮，發射時需要從炮口填藥裝彈。戰鬥中，中國炮艦朝法艦不停射擊，由於距離近，命中率很高，但因炮彈威力小，沒有給法艦造成致命傷。而中國艦船卻經不住法艦的重炮，中彈後很快洞穿沉沒。這是中國海軍實力落後於法國造成的。

馬尾海戰後，清政府於8月26日下詔對法宣戰，宣佈中國因「法人背

約失信，眾怒難平，不得已而用兵」[1]，命令各軍相機進取，沿海各口如有法國兵輪駛入，要合力攻擊，悉數驅除。劉永福也被授予記名提督的頭銜，指揮他原有的隊伍作戰。戰爭由此擴大到中國本土，中、法間的外交關係隨之斷絕。

法國的蠻橫恣肆激起人民的憤怒。上海《申報》評論說：「今日之時勢，倘令中國百姓人出一法郎以為兵餉而竭力以攻法人，則未有不踴躍樂輸者。即貧戶無從出錢，使之編入營伍，前驅殺敵，莫不心悅，雖蹈湯火亦所不辭。」[2]戰爭再度爆發後不久，香港中國工人、各地廣大群眾以及寓居國外的華僑，採取各種方式表達對法國侵略者的憤恨和對抗法鬥爭的支援。9月初，一艘參加過轟擊基隆，後來在企圖駛入閩江時被中國炮台打傷的法艦「加利桑尼亞爾」號開到香港船塢，船塢中的中國工人罷工，拒絕修理。英國公使巴夏禮就已注意到一些通商口岸的群眾反對外國侵略活動的跡象。他特別舉出天津、漢口、上海、福州和廣東，稱之為「人民的行動最容易指向外國人」的地方，而福州、廣州尤其顯著。[3]海外愛國華僑也關懷祖國的抗法鬥爭。美國舊金山華人出金50萬兩助餉，日本神戶、橫濱華僑富商公議，願集捐餉銀100萬兩，古巴華僑捐銀1.4萬餘兩，新加坡華僑凡資產稍豐的，都竭力捐輸。

陸上戰爭在中越邊境鎮南關展開。1885年3月，法軍進攻鎮南關，兩廣總督張之洞起用老將馮子材督軍。幫辦廣西關外軍務馮子材在關前構築長牆，頑強堅守。在戰鬥最激烈的時候，70多歲的馮將軍手持長矛，大吼一聲衝向敵人，全軍振奮，把法軍擊潰，斃敵千餘人。中國軍隊乘

---

**1** 《諭軍民人等法國渝盟肇釁不得已而用兵電》，《清季外交史料》第四十五卷，第14頁。

**2** 社論：《論中國目下情形惟有一戰》，《申報》1884年7月17日。

**3** 巴夏禮致英國在華海軍副司令（Sir H. Pavkes to Vice-Ad-miral Sir W. Dowell），見英國藍皮書1885年第1號《關於中國事件的通信（Correspondence Respecting the State of Affairs in China）》，第38頁。

勝追擊，收復諒山。法軍敗耗傳到巴黎，法國的政局立刻動盪起來。法國人民對政府的殖民政策久懷不滿，這時他們的憤怒終於爆發。1885年3月30日，巴黎群眾舉行示威遊行，並聚集在議會外面和外交部前，高呼「打倒茹費理」等口號。茹費理內閣倒台。

越南北部戰場上的勝利改變了戰爭的形勢。中國軍隊已掌握了戰場上的主動權。馮子材籌謀從越南北部驅逐法軍，決定進攻北寧。法國的軍事失敗和政治危機同時臨頭，處境困難。恰在這時，4月4日，清政府經過長期祕密談判，與法國在巴黎簽訂了停戰條款，在重新肯定李、福《中法會議簡明條款》有效的基礎上停戰議和。

4月7日，清政府命令前線停戰。6月，授權李鴻章在天津與法國談判簽訂和約（即《中法會訂越南條約》），承認法國對越南的殖民統治，規定中法兩國共同勘訂中越邊界；雲南、廣西兩省的若干地點開埠通商，對法國貨納稅「較減」；中國方面如需修築鐵路要向法國「商辦」。劉永福的黑旗軍也被清政府招安調入國內，後來派往台灣駐防。就這樣，清政府以軍事上的勝利，換取的仍是對中國不利的不平等條約，被人稱為「不敗而敗」。

# 教案迭出——
# 大規模群眾反洋教鬥爭

　　近代來華傳教士作為「基督教征服世界」的使者，直接參與了列強對中國的侵略活動。外國在華傳教事業已經不是一種單純的宗教事業，而是列強對華侵略的一個組成部分。「教案」既是帝國主義與中華民族矛盾的產物，也是中國傳統禮俗政教與基督教文化衝突的結果。

　　一些傳教士起到了殖民主義者進行侵略擴張的先鋒隊作用。美國公使田貝證實：這些傳教士所搜集的有關中國民族、語言、地理、歷史、商業以及其他情報，對美國的貢獻是很大的。外國教會實際上成為侵略者的諜報機關。俄國公使伊格納提耶夫說：東正教駐北京佈道團提供的精確情報，使他得以沿着真實的、正確的道路前進，同中國簽訂《北京條約》。俄國政府為獎賞東正教士，賜給新佔中國領土中的大片土地，規定神職人員由國庫支付薪俸。美國駐華公使列衞廉說：傳教士及與傳教運動有關係的那些人的努力，對美國的利益非常重要。若沒有他們充當譯員，公事就無法處理，沒有他們的幫助，美國公使在這裏就簡直無法履行職責。

　　清政府在第二次鴉片戰爭中與列強簽訂的《天津條約》和《北京條約》，允許西方傳教士進入中國內地傳教，且可「租買田地，建造自便」。這樣一來，民教相爭釀成的案件急劇增多，教案迭出。西方傳教士伴着征服者的大炮，仗勢欺人，中國民眾則把他們當作侵略者的代表來發泄仇恨。民教相爭的案件以房地產糾紛為多。傳教士進入內地後急於擴展傳教事業，往往強買強佔民間房屋地皮，引起住民不滿與反抗。傳教士遂向本國公使館告狀，公使館向清政府施壓，清政府則對百姓施

以彈壓，使矛盾不斷激化。外國教會深入中國內地後，形成一種特殊的社會勢力。有洋人撐腰，官府不敢惹，一些地痞流氓也託庇入教，橫行滋事。這些都成為教案爆發的導火索。

一些外國傳教士在中國興辦醫院、學校、書局，同時傳播了西方一些較為先進的科學文化。虔誠的洋教士同情中國人民的苦難，給予了善意的佈施。但是這改變不了帝國主義侵略欺侮中國的大時代背景，也就不可能阻遏上述那些矛盾的發生。

《北京條約》簽訂後，外國傳教士蜂擁而至，外國教會在中國勢力迅速擴張。教堂、教士、教徒的數量顯著增長。耶穌教差會1860年有20個，1884年增至30餘個；傳教士1864年有180餘人，1890年達到1,296人；傳教士的常駐地點，1860年14個，分佈在東南沿海六省的通商口岸，1894年達到238處，主要分佈在沿海各省和長江流域（湖南例外），山西、陝西、甘肅、四川、廣西、河南、貴州、雲南等省也都有了耶穌教傳教士駐地。耶穌教徒1857年僅有400人，1893年達5.5萬人。天主教會1860年9個，1894年達到21個；天主教傳教區，1844年10個，1883年增至34個；各教區設有主教，管轄本區的教務；天主教外籍教士1846年有100人，1885年增至488人，東起台灣，西到西藏，北達黑龍江，南至海南島，都有天主教士的足跡；天主教徒1850年32萬人，1890年增至52.5萬人。[1]另據1877年的統計，新教傳教士共有473人，差會總堂91個，支堂511個，正式教堂312個，教徒13,035人。[2]1865年由英國基督教傳教士戴德生創立的內地會，第一年來華傳教士 3 人，到19世紀末，內地會在中國約有650名傳教士，270個傳教站，教徒約5,000餘人，成為基督教在中國活動的最大差會。[3]天主教每個傳教區一般設總堂一座，設主教一人。

---

1 轉引自《中國近代史稿》，載《劉大年全集》第五卷，第351頁。

2 王立新：《美國傳教士與晚清中國現代化》，天津人民出版社1997年版，第18頁。

3 顧長聲：《傳教士與近代中國》，上海人民出版社1981年版，第118頁。

總堂有的建在通都大邑，省、府、縣治所，如直隸北境總堂建在北京西什庫，山東北境總堂建在濟南府。有的建在偏僻的村鎮，如湖北西北教區設兩個總堂，一個在老河口，另一個在穀城縣的茶園溝；湖南南境總堂設在衡州城附近的黃沙灣。俄國東正教的團費由俄國政府提供，它的活動聽從政府下達的訓令。《北京條約》簽訂後，俄國東正教陸續在天津、哈爾濱、上海及新疆等地建立起教堂。

《北京條約》後40年間，中國各地共發生大小教案達400餘起，反洋教怒火遍及貴州、雲南、湖南、江西、四川、江蘇、安徽、河南、河北、山東、福建、台灣等省的城鎮鄉村，其中影響最大的一起教案發生在天津。

《天津條約》簽訂後，法國把聯軍議約總部望海樓改為領事館，又取得與望海樓毗連的崇禧觀的永租權，在領事館旁建了個大教堂，在城東區開了間仁慈堂。仁慈堂收養小孩，修女有時還給送孩子來的人一點身價錢。於是一些「吃教」的無賴，拐騙幼童去換錢的事時有發生。1870年夏，仁慈堂內收養的小孩因傳染病死了不少，埋於河東亂葬崗，被野狗刨出。民眾遂懷疑教堂有虐待行為。更有傳聞教堂對幼童挖眼剖心的。恰在此時，一個叫武蘭珍的人因迷拐幼童被鄉民執獲送官，審訊中供出同夥還有教民王三。天津知縣劉傑審得此供，請示中央駐津的最高官員、北洋通商大臣崇厚。崇厚照會法國駐天津領事豐大業，要他幫助將教民王三送案對質。豐大業敷衍應對。

6月21日，圍聚在教堂外的民眾與法國領事館人員發生衝突，向教堂拋擲磚頭。豐大業要求崇厚派兵彈壓，崇厚派知縣劉傑及巡捕2人前往制止。豐大業持槍率祕書西蒙往見崇厚，一進門即怒言相向，開槍示威，將室內什物信手打破，口稱「爾怕中國百姓，我不怕爾中國百姓」[1]，揚長而去。行至路上，遇見自教堂返回的劉傑，豐大業迎面放槍，將劉

---

1 參見戚其章、王如繪《晚清教案紀事》，東方出版社1990年版，第109頁。

傑家人高升擊傷。憤怒民眾當場將豐大業和西蒙毆斃，接着將望海樓教堂、法領事館、仁慈堂及洋行焚毀，又焚毀英國禮拜堂 4 處、美國禮拜堂兩處。混亂之中毆斃或燒死18名外國人，連同豐大業和西蒙，共20人。遇害的還有中國教民16人。

教案發生後，美、英、法、俄、德、比、西七國聯合向清政府提出抗議，各國軍艦逼近天津海河口示威，要求懲兇賠償。法國海軍司令威脅說：不處理此案，定將津郡化為焦土。有人甚至揚言「最低要求是使用武力迫使整個中華帝國開放對外交往，從要求較高的將所有中國官吏一律斬首，推翻現政府，乃至將全國置於外國保護之下」[1]。清政府極為緊張，急調病假中的曾國藩趕赴天津查辦。曾國藩認為「中國目前之力，斷難遽啟兵端，惟有委曲求全之一法」[2]。他雖了解到教案發生的真實因由，卻故意把迷拐兒童的情節說成「查無確據」，將天津知府和知縣革職充軍，判處肇事者20人死刑（緩刑4人），25人流放，並賠款50萬兩白銀。清政府還派崇厚專程赴法國賠禮道歉。照曾國藩自己的說法，這叫作委曲遷就，消弭釁端。事後他自己也不得不承認，處理教案，「但冀和局之速成，不顧情罪之當否」[3]，「庇護天主教，本乖正理」，「內疚神明，外慚清議」[4]。清政府中也有人指責曾是「自撤藩籬，泯庶民愛國之心，禁庶民愾敵之志，殺以謝敵」[5]。他自己也對「名毀津門」而耿耿於懷。

**1** 《鏤斐迪致斐士函》（1870年8月24日），載中國第一歷史檔案館、福建師範大學歷史系合編《清末教案》第五冊，中華書局2000年版，第31頁。

**2** 曾國藩：《密陳津郡教案委曲求全大概情形片》（同治九年六月二十八日），載《曾國藩全集》第十一冊，第509頁。

**3** 曾國藩：《天津府縣解京請敕從輕定擬並請嗣後各教堂由地方官管轄片》（同治九年八月二十六日），載《曾國藩全集》第十二冊，第83頁。

**4** 曾國藩：《覆吳坤修》（同治九年閏十月二十三日），載《曾國藩全集》第三十一冊，第405頁。

**5** 《奕譞奏致疾之由心疾有四上達天聽摺》（同治九年十一月十八日），載《籌辦夷務始末》第七十九卷，中華書局2008年版，第3198頁。

　　中法戰爭期間，當法軍襲擊福建水師、炮轟馬尾造船廠的消息傳出，全國反洋教的浪潮又起，福州、寧德、古田、廈門及毗鄰福建的浙江，連續發生毀燒教堂的事件。靠近越南的兩廣也民情激憤，在廣東有40多名傳教士被驅逐到香港和澳門，50餘所教堂被毀。

　　19世紀90年代，在四川大足、長江中下游以及直隸東北境朝陽一帶爆發了大規模的群眾反教風潮，把反教鬥爭推向新的高峰。1890年9月，大足縣當過挖煤苦力的余棟成聚眾發動武裝暴動，焚毀教堂數處，殺教民10人，發佈檄文，聲討外國侵略者「欺侮中華」，號召群眾驅逐外國教會勢力，鬥爭堅持到1892年。1891年5月，蕪湖萬餘群眾暴動，衝散彈壓的清兵，焚燒教士住地，與洋教士短兵搏鬥。此後，長江中下游各省幾十座城市和鄉村，凡有教會勢力的地方，都紛紛發生反教騷動。其中湖北廣濟縣武穴千餘人攻打教堂；宜昌數千人焚燒法、美教堂。直隸承德府，天主教劃為東蒙古教區，主教府設在朝陽縣松樹嘴子村。1891年朝陽爆發了由金丹道教和在理教發動的武裝起事，有眾數萬人，攻佔朝陽、平泉、建昌、赤峰等州縣，焚毀天主教堂。1895年成都教案，波及全川，數十處天主教堂、耶穌堂被毀。

　　教案是近代中國涉及中外關係方面一種特殊矛盾和衝突。《北京條約》簽訂以後，天主教、基督教在中國合法傳播。由於中外文化信仰不同和建築教堂用地利益上的糾葛，教民和非教民之間發生衝突是不可避免的。如果各級政府秉公處理，這種矛盾不難解決。問題在於傳教士往往庇護教民，傳教士所在國家政府往往依據不平等條約壓迫中國政府各級官員，甚至違法教民也獲得「治外法權」的保護，政府各級官員碰到教案難以公正處理，往往擔心「有礙大局」，得罪外國。即使有理，屈也在老百姓一方。這樣，更大教案的發生就是難以避免的。這是中國社會在外國侵略下向下「沉淪」的表現形式之一。

## 第六節

# 甲午戰爭爆發
# 清政府錯誤的戰爭指導

　　日本是中國的近鄰，自古以中國為師，向有一葦可航、唇齒相依的說法。19世紀中葉，中國與日本同時遭遇西方堅船利炮的衝擊，先後與列強簽訂不平等條約，被迫開關。從19世紀60年代開始，又幾乎同時奉行自強運動，在日本叫作「明治維新」，中國稱作洋務新政，或者自強新政。中日兩國從一條起跑線上朝近代化方向起跑之後，距離很快便拉開了，日本舉國一心，於1868年提出「殖產興業，富國強兵，文明開化」三大方針，從經濟、政治、文化全方位向西方學習。中國辦洋務僅襲皮毛，還要與頑固派爭來辯去，舉步維艱。中國發展自己的時間就這麼被耽誤了。

　　據學者統計，在中國，19世紀60—90年代，洋務派總共興辦了大約60個近代企業，總投資大概5,300萬兩銀子。其中軍事工業21個，投資3,700多萬兩。以30年計算，平均每年 2 個，每個投資170餘萬兩。如果再加上在洋務派影響和特別批准下，以官督商辦名義興辦的民族資本主義企業，也不過共有120餘個，合計投資約5,800萬兩，平均每年 4 個，每個投資不及200萬兩。[1] 在日本，有學者統計，從1868年到1892年，日本總共建成5,600多個公司，總投資資本達到2.89億日元，平均每年設立225個公司，每個公司資本差不多1,100萬日元，大概折合700多萬兩白銀。[2]

---

1　樊百川：《清季的洋務新政》第一卷，上海書店出版社2003年版，第22頁。
2　高橋龜吉：《明治大正產業發達史》，第24頁。轉引自樊百川《清季的洋務新政》第一卷，第22頁。

日本明治維新期間在洋務企業方面的成就和中國洋務新政相比，中國方面可以說是小巫見大巫了。我們看到，中國的洋務新政，大體上可以與日本幕府末期的改革相比較，改革主體、改革內容大體相近；改革效果，中國尚不及日本幕府。儘管兩國都具有早期現代化的特徵，但與真正的現代化進程相比較，還有距離。洋務新政與明治維新，實際上是不同歷史發展階段的產物。明治維新以後，明治政府逐漸採取一系列政策措施，對日本社會進行了資本主義改造，這些改造刺激了日本社會自由民權運動的發生，推動了日本社會向資產階級憲政國家的轉變。自由民權運動的目的雖然沒有達到，卻促進了日本產業政策向自由資本主義方向轉換，大量國有企業廉價處理給民營企業是一個標誌。這個轉換，標誌着日本資本主義社會的形成。中國在19世紀內完全不具備這樣的條件，所以只能在半殖民地半封建社會的泥淖中越陷越深，在現代化的道路上很難有大的步伐。[1]

早在16世紀，日本政治家就有擴張主義野心。明治維新後，日本明治天皇立志要「繼承列祖列宗之偉業」，要「開拓萬里波濤，佈國威於四方」，圖謀奪取琉球、朝鮮和台灣。明治維新的先驅者吉田松陰提出「北割滿洲之地，南收台灣、呂宋諸島」。「脫亞入歐」論的主張者福澤渝吉要求日本「應同西洋人對待中國朝鮮之方法處分中國」[2]。這是為發動侵華戰爭製造理論根據、提供輿論準備。

在擱置琉球談判後，日本立即抓緊擴軍備戰，建設海陸軍，為此，成立直屬天皇的參謀本部，還派遣大批間諜到中國偵察敵情。1887年春，參謀本部陸軍大佐小川又次綜合偵察結果，提交了《清國征討方略》，對中國總兵力和各省軍力分佈作了詳細報告，分析了清政府的財

---

**1** 參見張海鵬《19世紀中日兩國早期現代化比較研究》，收入張海鵬《中國近代史基本問題研究》，中國社會科學出版社2013年版，第355頁。

**2** 吉田松陰、福澤渝吉言論，引自水野明《日本侵略中國思想的驗證》，《抗日戰爭研究》1995年第1期。

慈禧太后（1835—1908）

政、軍費、海軍建設、沿海和長江防禦設施、官僚和國民素質，比較了日本政府財政狀況、軍費和海軍建設，日本官僚和國民素質，提出「斷然先發制人，制訂進取計劃」的侵略計劃，建議以 8 個師團軍力「攻佔北京，擒獲清帝」[1]。

　　1890年，日本首相山縣有朋在日本第一屆國會上提出「主權線」和「利益線」概念，認為日本是主權線，朝鮮是利益線，為了確保利益線，就要進取中國。顯然，日本將發動侵華戰爭的命題已經提上國會講

---

[1] 小川又次：《清國征討方略》，《抗日戰爭研究》1995年第1期。

壇。在第四屆國會上，天皇提出所謂「兼六合而掩八」[1]，實際上就是批准了發動侵朝侵華戰爭的方針。

1893年，日本政府成立「出師準備物資經辦委員會」，頒佈《戰時大本營條例》，這是日本邁向侵華戰爭的重要步驟。同時，派出參謀次長川上操六率隊到朝鮮和中國各地考察，佈置了軍事間諜網，構思了進攻作戰的細節，得出了對華作戰可以穩操勝券的結論。

日本間諜佈置中國各地，隨時報告中國情況。中國對日本情況則甚少掌握。中日開戰後，與軍令部和外務省有直接聯繫的著名間諜宗方小太郎一直在威海衛北洋艦隊基地刺探軍情，中國官方發現了他傳出的情報，對他發出了抓捕通報。但宗方在離開威海衛乘船到上海的途中用湖北蔡甸商人的假身份騙過了所有檢查，順利回國。[2]

甲午戰爭爆發。1894年2月，朝鮮南部東學道農民祕密會社發動起義，起義軍打出了「逐滅夷倭」、「滅盡權貴」口號，表示了反對外來侵略和封建統治的態度。5月佔領了全州，朝鮮國王請求中國出兵幫助鎮壓。此時日本正在尋找出兵朝鮮的藉口，便誘使清政府先出兵。駐朝鮮的袁世凱在得到日本公使「我政府必無他意」的保證後，電告國內。主持軍務外交的李鴻章經請示光緒皇帝，決定依保護藩屬的舊例，派直隸提督葉志超率兵1,500名援朝，並按約通知了日本方面。日本政府見陰謀得逞，立即決定出兵朝鮮。6月5日，日本政府成立戰時大本營，13日在仁川登陸的日軍即達8,000人，同時迅速佔據軍事要地，完全控制了首都漢城。這樣，中日形成了軍事對峙。

---

**1** 引自井上清《日本歷史》下冊，天津市歷史研究所譯校，天津人民出版社1974年版，第668頁。

**2** 《宗方小太郎日記》1894年9月11日、12月14日條，載戚其章主編《中國近代史資料叢刊續編‧中日戰爭》第六冊，中華書局1993年版，第123、132頁。參見張海鵬《甲午戰爭與中日關係——對甲午戰爭120周年的反思與檢討》，《中國甲午戰爭博物館館刊》2014年第3期；又作為序言，載張海鵬、崔志海、高士華、李細珠合編《甲午戰爭的百年回顧——甲午戰爭120周年學術論文選編》，中國社會科學出版社2014年版。

　　中國方面對日本的舉動大為震驚。這年恰是慈禧太后六十大壽，慈禧太后為修建頤和園，以及為了仿效乾隆，要做六十歲大慶，挪用軍費[1]，而且令大小官吏貢獻年俸若干，完全不顧民心向背，不顧大戰當前，一意粉飾太平。李鴻章外交努力的方針即為「避戰求和」。他一方面電催袁世凱抓緊平定東學道起義，另一方面勸導朝鮮主動改革內政，以消除日本出兵的藉口。豈知日本早已打定「外交被動，軍事主動」的決心，繼續增兵不已。中方因寄望外交努力，不僅不敢增兵，且令部隊待在起義發生地牙山一隅，軍事上越來越陷於被動。這時日本又破譯了清政府與駐日公使之間的往來密電，完全掌握了中方內部的運籌機密。

　　這時候，東學道起義已經平息。在與日本交涉雙方同時撤軍無效的情況下，李鴻章轉而尋求俄、英兩國的調停。俄國當時在修築西伯利亞大鐵路，正是它的這一行動促使日本搶先西進，用明治天皇的話說，如等俄國把鐵路修成，必輕取朝鮮，日本將「遺恨萬年」。因此，儘管俄國嚴厲要日本罷手，日本決意不顧。英國則另有打算，它為了與俄國抗衡，正想利用日本，而日本也一直在謀求英國的支持，這樣英國的「調停」變成英、日兩國的勾結。7月，日、英新約簽字，英國答應將取消以前對日本的不平等條約，公開同意日本對朝鮮的政策。

　　面對日本的挑戰態勢，清政府決意進兵，李鴻章派衞汝貴、馬玉崑、左寶貴部進駐平壤。7月21日，清政府僱英國商船「高升」號運兵增援牙山守軍。23日，日本迫不及待，派出軍隊佔領朝鮮王宮，囚禁朝鮮國王，組織傀儡政權。25日，日海軍「吉野」、「浪速」、「秋津洲」三艦在牙山附近豐島洋面突襲運兵船「高升」號和護送軍艦「廣乙」號、「濟

---

1　陳先松對「挪用」海軍軍費做了詳細研究。他根據現有檔案文獻資料認為，頤和園工程經費約為814萬兩白銀，出自海軍衙門經費約為737萬兩，出自總理衙門經費約為77萬兩，屬於挪用性質的海軍衙門經費約705萬兩，挪用海防專款數額不會超過67萬兩。參見陳先松《修建頤和園挪用「海防經費」史料解讀》，收入《甲午戰爭的百年回顧——甲午戰爭120周年學術論文選編》，第42頁。

李鴻章（1823—1901）

遠」號，戰鬥持續一個半小時，「廣乙」重傷，「濟遠」受傷退逃旅順。
接着日艦攔住「高升」號，令其投降，遭拒絕。「浪速」號艦長東鄉平八
郎下令將「高升」號擊沉，船上 800 名中國陸軍官兵殉難。日艦還俘獲
了中方的護航木殼輪「操江」號。豐島海戰同日，日陸軍以兩倍於清軍
的兵力進攻牙山，中方主將葉志超敗退先逃，另一守將聶士成率部苦戰
不支，29 日亦向平壤撤退。

　　8月1日，在日本政府對中國宣戰後，清政府對日本宣戰。是年夏曆
甲午，歷史上稱這一次中日戰爭為甲午戰爭。日本則稱為日清戰爭。日
本對中國宣戰後，大本營遷到廣島，天皇以大元帥身份到廣島來統率大
本營，舉國一致的戰時指揮體制正式形成。「集中目標，討伐清國」的
情緒，彌漫全國。

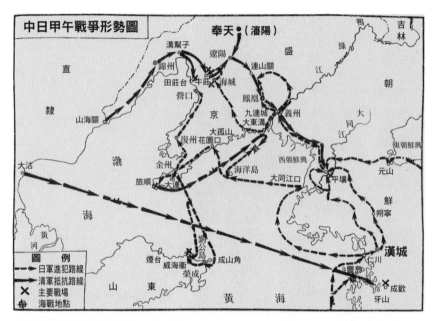

中日甲午戰爭形勢圖（1894—1895）

　　甲午戰爭開始後，李鴻章從外交上的「避戰求和」轉向軍事上的「消極防禦」。在陸戰方面，光緒帝要他令北路援軍與牙山守軍合攻漢城，趁日軍立足未穩，爭取扭轉戰局。而李則主張穩紮穩打，先守定平壤再說。在海戰方面，日本把與中國爭奪制海權看作戰爭取勝的前提，而李鴻章為北洋水師確定的方針是「避戰保船」，在渤海灣內「作猛虎在山之勢」。這就等於放棄了黃海的制海權，使朝鮮守軍陷於孤立，日軍得以放膽從海上運兵，實施陸上攻擊。

　　9月，中日陸上較量的焦點是平壤戰役。其時中方在平壤的兵力有1.5萬人，山炮28門，野炮4門，機關炮6門，總指揮為葉志超。日方攻城兵力約1.7萬人（實際參戰兵員1.2萬人），有山炮44門，司令官山縣有朋。由於補給困難，日軍只帶兩天乾糧，彈藥也有限，山縣令部下拚死力戰，不得生為俘虜。15日凌晨，日軍分四路向平壤發起猛攻，正面禦

敵的回族將軍左寶貴身先士卒，在城上親燃大炮轟敵，「手發榴彈巨炮三十六彈」，最後中彈犧牲。日軍從側面攻破玄武門，葉志超重演牙山故事，令守軍連夜撤出平壤，一路狂奔，逃過鴨綠江。平壤戰役僅一天即告結束。

平壤失守之日，海軍提督丁汝昌率北洋艦隊護送援軍在鴨綠江口大東溝登陸，17 日中午返航時，在鹿島海面，見西南方向一片黑煙，來船皆掛美國旗，及近突然改為日本旗。一場日本方面蓄謀已久的黃海大海戰爆發了。中國參戰的軍艦 10 艘，總噸位為 31,366 噸，總兵力 2,000 餘人；日本參戰的軍艦 12 艘，總噸位 40,849 噸，總兵力 3,500 人。中國軍艦平均航速為每小時 15.5 海里；日本軍艦平均航速為每小時 16.4 海里，其中第一遊擊隊為每小時 19.4 海里，最快的「吉野」竟達每小時 23 海里。日本艦隊擁有各種火炮 268 門，其中速射炮 97 門；北洋艦隊各種火炮 173 門，但卻沒有一門速射炮。所以，日本艦隊在噸位、兵力、速度、炮火等方面都佔有明顯優勢。[1] 日艦以突襲方式有備而來，排出魚貫縱隊陣勢。中方在護航返航途中臨時應戰，散開成人字雁形橫隊，「鎮遠」、「定遠」突前成掎角之勢。這個陣勢雖有利於發揮艦首重炮火力，但機動性較差，側舷炮和尾炮也不能對敵。日艦抓住這一弱點，「吉野」等四艘快艦冒險橫過中方陣前，穿插圍攻右翼最弱的「超勇」、「揚威」二艦。在急需調動應敵的關鍵時刻，中方旗艦「定遠」號飛橋因年久失修，被大炮震塌，丁汝昌跌落受傷，造成指揮中斷，各艦遂獨立作戰。「超勇」、「揚威」噸位小，火力弱，內艙均為木質，在數艘日艦的圍攻下，兩艦官兵奮勇抵抗，終因中彈後火勢難以撲救而焚毀，「超勇」管帶黃建勳犧牲，「揚威」管帶林履中憤而蹈海。「致遠」、「經遠」、「濟遠」三艦被日艦分割，經激戰，「致遠」彈藥告罄，船身中彈傾斜，管帶鄧世昌決心追撞日艦「吉野」，不幸中魚雷沉沒，全艦官兵 250 人壯烈殉國。

---

**1** 參見戚其章《甲午戰爭史》，人民出版社1990年版，第126—127頁。

北洋水師「定遠」號

北洋水師「鎮遠」號

「經遠」受傷後亦在追擊敵艦時中魚雷沉沒，管帶林永升等250餘官兵犧牲。「濟遠」在受傷後退出戰場，駛回旅順，其管帶方伯謙後來受到軍法處置。丁汝昌負傷後拒絕進艙，仍坐在甲板上鼓勵士氣。主力艦「定遠」管帶劉步蟾、「鎮遠」管帶林泰曾率部與日艦主隊對陣，兩艦均中敵彈上百發，仍堅持戰鬥，「鎮遠」以重炮命中敵旗艦「松島」，引起大火和爆炸，斃傷日軍百餘人。下午五時，「靖遠」主動代替「定遠」升旗集隊，欲繼續血戰，日艦見天色已暗，先行撤出了戰場。

黃海大海戰是世界史上第一次蒸汽機艦隊的大規模海戰，中日雙方投入兵力之多，機械化程度之高，戰鬥時間之長，景狀之慘烈都是空前的。海戰結果，中方「致遠」、「定遠」、「揚威」、「超勇」、「廣甲」五艦沉毀，傷亡800餘人。日方「松島」、「比睿」、「赤城」、「吉野」、「西京丸」五艦遭重創，傷亡300餘人（包括艦隊司令伊東受傷，「赤城」艦長阪木斃命）。中方損失較大，但主力艦隻大部保留，日軍一舉殲滅北洋艦隊的圖謀沒有得逞。總結這次海戰的教訓，首先要檢討的是李鴻章的「保船制敵」的消極作戰方針。其次，中國海軍近代化建設落後於日本也不可忽視，這包括海軍經費的嚴重不足和被任意挪用，導致新型武器裝備的缺乏。再次，全國海軍領導機制的不統一，使得只有一支北洋艦隊與日本全國海軍對壘，而南洋等水師則袖手旁觀。最後，還有海軍專業化指揮、訓練水平滯後等。這次海戰，對中方來說是遭遇戰，指揮員事先沒有與日軍大戰決戰的準備。因是護航，各艦攜彈不多，造成海戰中彈藥嚴重匱乏。如中方航速最快的「致遠」艦在咬住日方最猖獗的「吉野」艦後，就因炮彈用完，才抱死追撞敵艦，終被擊沉。戰後，清政府派員查驗北洋艦隊，發現尚有大批炮彈放在倉庫裏未帶上艦。在兩國交戰狀態下，前敵指揮員在消極戰略思想指導下疏於作戰準備的教訓是嚴重的。

黃海一戰，北洋艦隊的受傷艦隻需要修理。李鴻章藉口「海軍快船太少，僅足守口，實難縱令海戰」，不准艦隊再出海。這樣日本便完全掌握了制海權，可以無顧忌地執行他們的陸上作戰計劃了。10月24日，

以大山岩為司令官的日軍第二軍約 3 萬人在遼東半島花園口登陸。登陸行動持續 9 天，這是對其實施海上襲擊的極好時機，然而北洋艦隊沒有出動。日軍上岸後，抄旅順的後路，進攻金州。當時旅大地區中國軍隊的主力宋慶、劉盛休部已調往鴨綠江防線，後補充的30餘營，13,000人多為沒打過仗的新兵。更成問題的是，前敵沒有主帥，各統領並立，難以協同作戰。駐旅順的六支部隊只有總兵徐邦道率2,000餘人，進援金州。緊要時刻，大連守將趙懷業只顧逃跑，拒絕支援，11月6日金州失陷。次日，大連也落於敵手。旅順是李鴻章苦心經營10餘年，耗資上千萬銀兩建成的北洋海軍重要基地，號稱「鐵打的旅順」，與威海基地互為掎角，扼守渤海口，戰略位置極為特殊。港內有北洋艦隊大量設施，沿岸依險要地勢築有海岸炮台13座，陸地炮台 9 座，配備德國克虜伯大炮近百門，時稱東洋第一要塞。日軍感到正面進攻難打下來，才定後路抄襲之計。日軍拿下金州、大連後，休整了10天，18日向旅順發起攻擊。李鴻章指示：「寧失灣，斷不失旅。」[1] 李鴻章調集了約 2 萬援軍，特別是宋慶部從鴨綠江前線撤退，主動要求回攻金州，對日軍形成夾擊。李鴻章急於把這一重要部署通知旅順守軍，電報卻打不通，只好派人扮作鄉民渡海送信，送信人半路被日軍抓去當了挑夫，縫在衣中的信未被搜去，也沒能送達旅順守軍。當宋慶等部攻到金州城郊時，旅順守軍也進行過一次成功的出擊，可惜他們不通信息，沒有配合，錯失了戰機。不久，旅順守將動搖敗逃，只有徐邦道部堅持拚了一下，終於不支，22日旅順陷落。日軍進城後瘋狂屠殺中國軍民，約 2 萬和平居民被殺害。[2] 旅順大屠殺引起國際輿論不滿，日本外相陸奧宗光也記下了世界輿論的譴

---

1 李鴻章：《覆旅順龔道》（光緒二十年十月初五日），《李鴻章全集》第二十五卷電報五，第103頁。

2 有關日軍旅順大屠殺的詳細研究，參見關捷《日軍旅順屠殺研究》，載張海鵬主編《第二屆近百年中日關係史國際研討會論文集》，中華書局1995年版，第3—10頁。

**黃海海戰前「致遠」艦士官在煙台留影** （採自日本《近代百年史畫報》，第六集）

責：「日本披着文明的外衣，實際是長着野蠻筋骨的怪獸。」[1]

　　在日軍第二軍花園口登陸的同日，以山縣有朋為司令官的日軍第一軍萬餘人渡過鴨綠江，向虎山、九連城攻擊前進。中國防線有清軍70營，2萬餘人，總指揮是75歲的老將宋慶。宋以作戰勇敢聞名，但他調遣不動各軍將領。只兩天，防線便崩潰，日軍連克九連城、安東、鳳凰城，進逼摩天嶺。此時山縣聞知第二軍已攻下旅順，便急欲向內地進軍。12月1日他命令所屬第三師團6,000人佔領海城，結果被中國軍隊包圍。19日日軍企圖突圍，與宋慶、劉盛休部激戰於缸瓦寨，在雪地廝殺

---

**1** [日]陸奧宗光：《蹇蹇錄》中譯本，商務印書館1963年版，第63頁。

中，日軍凍傷逾千，不得不縮回海城困守。此後清軍集結十倍於日軍的兵力，約 6 萬人，五次攻海城而不下。直到 2 月底，日軍增援部隊在太平山一戰取勝，以戰鬥傷亡250人，凍傷4,000人的代價，解海城之圍。海城爭奪戰是中日雙方持續時間最長的一次陸上戰役。

日軍打下旅順後，又從國內增調兵力，以 2 萬人轉撲北洋海軍的另一重要基地威海。威海港居山東半島突出部，三面環陸，中間有劉公島及日島，形成東西兩個出口，島上和陸地南北兩幫建有炮台 8 座，配置德、英等國造的新式大炮百餘門，可謂地勢險要，工事牢固，是清政府海軍提督衙門所在地。黃海大戰後，北洋艦隊餘下的 7 艘戰艦、6 艘炮艇、13 艘魚雷艇和 2 艘練船都停泊在這裏。根據李鴻章「水陸相依」，「不得出大洋浪戰，致有損失」的指示，這些船也就變成港內的固定炮位。日軍仍用打旅順時的辦法，趁山東境內清軍主力馳援遼東，兵力空虛，採取陸上包抄。1 月 20 日，日軍在榮城灣登陸，清軍未在山東半島佈置防守，日軍登陸，沒有遇到抵抗。登陸後的日軍從背後向威海發起包抄。1 月 30 日至 2 月 3 日，威海岸邊南北兩幫的炮台先後失陷，千餘守軍戰死。炮台統領戴宗騫自殺。那些海岸炮除一部分被中方自毀外，悉數落入日軍手中。日軍又封鎖了東、西出港口，從陸海兩面向港內開炮，使北洋艦隊陷入絕境。丁汝昌下令港內佈雷，決心死守。劉公島及日島炮台守軍同艦上水兵一起堅持抵抗。2 月 4 日夜，日本魚雷艇偷襲旗艦「定遠」號，「定遠」擊毀敵艇，自身也被重創。最後，「定遠」彈盡，管帶劉步蟾沉艦自裁。「來遠」、「威遠」、「靖遠」等艦也陸續被敵人擊沉。魚雷艇管帶王平領命率隊出擊時逃跑，結果魚雷艇全部損失。2 月 7 日，北洋艦隊內的外國僱員和牛昶炳等一批將領煽動部分士兵嘩變，「向丁提督乞生路」。10 日，這些人再次向丁施壓，要求投降，均被拒絕。丁汝昌下達的沉船突圍命令，他們不執行。11 日，丁汝昌及統領張文宣、楊用霖等人自裁殉國。牛昶炳與伊東佑亨簽訂《威海降約》11 款。「鎮遠」、「平遠」等 6 艘殘餘艦船和基地內大批裝備被日軍繳獲。北洋艦

隊全軍覆滅。

　　由於李鴻章系統的淮軍節節失敗，清政府又把湘軍調上來，任命兩江總督劉坤一為欽差大臣，指揮 6 萬人，防守山海關內外，拱衛北京。可是湘軍照樣不行。老邁的劉坤一，身任兩江總督、湘軍統帥，可以節制各軍，卻不親臨前線，坐視海城被日軍攻佔。清軍指揮不靈，軍無鬥志，節節敗退，到 3 月上旬，兵敗如山倒，連失牛莊、營口、田莊台，大量軍火、輜重被日軍擄去。日軍佔領遼西，有進取北京之勢，威脅清廷安全。

　　光緒皇帝及其原來主戰的一派人，也只能與慈禧太后統一意見，向日本求和。旅順戰役後，西方列強開始擔心日本的過分擴張會威脅到他們自身的利益，感到有必要對其加以限制。英國警告日本：如果進攻北京，促使清王朝崩潰，對日本沒有好處。美國也向日本表示，若戰爭延長，其陸海軍的進攻不能節制，與東方局勢有利害關係的歐洲列強，難免不向日本提出不利其將來安寧和幸福的要求，以促成戰爭的結束。這時，日本國內的兵員已經抽空，雖然以山縣有朋為代表的軍人主張乘勝直抵北京，進行直隸決戰，首相伊藤博文卻認為，打垮了清政府，勢必引起列國干涉，會使日本戰而無獲。他主張對清政府迫訂和約，最大限度地從中國撈取實惠。為了達到這一目的，日本政府先是拒絕了清政府派出的議和代表、總理衙門大臣、戶部左侍郎張蔭桓和兵部左侍郎、湖南巡撫邵友濂，聲稱他們資格不夠，點名非要有「一切便宜行事，定議和局，簽名捺印之權」的奕訢或李鴻章出面來日本不可。清政府沒有辦法，只得任命李鴻章為頭等全權大臣，前往日本商訂「和約」。

# 馬關簽約
# 台灣割讓及台灣人民
# 反抗日本佔領的武裝鬥爭

　　日本要求清政府派出議和大臣，除確認朝鮮「獨立」、賠償軍費之外，還需以割讓土地為條件。清政府通過美國駐華公使田貝通知日本政府，任命李鴻章為頭等全權大臣，「予以署名畫押之全權」[1]。光緒帝召見群臣，李鴻章面奏，「略及割地」，奕訢隨聲附和，翁同龢不表贊同，餘者皆不表態。[2] 光緒帝又諭樞臣奏請慈禧太后定奪，慈禧太后稱病不見。光緒帝只得「諭知李鴻章，予以商讓土地之權，令其斟酌輕重，與倭磋磨定議」[3]。

　　1895年3月19日，李鴻章一行抵達日本馬關，次日開始在春帆樓與日本首相伊藤博文和外相陸奧宗光進行談判。由於破譯了清政府的外交密電碼，日方對中方的談判底牌一清二楚，加之已穩操戰爭的勝券，因此對李鴻章放手施壓，「割讓務求其大，賠款務求其多」，不達目的誓不罷休。日方對停戰提出的條件是佔領大沽、天津、山海關三地，天津到山海關鐵路交日軍管理，停戰期間的軍費由中國負擔。李鴻章認為這些條件「要挾過甚，礙難允許」。只好放棄停戰談判，直接要求對方提議

---

1 中國史學會主編，邵循正等編：《授李鴻章為與日議和頭等全權大臣敕書》，載《中日戰爭》第三冊，上海新知識出版社1956年版，第470頁。

2 陳義傑整理：《翁同龢日記》（光緒二十一年二月初一日）第五冊，中華書局1997年版，第2782頁。

3 《軍機處王大臣慶邸等公奏摺》（光緒二十一年二月初七日），載《李鴻章全集》第十六卷奏議十六，第31頁。

和條件。3月24日，李鴻章從談判地回寓所途中，遭到日本浪人的槍擊，子彈打中左臉，傷勢不輕。國際輿論為之嘩然。日本政府害怕談判中斷會引起列強干涉，才表示除台灣、澎湖地區外可以暫時停戰21天。4月1日，日方向頭上纏滿繃帶、僅露一只眼睛的李鴻章提出極端苛刻的媾和條件，要求清政府承認朝鮮「獨立自主」；割讓遼東半島、台灣、澎湖列島；賠償日本軍費銀二萬萬兩；締結新的通商條約；開放北京等七處為通商口岸等。李鴻章認為日方新提條件「賠費太多，讓地太廣，通商新章與西國訂約不符」，寫了數千言的「說帖」，加以駁斥。日方則以戰勝者的姿態，動輒以攻北京相恫嚇，逼迫中方就範。4月10日，日本提出最後方案，蠻橫地要中方「但有允不允兩句話而已」。14日，光緒皇帝電示李鴻章：「原冀爭得一分有一分之益，如竟無可商改，即遵前旨與之定約。」17日，李鴻章與伊藤博文代表兩國在《中日媾和條約》（即《馬關條約》）上簽字。

《馬關條約》共11款，主要內容為：中國承認朝鮮為獨立國；將遼東半島、台灣全島、澎湖列島割讓給日本；賠償日本軍費白銀二萬萬兩[1]，三年內交清；與日本訂立通商行船條約及陸路通商章程；開放沙市、重慶、蘇州、杭州為通商口岸，日本輪船可駛入以上口岸；日本臣民得在中國通商口岸任便從事各項工藝製造，又得將各項機器任便運進口，免徵一切雜稅；日本軍隊暫時佔領威海衛，待賠款付清和通商行船條約批准互換後，才允撤退，威海駐兵費由中國支付。

日本早就打定了割讓台灣的主意。首相伊藤博文極力主張以武力佔領台灣，使割讓台灣成為和平條約之要件。1894 年 12 月 4 日，伊藤博文向日本大本營遞交了《攻陷威海衛略取台灣之方略》，提出：留下相應

---

**1** 賠款問題，情況複雜，戚其章和蔣立文分別作了詳盡研究，參見戚其章《甲午戰爭賠款問題考實》，蔣立文：《甲午戰爭賠款數額問題再探討》，載《甲午戰爭的百年回顧──甲午戰爭120周年學術論文選編》，第729─754頁。

的部隊駐守佔領地，其他的部隊與海軍一起，攻擊威海衞，徹底摧毀北洋艦隊，同時向台灣派出軍隊，並佔領之，以此作為將來講和的條件，奠定割讓此島的基礎。[1]日本輿論界，對割地賠款的呼聲也日益高漲，「把台灣永久割讓給日本」，幾乎是當時日本各階層人士的共同要求。福澤渝吉在中日開戰後不久，便連續在報刊上發表文章，主張：「應首先佔領盛京、吉林和黑龍江三省……納入我國版圖」、「把旅順口變成東亞的直布羅陀……把金州、大連港變成屬於日本的華北的香港」，並希望「除佔有威海衞，山東省和台灣之外」，「即使要求幾十億的賠償也並不苛刻」[2]。另外，前首相大隈重信、眾議員島田五郎等，都有類似的意見。在媾和條件中包括割讓台灣等土地，是日本內部既定的方針。伊藤博文與李鴻章談判中，有意隱瞞了日軍正攻取澎湖、向台灣開進的事實，企圖在日軍佔領台灣成為既成事實後，再逼李鴻章就範。在最後談判時，李鴻章打出台民反對割台這張牌：「我接台灣巡撫來電，聞將讓台灣，台民鼓噪，誓不肯為日民。」[3]伊藤回答很乾脆：「聽彼鼓噪，我自有法。中國一將治權讓出，即是日本政府之責。我即派兵前往台灣，好在停戰約章，台灣不在其內。」[4]日本侵略者割取台灣的決策已定，李鴻章之爭辯只能是徒費唇舌。

《馬關條約》是中國自鴉片戰爭以來所遭受的最為慘重的宰割和恥辱，在國內引起了巨大的震動。從王公貴族到平民百姓，從官僚士大夫到書生學子，「四萬萬人齊下淚，天涯何處是神州」。人們要追究戰敗誤國之責，把怒火擲向李鴻章，一時間國人皆曰可殺。72歲的李鴻章帶着日本人留在他頰骨中的子彈，身心交瘁地回到天津，發出「一生事

---

**1** 春畝公追頌會、金子堅太郎：《伊藤博文傳》（下卷），日本株式會社統正社1940年版，第136—137頁。

**2** 藤村道生：《日清戰爭》，上海譯文出版社1981年版，第133—134頁。

**3** 佚名：《馬關議和中日談話錄》，載《東行三錄》，第245頁。

**4** 佚名：《馬關議和中日談話錄》，載《東行三錄》，第238、245、252—253頁。

業，掃地無餘」[1] 的哀歎，稱疾不敢進京。光緒皇帝別無退路，只得批准條約。

《馬關條約》簽字的消息傳回國內，朝野輿論嘩然，官民悲憤交集。半數以上的封疆大吏以及一大批京官包括總理衙門、國子監、內閣、六部、翰林院等和部分宗室貴胄，或上奏朝廷，或聯名上書，反對批准條約；在京各省舉人或參加京官領銜的上書，或單獨上書，紛紛要求拒和，對清廷批准和約形成強大輿論壓力。[2] 台灣在京師任職的五名官員葉題雁、李清琦、汪春源、羅秀惠、黃宗鼎，在 4 月 28 日，聯合上書都察院，強烈反對割讓台灣，代表了台灣人民的心聲。他們表示「夫以全台之地使之戰而陷、全台之民使之戰而亡」，「與其生為降虜，不如死為義民」[3]。是為台灣五舉子上書。[4] 上海《申報》以《論中國萬不可允倭人割地之請》《論割地輕重》《論和之弊以割地為最重》為題，接連發表社論。康有為聯合各省舉人 1,300 名，舉行集會，發起有名的公車上書，反對割地，主張遷都抗戰。

割地的消息傳到台灣，全島震駭。在籍工部主事丘逢甲以全省紳民的名義請巡撫唐景崧向朝廷呈奏：如日酋來收台灣，台民唯有開仗。設戰而不勝，請俟臣等死後，再言割地。群眾哭着圍住唐景崧，懇求他留下來，領導抗擊日寇。5月8日，《馬關條約》在煙台換約生效。台灣民眾見局勢已難挽回，遂決定獨立自救。台灣士紳發電報給總理衙門、北洋大臣、南洋大臣、閩浙總督、福建布政使及全台官員，表明獨立的意圖：「伏查台灣為朝廷棄地，百姓無依，惟有死守，據為島國，遙戴皇

**1** 參見吳永《庚子西狩叢談》卷十，第128—130頁。

**2** 參見茅海建《「公車上書」考證補（一）》，《近代史研究》2005年第3期。

**3** 《都察院代遞戶部主事葉題雁等呈文摺》，載《清光緒朝中日交涉史料》，第35—36頁。

**4** 引自張海鵬、陶文釗主編《台灣史稿》上卷，鳳凰出版社2012年版，第159頁。

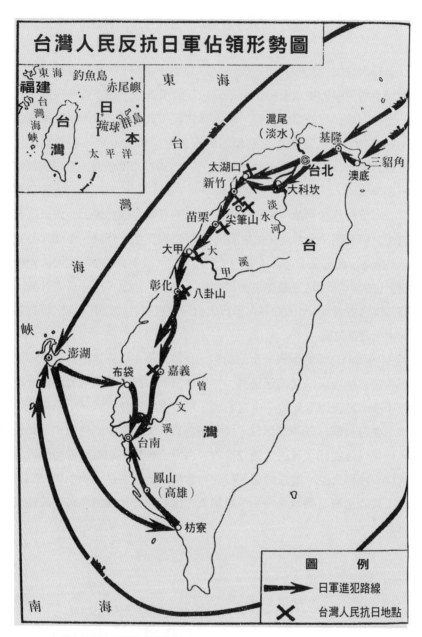

台灣人民反抗日軍佔領形勢圖（1895）

靈，為南洋屏蔽。」[1] 25日宣佈成立「台灣民主國」，訂年號「永清」，推巡撫唐景崧為總統，眾人又推舉台灣軍務幫辦劉永福為大將軍、丘逢甲為台灣義軍統領。並致電北京：「台灣士民，義不臣倭、願為島國，永戴聖清。」台灣民主國的成立，完全是台灣廣大紳民在清政府棄台不顧的情況下，為了保衛台灣不被日本侵佔而採取的保衛祖國領土完整的一種特殊的民間抗日舉措，是為保台而建立的抗日救亡政權，並非要脫離中國而「獨立」。「台灣民主國」的抗日，是日後中國人民抗日運動的一個出發點。

6月2日，在基隆口外的日本兵艦上，清政府派出的全權代表李經方，正式將寫有「台灣全島、澎湖列島之各海口，及各府縣所有堡壘軍器工廠及屬公物件」的清單，移交日本首任台灣總督樺山資紀。從此，台灣開始了長達半個世紀的日本殖民地歷史。

為了鎮壓台灣軍民的抵抗，日本派出主力近衛師團，分兩路進攻台灣。一路由台灣總督樺山資紀親自指揮的總督府直屬部隊，共6,700餘人；另一路由陸軍中將北白川能久親王指揮的近衛師團，共14,500餘人[2]。經戰鬥，基隆、台北相繼失陷。6月17日，日軍在舊台北府巡撫衙門，舉行始政式典禮，表明日本開始對台灣的統治。

台北失守後，巡撫唐景崧、候補道林朝棟、義民軍統領丘逢甲和官員人等也紛紛離開台灣內渡。此後，台灣抗日義民軍蜂起，一些地方首領組織義民軍走上抗日戰場。著名的有苗栗客家人吳湯興募勇5,000人，新竹客家人姜紹祖與苗栗客家人徐驤各募勇千人，組成義民軍，繼續推動台灣人民的抗日鬥爭。

紳民繼而推舉當時駐防台灣的軍務幫辦、黑旗軍首領劉永福為統帥。劉永福是當年的抗法名將，威信很高。台灣駐軍，以台南府的人

---

**1** 黃昭堂：《台灣民主國研究》，前衛出版社2006年版，第61頁。
**2** 參見戚其章《甲午戰爭史》，第446頁。

數最多，當時抗日軍隊還有60餘營，人數在26,000人左右，由劉永福統領。[1] 在他的領導下，各路義軍和清軍同仇敵愾，使日軍在台灣中南部遭到頑強的阻擊。6月12日，日軍進攻新竹，劉永福派分統楊紫雲為守將，與吳湯興、姜紹祖、徐驤等率領的義軍相配合，憑藉有利的地形，多次設伏重創敵軍，並對新竹展開反覆的爭奪，戰況異常激烈。歷時50多天，新竹才被日軍佔領。楊紫雲、姜紹祖犧牲。接着，劉永福派部將吳彭年率領所部精銳「七星隊」，協同吳湯興、徐驤等義軍退守大甲溪、台中、彰化一帶，他們仍用伏擊戰，趁日軍渡河之時發動突襲，敵寇「紛紛落水中，死亡無數」。最悲壯的戰鬥發生在彰化城東八卦山。此山是全城的制高點，「山破則城亦破」。日軍集中大炮轟擊，數次衝鋒均被擊退，便收買奸細利用夜色抄小路摸上山來。守軍發現時，日軍已佈滿山谷，遂在山坡上展開大規模肉搏戰，斬敵近衞師團長山根信成少將以下千餘人。是役吳彭年、吳湯興和「七星隊」全部陣亡，徐驤殺出重圍，退往台南。為了奪回彰化，劉永福又命副將楊泗洪率抗日軍主力發動反攻，接連收復雲林、苗栗，並包圍彰化，終因缺乏大炮，攻城一直未破。9月底，日軍陸續增兵到 4 萬多人。苦戰中楊泗洪中炮犧牲。10月初，日軍再陷雲林、苗栗，抗日軍的彈藥糧食已快耗盡，仍堅守嘉義、台南。劉永福部將王德標在嘉義設地雷陣，一舉殺敵七百餘，日近衞師團長、親王北白川宮能久中將也被炸傷，不久斃命。在台南保衞戰中，徐驤率高山族義軍堅守曾文溪防線，抗擊 2 萬多日軍，最後全部戰死。徐驤是台灣抗日戰役中參戰最多的義軍領袖，他祖籍廣東，家居苗栗，秀才出身，日軍入侵前的職業是教師。劉永福愛其才，曾勸他撤回大陸，「留為日後大用」。他回答：「生死早置之度外，吾意已決，誓

---

**1** 日本參謀本部編：《攻台戰紀》，許佩賢譯，（台北）遠流出版事業股份有限公司1995年版，第396頁。

與台灣土地共存亡，安能袖手中原，坐視海外之變！」[1]他實現了自己的誓言。10月中，日陸海軍合圍台南，城中斷糧，劉永福感到回天無力，在部將勸告下，於19日夜潛入英國商船「嗲利士」號駛往廈門。日軍進城後，搜不到劉永福，即派軍艦追上英商船，船上中國籍船員掩護劉躲進鍋爐房，倖免於敵手。半年多的台灣抗戰，日軍動用兩個半師團，5萬兵力、26,000夫役和海軍大部艦隻，付出死亡10,841人的代價，這相當於《馬關條約》訂立前9個月日軍在華作戰死亡人數的四倍。

日本用軍事手段殘酷鎮壓台灣民眾的反抗鬥爭，在台灣建立起了殖民統治機構。日本政府任命樺山資紀為台灣總督，1896年3月頒佈《台灣總督府條例》，規定台灣總督為管理台灣的最高軍政首腦，授予獨裁統治的特權。總督府初設民政、陸軍、海軍三局，並設參謀部，以參謀長輔佐總督，並監督各局之業務。4月，日本政府頒佈了第一部統治台灣的基本法《關於在台灣實施法令之法》（即是年的《第六十三號法律》，簡稱《六三法》），明確授予台灣總督頒佈具有法律效力的命令即律令的權力，使台灣總督成為集行政、立法、司法和軍事為一體的獨裁者。1898年11月頒佈《匪徒刑罰令》，規定對反抗日本殖民統治的台灣民眾，輕則施以徒刑，重則處以死刑。根據這一血腥法令，僅1898—1902年短短幾年間，慘遭屠戮的台灣同胞就多達11,900餘人[2]。1911年梁啟超赴台考察，目睹台灣總督的獨裁統治，曾深有感觸地說：「此間百無所有，惟有一總督府耳。總督，天帝也。」[3]

為了強化對台灣民眾的統治，日本殖民當局在台灣建立了嚴密的警察制度。1895年9月、10月，從日本本土招募的各類警察759名分兩批抵

---

**1** 引自呂實強《乙未割台期間台灣紳民所表現的民族精神》，載戚其章、王如繪主編《甲午戰爭與近代中國和世界》，人民出版社1995年版，第716頁。

**2** 中國社會科學院近代史研究所：《日本侵華七十年》，中國社會科學出版社1992年版，第625頁。

**3** 梁啟超：《遊台灣書牘 · 第三信》，《飲冰室合集 · 專集之二十二》，第200頁。

達台灣，開始建立各級警察機構。[1] 根據《台灣總督府警察沿革志》記載，1896年底，全台灣共設17個警察署、31個分署和15個派出所。1898年兒玉源太郎擔任總督後，進一步加強了警察力量，據《台灣治績志》記載，1899年年末，地方警察官吏的員額為警部228人，巡查部長及巡查4,061人，到1901年，增加到警部173人，警部補296人，巡查3,469人，巡查補1,734人，對台灣社會形成了無孔不入、無所不包的警察政治。[2] 日本殖民當局通過建立嚴密的警察制度，對台灣民眾的思想和行動實行無孔不入的鉗制。台灣的行政系統，「總督透過警察與人民相接，以巡查充任稅務、衞生、農政等諸般政事，人民耳目所見之官吏，唯有警察而已」[3]。

甲午戰爭失敗，《馬關條約》簽訂，台灣被割讓，加上賠款2.3億兩白銀，中國的損失超過了以往任何時期，對清朝時期的中國可以說是創巨痛深。學術界一般認為，《馬關條約》的簽訂，是中國淪為半殖民地半封建社會的重要標誌。

甲午戰前，歐美列強不能判斷日本一定取勝，清朝中國還有一個大架子。甲午戰敗對中國造成的影響和災難是空前的。繼琉球、越南之後，朝鮮與中國之間的藩屬關係也被割斷，中國的東亞大國地位為日本所取代，從此淪為一個單純被侵略國的悲慘境地。中國的慘敗，使所有帝國主義者更加看出中國軟弱可欺。日本侵華的得逞，直接助長了列強爭奪中國的野心。國際資產階級輿論抑制不住他們對中華民族的敵視、輕蔑和侮辱，開始把中國稱為「遠東病夫」，甚至說中國「正躺在死亡

---

**1** 台灣總督府警務局編：《台灣總督府警察沿革志》第一編，（台北）南天書局1995年版，第37頁。轉引自李理《日據時期台灣警察制度研究》，鳳凰出版社2013年版，第15頁。

**2** 參見李理《日據時期台灣警察制度研究》，第23、34頁。

**3** ［日］竹越與三郎：《台灣統治志》，（東京）博文館1905年版，第246頁。轉引自陳孔立主編《台灣歷史綱要》，九州出版社1996年版，第340頁。

之榻上」，奄奄待斃。一些侵略者的代言人公開提出「分配這個病夫的遺產」問題，把「瓜分中華帝國」[1]一事提上侵略日程。所謂「中國問題」即帝國主義圍繞爭奪中國而相互矛盾鬥爭，成為遠東國際關係的核心。

甲午戰敗，也是近代中國向下「沉淪」的基本標誌。我們從歷史上看，這時候的中國，除了「沉淪」，看不到任何「上升」的因素。

---

**1** 吉爾樂：《遠東問題》（V. Chirol. The Far Eastern Question, London, 1896），第66、150—151、195頁。轉引自《中國近代史稿》，載《劉大年全集》第五卷，第393頁。

第四章

# 甲午戰後
# 中國形勢與社會各階級
# 對國家命運的回答

# 三國干涉還遼及
# 甲午戰爭前後
# 帝國主義在遠東的角逐

　　《馬關條約》的簽訂在遠東國際政治上引起強烈反應，急於擴張遠東勢力的俄國、德國，聯合法國，結成三國同盟，採取了聯合干涉的行動。

　　《馬關條約》的條款一傳出，俄國認為日本吞併了遼東半島這塊本該屬於它的肥肉，馬上邀請德、法兩國與它採取共同行動，要求日本放棄佔領遼東半島，如果日本拒絕，三國海軍將切斷日本的海上聯繫。1895年4月23日，即《馬關條約》簽字後的第 6 天，三國駐日公使正式向日本外務省提出上述「勸告」。駐日俄國公使希特羅渥、德國公使哥屈米德、法國公使阿爾曼一同來到日本外務省，提交了備忘錄。俄國公使聲稱，日本佔領遼東半島「不僅將經常危及中國首都，且朝鮮之獨立亦成為有名無實。上述情形，將長期妨礙遠東之持久和平」，因此俄國政府「勸告日本國政府確然放棄對遼東半島之領有」[1]。德、法兩國公使的備忘錄也使用了內容相似的措詞。同時，停泊在日本港口的俄國軍艦脫去炮衣，晝夜升火，德、法海軍也有動作，並風傳俄軍 5 萬正準備南下。其時日軍主力在外，國內唱「空城計」，日本政府感到十分緊張，憑實力難以再同三國對抗，便確定了「對於三國縱使最後不能不完全讓

---

**1** 《日本外交文書》，轉引自戚其章主編《中國近代史資料叢刊續編‧甲午戰爭》第十冊，中華書局1995年版，第125頁。

步，但對於中國則一步不讓」[1] 的方針，先找英、美兩國，爭取支持。英、美不願意日本在華勢力過分膨脹，勸日本還是接受三國要求。日本又提出願意在中國給予適當賠償的條件下，只佔金州以南包括旅順，而放棄對遼東半島其他部分的永久佔領。俄、德、法三國不幹，堅持日本必須全部放棄對遼東半島的佔領。在這種情況下，8月5日日本向三國表示接受「勸告」，但又向中國要了3,000萬兩白銀作為「還遼」的「償金」。11月8日，李鴻章與日本代表林董在北京簽訂中日《遼南條約》，並議定專條，按三國與日本事先的約定，日本交還遼東半島，清政府於11月16日前交給日本白銀3,000萬兩作為「報酬」；日軍在款項交清後3個月內撤出遼東半島。

三國干涉還遼不過是列強為了維護各自在華利益進行角逐的結果，主要是俄國與日本企圖侵佔中國東北而進行的一次較量。此後，列強紛紛以「還遼有功」或其他藉口，在中國展開了進一步攫奪租借地、劃分勢力範圍的爭奪。

1 ［日］陸奧宗光：《蹇蹇錄》，伊舍石譯，商務印書館1963年版，第160頁。

# 第二節

# 帝國主義在華劃分勢力範圍
# 與對華資本輸出

甲午戰爭中，日本這樣一個遠東的蕞爾小國，剛剛確立了資本主義制度，剛剛擺脫了西方列強加於它的不平等條約，在不到9個月的戰爭行動中，一舉打敗了老大的中華帝國，使這個帝國在洋務活動中建立起來的具有世界先進水平的北洋海軍全軍覆滅，使它依為干城又使用新式武器的湘淮軍一敗塗地，不得不簽訂割地喪權賠款更為嚴重的不平等條約。這個封建帝國的衰朽一下子暴露無遺了。這時候，正是世界資本主義國家向帝國主義轉變的時候。各帝國主義國家紛至沓來，又勾結又爭奪，除了在經濟上向中國輸出資本、攫取大量權益外，在政治上，則開始了劃分勢力範圍的狂潮。瓜分中國的說法，一時也甚囂塵上。

以直接奪取中國沿海領土作為所謂租借地，來確定其勢力範圍，後期的帝國主義國家德國是始作俑者。德國早就提出要租借山東膠州灣作為德國兵船加煤站。1897年11月，德國利用山東巨野教案，乘機擴大事端，派兵搶佔膠州灣。清政府被迫屈服。1898年3月，中德簽訂《膠澳租借條約》，規定德國租借膠州灣，為期99年；德國取得在山東建造膠濟鐵路及開採膠濟鐵路沿線兩側共30公里內的煤礦等權，以及中國此後在山東開辦各項事務而需外國幫助，必須先徵詢德國人的意見等。這樣，山東就成了德國的勢力範圍。

俄國緊跟德國後面。1897年12月，沙俄艦隊開進旅順口，蠻橫要求租借不凍港口。1898年3月，中俄簽訂《旅大租地條約》，將旅順口、大連灣及附近水面聯通大連灣以北一段陸地租與俄國，租借地內軍事、行政均由俄國管理。同時還取得修築自哈爾濱至大連灣的東清鐵路支路的

讓與權。連同它在1896年《中俄密約》中取得的東清鐵路（又稱中東鐵路）的修築權在內，整個東北地區成了俄國的勢力範圍。第二年，俄國把租借地自行改為「關東省」，設首席行政長官，儼然成了中國東三省的主人。

法國一直在覬覦着雲南、廣東、廣西。1895年6月，通過《續議界務商務專條附章》，法國不僅取得了雲南邊境上的勐烏、烏德（劃歸法國殖民地老撾），還規定開放河口、思茅為商埠，中國在上述三省開礦、修鐵路都要與法國商量。1897年，法國還迫使清政府明確承擔不將中國某一地區割讓給其他國家的義務，來劃定它在華勢力範圍。這年3月，法國強迫清政府向它保證：「永不將海南島讓與任何他國。」這就意味着海南島是法國的勢力範圍。這一辦法很快為其他國家仿效。次年4月，中法互換照會，清政府被迫承認不將「越南鄰近各省」（即雲南、廣東、廣西）「全部或一部讓與他國」，這三省就成了法國勢力範圍。

英國是當時在華攫取利益最多的國家。它不僅在長江流域各省有着雄厚的政治經濟實力，勢力還深入東北、華南及西南地區。1897年2月，中英簽訂《續議緬甸條約附款及專條》，在1894年條約基礎上重新調整中緬邊界，英國奪去原屬中國的一些土地，取得對雲南南碗三角地（勐卯三角地）的「永租權」，並開放西江通商，闢廣西梧州、廣東三水縣城江根墟為商埠。1898年2月，英國又以互換照會的形式，迫清政府「確切保證，不將揚子江沿岸各省租、押或以其他名義讓與他國」，表明了長江流域是英國的勢力範圍。在法國宣佈「越南鄰近各省」為勢力範圍後，英國也要求清政府承諾不將雲南、廣東兩省讓予他國。

在中國同意法國租借廣州灣後不久，英國以法國得了廣州灣威脅香港安全為由，要求租借土地，藉此「保衞」香港。1898年6月9日，清政府被迫簽訂《中英展拓香港界址專條》，把九龍半島今界限街以北、深圳河以南，及深圳灣、大鵬灣水面等租予英國，租期99年，中國只在其中保留了九龍寨城和一條通往新安縣城（治所在今深圳市南山區）的陸

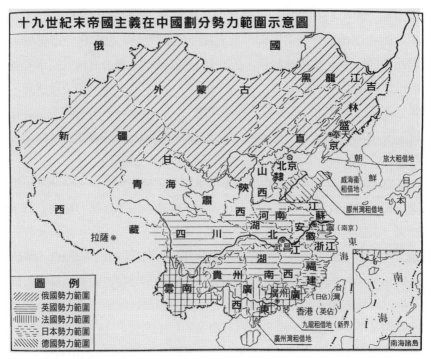

十九世紀末帝國主義在中國劃分勢力範圍示意圖

路。這就是香港「新界」。這個新界，與英國根據《南京條約》霸佔的香港島和1860年搶佔的九龍半島相較，比前兩者總面積還要大11倍，從而使英國在華南地區的勢力得到極大的加強。英國又以俄國租借旅大影響了它的在華利益，「非租借山東之威海衛停泊兵輪，不足以抵制」為藉口，要求租借威海衛。7月1日清政府又被迫簽訂《中英訂租威海衛專條》，將威海衛、劉公島及在威海衛灣內各島和沿岸十英里地方租與英國，租期與「俄國駐守旅順之期相同」。英國還可在東經121°40'以東沿海地方建築炮台和駐兵。

　　已經割佔我國台灣省的日本，在瓜分勢力範圍的狂潮中也不甘落後。它看準了與台灣一水之隔的福建省，1898年4月迫使清政府承認不將

福建省「讓與或租借他國」。福建就這樣成為日本的勢力範圍。

列強在華劃分勢力範圍，既充滿一系列鬥爭，也存在一定妥協。1896年1月，英、法達成協議，在雲南、四川兩省，雙方宣佈共同享有各自已經得到和將要得到的一切權益。1898年9月，英、德兩國達成協議，規定長江流域等地為英國的「利益範圍」，山東等地為德國的「利益範圍」。1899年4月，英、俄兩國政府達成鐵路協議，英國承認長城以北是俄國的勢力範圍，俄國承認長江流域是英國的勢力範圍。

後起的工業大國美國也積極參與爭奪中國權力的鬥爭。1898年正當美國和西班牙戰爭，爭奪菲律賓，美國未能在中國奪得勢力範圍。戰爭結束，美國就關心對中國的利益爭奪。1899年9月、11月，美國政府先後向英、德、俄、法、日等國提出所謂在華「門戶開放」的照會，承認各國在華勢力範圍和特權，也要求各國開放在華的勢力範圍，以使各國有均等貿易的機會，共同宰割中國。有關各國都接受了。美國則藉助這一政策，得到了整個中國市場對其商品的自由開放，它保護了現在的利益，保障了未來的利益，使美國立於一個牢不可破的地位。門戶開放主義的提出成了美國近代外交史上的得意之作。

中國就這樣面臨着被列強瓜分的局面。

甲午戰後，列強對中國的瓜分伴隨着大量的對華資本輸出。當年進入中國的外資，與我們今天的情況有着本質的區別。那時中國被迫與外國訂有不平等條約，僅憑「協定關稅」和「治外法權」這兩條，就使清政府既不能對外資自主徵稅，又不能按中國的法律對其加以約束。列強用資本輸出作為手段，也不僅想在經濟上獲利，更要用它來擴充政治勢力，圖謀佔有和控制中國。

政治貸款是列強向中國資本輸出的主要方式。《馬關條約》規定中國要在三年內償付對日賠款白銀 2 億兩，加上後來的贖遼費3,000萬兩，還有威海日軍駐軍費150萬兩。這對全年收入只有8,000萬兩白銀的清政府來說是根本拿不出的。列強看到這是控制中國、撈取特權的大好機會，

於是爭相承攬借款。1895年5月初，《馬關條約》尚未互換批准書，沙俄外交大臣羅拔諾夫就搶先向清廷駐俄公使許景澄表示：「聞中國擬將借費償付日本，此事俄國戶部已籌良策，有益中國，預備詢商。……特請代達國家，應先商俄國，方見交誼。」[1] 俄國出面拉攏六家法國銀行和四家俄國銀行，組成對華借款銀行團。在沙俄脅迫下，7月6日，許景澄在彼得堡與俄法銀行團簽訂借款合同，總額 4 億法郎，合庫平銀9,900萬兩，年息 4 釐，九四又八分之一折扣（94.125%），以海關收入擔保，36年還清。還同時簽訂了具有條約效力的《聲明文件》，規定中國政府此後決不許他國「辦理照看稅入等項權利，如中國經允他國此種權利，亦准俄國均沾」[2]。同年12月，經沙皇批准，正式成立華俄道勝銀行。俄國財政大臣維特主持銀行的組成工作，其資金大部分來自法國。正如一位俄國外交官供認的，道勝銀行完全是「一個政治和金融的混合機構，事實上不過是俄國財政部的一個稍微改頭換面的分支罷了」[3]。這個銀行從成立的第一天起，就成了沙俄帝國主義侵華的有力工具。就這樣，俄、法以「干涉還遼應有酬勞」為由，搶到了第一筆借款權。這樣一來，俄、法就有權向中國海關增派監督人員，這與一直獨霸中國海關的英國產生了嚴重矛盾。

1896年清政府又開始張羅借錢支付第二期對日賠款，這回英國以「不惜訴諸武力」作威脅，志在必奪。德國上次被俄法給甩了，這次便與英國聯合，由英國匯豐銀行和德國德華銀行合夥，奪得這次借款。金

---

**1** 許景澄：《致總理衙門電》，1895年5月1日、5月24日，《許文肅公遺稿》第十卷，第14頁。

**2** 馬慕瑞：《對華條約集》（J. MacMurray, Treaties and Agree-ments with and Concerning China 1894—1919, New York, 1921），第一卷，第41頁。《聲明文件》的中文約文艱澀難懂，見王鐵崖編《中外舊約章彙編》第一冊，生活．讀書．新知三聯書店1957年版，第630頁。下文所引「辦理照看稅入等項權利」，英文本作「監督、管理中國稅收等項權利」。

**3** 羅申：《外交四十年》（B. Rosen, Forty Years of Diplomacy, London, 1992）第一卷，第198頁。轉引自《中國近代史稿》，載《劉大年全集》第五卷，第394頁。

額為1,600萬英鎊，折銀9,760萬兩，折扣九四，年息 5 釐，36年還清，以海關收入作擔保。借款合同還規定，在借款未付清前，「中國海關事務應照現今辦理之法辦理」，也就是仍由英國人擔任總稅務司，從而鞏固了英國對中國海關的控制。俄、法與英、德為承攬第三次借款，爭得更加激烈，雙方在總理衙門大吵大鬧，威脅要發動戰爭。結果英、德資本再度勾結，在赫德幫助下戰勝俄、法集團。1898年3月《續借英德洋款合同》簽字，借款金額1,600萬英鎊，折銀11,270萬兩，折扣八三，年息4.5釐，45年還清，除關稅作保外，還以江浙等地釐金和湖北等處鹽釐作保。回扣盤剝之重，在國際債務史上是少有的。這樣英、德就進一步控制了清政府的財政。

這三次大借款，共借得30,900萬兩白銀，折扣以後，清政府實得26,200萬兩，還了日本賠款以外，所剩無幾。加上利息，清政府為甲午戰爭賠款差不多要付出六七億兩白銀。這筆巨大的經費，都落入日本和歐洲多國的口袋，幫助他們大大發展了自己國家的社會經濟，卻使中國社會進一步貧困化，使清政府陷入更深的政治困境。日本拿到約35,000萬日元的賠款，相當於當時日本全國四年財政收入，無論政府和民間都感到空前的富裕。這筆巨大收入，70%用於擴充軍備，充實資本主義發展的實力，日本天皇就從中分肥2,000萬日元。反過來，中國的近代化卻窒礙難行，從此外債驟增，每年交付本息2,000萬兩以上，相當於當時一年的全部關稅收入，中國深深地落入國際金融資本的羅網之中。

甲午戰後，政府決定修鐵路、開礦業。1898年8月，成立礦務鐵路總局。中國不僅缺技術，更缺資金，不得不求助外國。這個決定為列強輸出資本提供了有利機會。鐵路投資也成為列強爭奪的焦點。因為得了路權不僅可以有高額的利潤，而且可以控制鐵路沿線的領土及資源，形成政治上的勢力範圍。帝國主義國家爭奪路權，往往發展到爭奪礦權；掠奪礦權有時又發展為掠奪路權。列強這種對中國路礦權益的爭奪，歷史上稱為「利權掠奪戰」，或者「爭奪讓與權之戰」，鬥爭往往達到白熱

化程度。它是這個時期帝國主義侵華的基本特徵之一。

1896年俄皇尼古拉二世行加冕典禮，點名邀請李鴻章前往慶賀。在彼得堡，俄方對李鴻章招待甚殷，使其「顧而樂之，幾忘身在異鄉」。5月初，沙皇祕密接見李鴻章，提出修鐵路問題。6月初，李鴻章與俄外交大臣羅拔諾夫、財政大臣維特代表兩國政府在《禦敵互相援助條約》（即《中俄密約》）上簽字。《中俄密約》涉及修鐵路事：中國應允許在黑龍江、吉林兩省修築鐵路直達海參崴，該路的修築與經營，由中國交與華俄道勝銀行承辦，其詳細合同由中國駐俄公使與華俄道勝銀行商辦。據俄國公佈的檔案資料，李鴻章在談判中還私下收取俄國財政部塞給他的200萬盧布好處費。[1]

《中俄密約》簽訂後，清政府與華俄道勝銀行訂立了《合辦東省鐵路公司合同章程》，設立了名為中、俄合辦，實由俄方包辦的「中國東省鐵路公司」，負責修築和經營西起滿洲里、經哈爾濱，東至綏芬河的中東鐵路，並享有在鐵路沿線任命警察、開採煤礦和興辦其他工礦企業的權利。李鴻章幻想一紙《中俄密約》可給國家帶來「二十年無事」，而事實卻是帝國主義列強對中國的瓜分、強租接踵而來。

俄、德、法三國向中國強行索要了中東鐵路及支線南滿鐵路、膠濟鐵路和滇越等鐵路的築路權。盧漢鐵路（盧溝橋至漢口，即京漢鐵路）是貫通中國南北的大幹線，清政府於1896年開始籌劃建設，預計經費需銀5,000萬兩。當時國家被對日賠款壓得喘不過氣，根本沒有錢建鐵路，所以打算借洋款，以路作抵押，邊借邊修。消息一出，美、英、德等國公司紛紛前來競爭。美國公司的條件太苛，清政府對英、德又有疑

---

1 俄國是否賄賂李鴻章，一直眾說紛紜。俄國財政大臣維特在他的回憶錄中否認有此事。俄國外交部的一個副司長沃爾夫卻持肯定態度，他說，李鴻章同維特在條約上簽字後，還在口袋裏裝上200萬盧布回到北京。羅曼洛夫在1928年出版的《俄國在滿洲》一書中，根據俄國財政部的檔案指出，維特曾向李鴻章面允300萬盧布的賄賂，但當時並未付款，直到1897年初才在上海交付100萬盧布。

懼，看中了小國比利時的一家鐵路公司，這家公司的大股東卻是俄國和法國。盧漢鐵路的承造權和經營權就落入俄、法集團的手裏。因盧漢鐵路插入長江流域，引起了英國的強烈反彈，為了截斷俄國勢力的南下，英國逼迫清政府把山海關至牛莊鐵路的借款權給了它，接着又以「補償」為名，要求開築關內的五條鐵路：即津鎮鐵路（天津至鎮江）；浦口、河南、山西鐵路；浦信鐵路（浦口至信陽）；廣九鐵路（廣州至九龍）；蘇杭甬鐵路（蘇州至杭州、寧波）。德國見英國要築的津鎮鐵路經過其勢力範圍山東，於是也加入爭鬥。清政府見誰都惹不起，只得把津鎮鐵路的借款權和承築權給了英、德，其他四條鐵路則統統歸了英國。英、德之間又以兩國共同分割在非洲的殖民地來擺平，雙方議定：津鎮鐵路的天津至山東南境段由德國承築，鎮江至山東南境段由英國承築，全線竣工後由雙方共同經營。美國早對津鎮鐵路有意，眼看被英、德所佔，很不甘心，而清政府也覺得在列強瓜分狂潮中，應該給美國勢力一席之地，以為牽制。於是雙方簽訂了借美款開築粵漢（廣州至漢口）鐵路的合同。據統計，甲午戰後至1914年，列強在中國境內共取得59項鐵路的修築權與借款權，全長約3萬多公里，幾乎遍佈全國各省。

列強在中國佔有路權時，也在掠奪礦權。俄、德、法等國攫取的築路權中都包含有在鐵路沿線開礦的權利。除此之外，1896年美國首先與中方合辦京西煤礦，接着又取得了山西平定、孟縣煤礦和四川麻哈金礦的開採權。德國資本則進入直隸西山天利煤礦。英國公司與山西省訂立了出資開採孟縣等五府縣的煤、鐵礦的合同，又取得了四川全省及河南懷慶左右、黃河以北的礦產開採權。俄國取得新疆全省的金礦開採權。法國也先後取得四川灌縣、犍為、威遠、綦江、合州、巴縣煤鐵礦和全省金礦的開採權。據統計，甲午戰後至1912年，列強掠奪中國礦區的條約、協定、合同約42項，全國大部分地區的礦權都被它們所攫取。

洋務派以「求強求富」為目的發動的洋務自強活動，經過30多年的時間，被甲午戰爭的失敗證明它是不成功的，歷史發展已判定它的破

產。這就迫使中國朝野，不得不進一步思考中國的出路。

# 民族資本主義的
# 初步發展

　　甲午戰敗及爾後引起的瓜分狂潮，對中華民族在物質上和精神上的傷害、刺激實在是太大了。它使國人突然感覺到了亡國危機迫在眼前，引起了社會各階級對國家命運的思考和回答。反映在清朝統治階級方面，首先出現的是經濟政策的變化。

　　《馬關條約》有「日本臣民得在中國通商口岸任便從事各項工藝製造」的規定，這是《南京條約》以來第一次提出這樣的規定。由於最惠國待遇，各國都可享受這個條件。這表明，中國從條約上接受列強可以在中國合法設廠製造。清政府不得不改變以往不鼓勵國內發展工商業的政策。條約簽訂後第三天，光緒皇帝下詔，表示「嗣後我君臣上下，惟期堅苦一心，痛除積弊，於練兵籌餉兩大端盡力研求，詳籌興革」[1]。官僚紛紛上疏言事，認為中國積貧積弱是戰敗的根本原因，有人還對戰前的自強「求富」效果不佳進行了檢討。兩廣總督劉坤一對以往官辦、官督商辦的工商業政策大加批評，說「無事不由官總其成，官有權、商無權」，「招股之事迭出，從未取信於人」[2]。兩江總督張之洞則指責「但有徵商之政，而少有護商之法」[3]。面對戰後巨額賠款造成的財政危機，

---

**1** 光緒二十一年四月上諭，《光緒朝東華錄》第四冊，中華書局1984年版，總第3594頁。

**2** 劉坤一：《請設鐵路公司借款開辦摺》，載《劉坤一奏疏》第二冊，岳麓書社2013年版，第965頁。

**3** 張謇：《代鄂督條陳立國自強疏》，載《張謇全集》第一冊公文，上海辭書出版社2012年版，第22頁。

面對外國資本輸入，大量利權喪失，眼見「中國欲借官廠製器，雖百年亦終無起色」的事實，清政府不再堅持發展官辦或官督商辦企業，而是轉向鼓勵發展民間私營工商業的「恤商惠工」政策。

1896年清政府設立農工商總局，並要求各省設立商務局，凡農工商務「著一體認真舉辦」。在修築鐵路方面，政府終於採納了商辦的建議，「凡有富商集股千萬兩以上者均准立公司，一切贏絀官不干預，如成效可觀，政府予以獎勵」。對於民間申請開礦辦廠，政府明令給以支持和保護。在湖北、福建、兩廣、雲貴、山西、安徽等地，一批民營礦山陸續開業。在當時開辦的民營工商企業中，較著名的有：甲午狀元張謇在南通創辦的大生紗廠、華僑張振勳在山東煙台創辦的張裕釀酒廠、商人樓景暉在浙江蕭山創辦的合義和絲廠、夏粹芳等在上海創辦的商務印書館、祝大椿在上海創辦的源昌碾米廠、官紳王先謙等在長沙創辦的和豐火柴廠，等等。1897年戶部奏准成立中國通商銀行，由盛宣懷主持，這是中國第一家商業銀行，該行「權歸總董，利歸商股」，一切組織管理及營業規則，皆參照外國銀行成例，商款商辦，官不加干預。清政府還將洋務自強運動中開辦的效益不佳的官營企業加以改組，招商承辦，湖北鐵廠等一批企業先後改為官商合辦或商辦。由於政府政策的調整，甲午戰後中國民族資本主義出現了第一次發展勢頭。

據統計，1858—1911年的53年間所設立的資本在1萬元以上的民用工礦企業有953家，創辦資本總額為 2 億多元[1]；1901—1911年的10年間就設立了650家，資本總額為1.4億多元，各佔總數的2/3強。也就是說，這10年是此前43年的兩倍多。清末最後10年，尤其是1905—1910年，出現了一個投資興辦工礦企業的高潮；就企業經營的性質而言，商辦企業無論在數量上，還是在創辦資本額上，都佔有絕對的優勢。發展較快的主

---

[1] 杜恂誠：《民族資本主義與舊中國政府》，上海社會科學院出版社1991年版，第29—31頁。

要有紡織業、繅絲業、麵粉業、火柴業、水電業、機器業和礦冶業等部門。

從有關統計資料看，以1901—1911年為限，紡織業方面，包括紡紗業、織染業、軋花業、織麻業、呢絨業、絲織業及其他紡織業，共設廠82家，約是此前60年的 3 倍，創辦資本總額13,321千元，略多於此前60年的總和。繅絲業方面，共設廠70家，是此前60年的1/2強，創辦資本總額5,569千元，約是此前60年的1/2。麵粉業方面，共設廠53家，約是此前60年的5倍，創辦資本總額7,868千元，是此前60年的7倍多。火柴業方面，共設廠28家，是此前60年的3倍多，創辦資本總額1,300千元，約是此前60年的3倍。水電業方面，共設廠60家，是此前60年的30倍，創辦資本總額38,138千元，是此前60年的381倍多。機器業方面，共設廠20家，是此前60年的2倍多，創辦資本總額3,521千元，是此前60年的10倍多。礦冶業方面，包括燃料等採掘業和金屬採掘及冶煉，共設廠73家，比此前60年略多，創辦資本總額22,729千元，比此前60年略少。

鐵路與輪船航運業也有一定的發展。據統計，1903—1907年，全國各省共設立鐵路公司16家，到1911年，各鐵路公司共集股額近6,000萬元，約佔預籌股額總數的30%，其中粵路、川路達到75.7%、78.4%，浙路甚至高達154.2%，總計各省鐵路公司建成的鐵路有422公里。[1]

中國自己的民族輪船航運業在列強侵略勢力的夾縫中艱難地生長，在20世紀初也有一定的發展。據統計，中國開設的資本1萬元以上的輪船公司，1860—1900年的40年間有74家，創辦資本總額為2,739千元，1901—1911年的10年間有138家，創辦資本總額為14,507千元。[2]據該書附錄《歷年所設本國民用工礦、航運及新式金融企業一覽表（1840—

---

**1** 《各省鐵路公司一覽表》《各省鐵路公司集股情況表》《各省鐵路公司築路情況表》，見宓汝成編《中國近代鐵路史資料》第三冊，第1147—1150頁。

**2** 杜恂誠：《民族資本主義與舊中國政府》，第477—501頁。

1927）》的航運業部分統計。在設立數量方面，後者約是前者的 2 倍；在創辦資本總額方面，後者是前者的 5 倍多。又據歷次海關十年報告統計，1900年，中國有輪船517艘，總噸位18,215噸，1911年增加到901艘和90,169噸[1]，分別增長72.3%和395%。雖然從根本上無法與外國在華輪船航運業相比，但中國自辦輪船航運業的發展速度還是較快的。

在國內貿易方面，據研究估計，19世紀90年代中國產品的國內流轉額比19世紀80年代增長了63.9%，進入20世紀後，每十年的遞增率更上升到70%以上。[2] 國內貿易的發展速度也不小。

20世紀初，在外國侵略勢力的壓力下，中國被迫進一步對外開放，通商口岸（含自開）從1894年的34個增加到1910年的82個。[3] 這些通商口岸便逐漸成為重要的商業中心，其中尤以上海、廣州、漢口、天津、大連等沿江沿海城市發展較為迅速。據統計，1909—1911年，這 5 個港口城市的外貿額佔全國對外貿易總值的67.7%，其中上海佔44.2%。[4] 上海是當時全國最大的商業中心，漢口是長江中游的商業貿易中心。

學者研究，1911年前，商辦工業已經發展成為中國資本主義工業發展的主力。這個時期，資本主義工業企業發展的特點是產業結構頗不平衡，輕工業資本佔總額的43.2%，輕工業中又以棉絲紡織業和麵粉及食品業為主，佔輕工業資本總額57.7%。重礦工業薄弱，機器和船舶修造業更顯得落後。就單個企業資本平均數來說，平均數為22.9萬元，顯得企業規模過小，不過是小企業的資本水平。從地區分佈看，多分佈在沿海沿江省份。其中上海佔全國企業總數896家的18.9%，江蘇佔11.9%，廣東佔

---

**1** 《中國所有輪船統計》，見嚴中平等編《中國近代經濟史統計資料選輯》，科學出版社1955年版，第227頁。

**2** 參見黃逸峰、姜鐸、唐傳泗、徐鼎新《舊中國民族資產階級》，江蘇古籍出版社1990年版，第81頁。

**3** 《商埠》，見嚴中平等編《中國近代經濟史統計資料選輯》，第44—46頁。

**4** 《五大港在對外貿易總值中所佔的比重》，見嚴中平等編《中國近代經濟史統計資料選輯》，第69頁。

11%，湖北佔10.5%，浙江佔9.4%，5 省合計佔全國企業總數的61.7%。[1]

伴隨着中國資本主義工商業的初步成長，是中國資產階級的出現。學者依據不同的資料推算，1911年前中國資產階級在 6 萬—10萬。這大體上可以看作這個時期中國資產階級的一個基本的數量概念。從資產階級的結構看，買辦資產階級約佔總數的7%。官僚資產階級這時為數很少，絕大部分是民族資產階級，約佔總數的93%。從產業來看，產業資產階級和金融資產階級分別佔總數的6%、8%，商業資產階級則佔86%。從資本額看，大資產階級只佔少數，中等資產階級居中，小資產階級佔絕大多數。[2]

1903年，清政府頒佈《商會簡明章程》，推動了商會的組織。上海率先組成上海商務總會，天津、蘇州相繼成立商會。1911年全國各省成立的大小商會已有835個，這還不包括海外華僑商會。商會是資產階級的階級組織，它的產生和普及，大大推進了資產階級的組織形態，推動了資本主義的社會整合。商會的成立，表達了資產階級的政治參與意識有所加強，是資產階級的階級意識生成的標誌。

資產階級的出現和資產階級的階級意識形成，是近代中國社會的「上升」因素。由於資產階級構成中小資產階級居於絕大多數，表現出資產階級的階級力量弱小，又表現出這個弱小的階級力量在政治上的軟弱。這個階級力量弱小和政治上軟弱，在這個階級的政治代理人身上都有明顯的表現，反過來，它又制約了這個時期的「上升」因素力度不是很大。我們從戊戌變法中可以看出來，從辛亥革命中也可以看出來。

1 參見虞和平《20世紀的中國——走向現代化的歷程（經濟卷1900—1949）》，人民出版社2010年版，第72—77頁。
2 參見虞和平《20世紀的中國——走向現代化的歷程（經濟卷1900—1949）》，人民出版社2010年版，第80—84頁。

# 孫中山等革命派的
# 早期革命活動

　　伴隨着民族資本主義的發展，一個年輕的階級——中國資產階級開始登上歷史舞台。與民族危機共生的特點，迫使它一出世就必須迅速對國家的命運做出自己的回答。在中國特殊的社會環境下，資產階級的經濟基礎非常薄弱，但由於國難和西方政治經濟學說的輸入，它思想領先、行動急促地展開了以救國為中心的政治運動。資產階級政治運動分成體制內改革和體制外革命兩種途徑，前者我們習慣地叫它維新派或改良派，後者則叫革命派。革命派的領袖就是孫中山。

　　孫中山，名文，字德明，號逸仙。因流亡日本時曾化名中山樵，後來人們便稱他為孫中山。孫中山1866年11月12日出生於廣東省香山縣（今中山市）翠亨村的一個貧寒農民家庭。他哥哥孫眉出洋謀生，在夏威夷逐漸發展成為一個農場主。孫中山九歲入村塾讀書。1879年孫中山隨母親到哥哥處，在夏威夷讀中學，接受英文教育。海外生活使他「始見輪舟之奇、滄海之闊，自是有慕西學之心，窮天地之想」[1]。後來孫中山又到香港繼續求學，1892年畢業於香港西醫書院，獲醫學碩士學位，在澳門、廣州掛牌行醫，成為一名在當時具有先進科學知識和政治思想的新青年。1894年，滿懷愛國熱情的孫中山和朋友陸皓東、陳少白一起給直隸總督兼北洋通商大臣李鴻章寫了一封長信，認為「歐洲富強之本，不盡在船堅炮利、壘固兵強，而在於人能盡其才，地能盡其利，物

---

[1] 孫中山：《覆翟理斯函》（1896年11月），載《孫中山全集》第一卷，中華書局2011年版，第47頁。

能盡其用，貨能暢其流」，認為這才是「富強之大經，治國之大本」。他批評國內開展的洋務活動是「捨本而圖末」[1]。信寫好後，孫中山又和陸皓東專程從廣東到天津，託人求見，未得李鴻章理睬。上書失敗，孫中山了解了清政府的腐敗，決心以革命手段推翻清政府。

甲午戰爭爆發，中國連吃敗仗。孫中山來到夏威夷，在華僑中作宣傳，漸漸聚集了20多位同志。1894年11月24日，一個革命小團體——興中會在夏威夷首府火奴魯魯成立了。孫中山起草的《興中會章程》這樣寫道：「方今強鄰環列，虎視鷹瞵，久垂涎於中華五金之富，物產之饒，蠶食鯨吞，已效尤於接踵，瓜分豆剖，實堪慮於目前。有心人不禁大聲疾呼，亟拯斯民於水火，切扶大廈之將傾。」危機的原因，在於「庸奴誤國，荼毒蒼生，一蹶不興，如斯之極」。章程明確指出，設立興中會的目的，就是為了「振興中華」。誓詞中提出了「驅除韃虜，恢復中國，創立合眾政府」的革命綱領。[2] 這個綱領大體上就體現了孫中山後來提出的三民主義中的民族主義和民權主義。

興中會成立後，立即開展活動，在夏威夷、香港、廣東等地發展組織，籌集經費，積極準備武裝起事。孫中山的好友陸皓東、陳少白、鄭士良、楊鶴齡等人入會，成為骨幹分子。他們在香港設立總部，計劃襲取廣州，然後以廣東為基地，向北進軍。經過半年的準備，興中會買到600支手槍，聯絡廣東的一些會黨、綠林和防營，決定在1895年10月26日重陽節，趁群眾登高、掃墓回城之時，潛入城內，爆炸兩廣總督署，佔領廣州城。陸皓東還為起義設計了一面以青天白日為圖案的旗幟。不料26日晨，香港方面來配合的人員和武器沒能準時到達。孫中山立即要香港方面停止行動。廣州方面兩廣總督譚鍾麟也得到密報，派兵包圍了王家祠起義機關，陸皓東被捕。27日香港船到廣州，朱貴全等40餘人和

---

**1** 孫中山：《上李鴻章書》（1894年6月），載《孫中山全集》第一卷，第8頁。
**2** 《檀香山興中會章程》（1894年11月24日），《孫中山全集》第一卷，第19頁。

1896年孫中山斷髮改裝後
攝於美國

600支手槍均被清軍查獲。起義失敗了。陸皓東、朱貴全等人犧牲,孫中山、楊衢雲、鄭士良等逃過緝捕,撤往香港。香港方面禁止孫等入境,孫中山便東渡日本,在橫濱結識了開文具店的華僑馮鏡如、馮紫珊兄弟,在他們的支持下成立了興中會橫濱分會。孫中山剪了辮子,穿上西裝,決心革命到底。次年,他又赴美國、英國進行宣傳活動。

清政府把孫中山視為叛逆要犯,命令駐外使領館密切注意其行蹤,相機緝拿,同時僱了大批暗探在海外偵察。1896年10月11日上午,孫中山從倫敦住所出來,去看望他的老師康德黎。路上被清政府駐英公使館人員劫持進了公使館。在扣留期間,駐英公使龔照瑗用7,000英鎊租了

條輪船，打算幾日內把孫中山塞進木箱，祕密運回中國。關在使館三樓小室的孫中山想方設法與外界聯繫，終於託一位英籍清潔工人把求救信送到康德黎手中。康德黎等人得知消息後，立刻向倫敦警察總部報案，並採取緊急救援行動。他們一方面試圖通過媒體披露此事，以取得輿論力量的同情；另一方面又請求英國外交部出面干預，以得到政府勢力的支持。經過康德黎等人的多方活動，10月22日晚，英國外交部向清使館發出最後通牒式的照會，施加外交壓力，要求立即將孫中山釋放；幾乎與此同時，有一家名為《環球報》的晚報連夜迅速刊印號外，正式披露孫中山被清使館綁架的信息，使倫敦輿論界一片嘩然。迫於各方面的壓力，清使館不得不無條件釋放孫中山。[1] 孫中山用英文發表了《倫敦蒙難記》一文，使「革命家孫逸仙」的名聲傳遍世界，清政府的暗算陰謀反而變得不好下手了。孫中山在倫敦住了約一年，每天到大英博物館閱覽室看書，研究西方政治、經濟學說，考查歐洲社會實際情況，探求救中國的方案。他的三民主義思想理論體系就是在這個時候開始孕育的。

倫敦蒙難，堅定了孫中山從事反清革命的決心。1900年在廣東惠州，孫中山組織了第二次反清武裝起義。得到日本人幫助，又與菲律賓獨立軍代表彭西商定，借用獨立軍買下的一批軍械，10月6日，起義在惠州三洲田爆發，首戰告捷。鄭士良率領起義軍多次擊敗清軍，但因為得不到接濟，陷於槍械彈藥告竭的困境。惠州起義軍很快就被清軍鎮壓下去。鄭士良等人逃到香港。隨後，史堅如、鄧蔭南等人在廣州謀炸廣東巡撫署兩廣總督德壽，結果雖然炸塌了督署圍牆，但並沒有炸死德壽。史堅如被捕就義，成為繼乙未廣州起義時犧牲的陸皓東之後「為共和殉難之第二健將」[2]。

孫中山及興中會發動的第二次反清武裝起義雖然失敗了，卻產生不

**1** 參見[澳]黃宇和《孫逸仙倫敦蒙難真相》，上海書店出版社2004年版，第1—32頁。
**2** 《建國方略‧有志竟成》，載《孫中山全集》第六卷，第235頁。

可低估的影響。它不僅進一步強化了孫中山革命領袖地位，如時人所謂「孫逸仙者，近今談革命者之初祖，實行革命者之北辰」[1]；而且極大地促進了廣大人民群眾的覺醒與革命思想的傳播，正如孫中山所自述：「惟庚子失敗之後，則鮮聞一般人之惡聲相加，而有識之士且多為吾人扼腕歎息，恨其事之不成矣。前後相較，差若天淵。吾人睹此情形，中心快慰，不可言狀，知國人之迷夢已有漸醒之兆。……有志之士，多起救國之思，而革命風潮自此萌芽矣。」[2] 眾望所歸的革命領袖的出現，人民群眾的覺醒，革命思潮的萌發，預示着一個革命新時代的到來。

1 黃中黃譯錄《孫逸仙‧自序》，載《辛亥革命》第一冊，第90頁。
2 《建國方略‧有志竟成》，載《孫中山全集》第六卷，第235頁。

## 第五節

# 康、梁發起的維新運動
# 及其失敗

甲午戰爭失敗，奇恥大辱，震動了正在密切關注中國前途命運的知識分子。譚嗣同的一首詩深刻反映了當時知識分子的痛苦心態：

> 世間無物抵春愁，合向滄溟一哭休。
> 四萬萬人齊下淚，天涯何處是神州？[1]

在孫中山等少數志士從事革命活動之初，國內資產階級救國運動的主流還是選擇了推動政治改良的道路。維新派的領袖人物是康有為和他的學生梁啟超。

康有為又名祖詒，字廣廈，號長素，1858年生於廣東南海一個官僚家庭，人稱南海先生。他自幼熟讀經書，先秦諸子、漢宋以來的重要著作，康有為都系統閱讀，有些著作出口成誦。面對外患日甚、國勢衰微、朝政腐敗的現實，漸漸對那些古老的經典產生了「究復何用」的懷疑。康有為到過香港、上海等地，「薄遊香港，覽西人宮室之瑰麗，道路之整潔，巡捕之嚴密，乃始知西人治國有法度，不得以古舊之夷狄視之」[2]，乃復閱《海國圖志》《瀛寰志略》等書，購地球圖，漸收西學之書，「益知西人治術之有本……自是大講西學，始盡釋故見」[3]。

---

1 譚嗣同：《題江建霞東鄰巧笑圖詩》，載蔡尚思、方行編《譚嗣同全集》（增訂本）上冊，中華書局1981年版，第276頁。
2 樓宇烈整理：《康南海自編年譜》（外二種），中華書局1992年版，第9—10頁。
3 樓宇烈整理：《康南海自編年譜》（外二種），中華書局1992年版，第11頁。

康有為（1858—1927）　　　　梁啟超（1873—1929）

　　1888年他去北京參加舉人考試，有感於中法戰爭的失敗，「朝廷宴安，言路閉塞，紀綱日隳」，樞臣「未聞上疏謝罪」，「而徒見萬壽山、昆明湖土木不息，凌寒戒旦，馳驅樂遊」，激憤中給皇帝寫了封5,000字的信，痛陳列強環伺的險境，要求皇帝引咎罪己，「變成法，通下情，慎左右」[1]，幡然圖治。一個秀才竟敢上書橫議朝政，而且言辭又如此激烈，誰會把他的上書轉遞皇帝呢？！

　　第一次上書失敗後，康有為在廣州與一位研究今文經學的學者廖平反覆探討今文經學和古文經學，受到很大啟發。今古文之爭本是經學中的學派之爭。今文經學講究「微言大義」，「通經致用」，以今文經

---

**1** 康有為：《上清帝第一書》，《康有為全集》第一集，中國人民大學出版社2007年版，第182頁。

學向古文經學發動進攻，從根本上否定傳統經典教條。康有為從這裏出發，創建和完善自己的思想學術體系，為了將來有機會從事變法圖強事業提供理論上的支持。

康有為在今文經學的「三統說」和「三世說」上做文章。「三統說」的原意為：每一個朝代都有一個「統」，「統」是受之於天的。舊王朝如違背天命，就應由新王朝「承應天命」，以新「統」取而代之，按新「統」制定典章。夏、商、周三代，分別為「黑」、「白」、「赤」三統，其制度各有因革損益，非一成不變。後世亦將照此「三統」周演下去。這是一種歷史循環論的觀點。康有為避開「三統說」的循環論，而着重強調它的「因革損益」、「因時制宜」原則，這就為變法維新製造了合理根據。「三世說」源於《春秋公羊傳》，春秋的歷史分作「據亂」、「升平」、「太平」三個階段。這是一種樸素的歷史進化論。康有為用這個舊套子填進了自己的進化史觀和改革主張，認為「孔子撥亂升平，託文王以行君主之仁政，尤注意太平，託堯、舜以行民主之太平」[1]。這就是描繪了由君主而君民共主而民主，也就是由專制而立憲而共和的社會發展規律。他說春秋那時候，其實沒有升平世，更沒有太平世，堯舜之治不過是孔子改造社會的理想而已，以往幾千年的中國歷史基本上是一部「據亂世」的歷史，現在我們應該為建立「君民共主」的「升平世」（即「小康」）社會，將來才能漸入「太平世」（即「大同」）社會。這就為變法維新確立了思想理論體系和行動綱領。

康有為把自己的這一套理論打扮成百分之百的「孔子聖道」。他提出了一個驚人論斷。今文經學是孔子經學正宗，古文經學是王莽、劉歆偽造。他說長期佔統治地位的古文經學，其實是東漢王莽篡權的時候，由劉歆偽造的貨色，那根本就不是孔子的真經，而是「偽經」，真正的孔子聖道是飽含「微言大義」的今文經學。康有為又尋章摘句，引經據

---

**1** 康有為：《孔子改制法堯舜文王考》，載《康有為全集》第三集，第150頁。

典，把孔子塑造成為偉大的改革家、變法維新的光輝先驅和倡導者，把資產階級的民權、議院、選舉、民主、平等等都附會在孔子身上，說是孔子所創[1]，他自己則當然是孔子事業的忠實繼承人。

關於「太平世」社會的構想，他融和自己所知道的中西古今所有美好理想，把這個未來世界設計為沒有國界、沒有族界、沒有家庭和私有制，男女由愛情而結合、老幼皆享公養、人人從事勞動，政府由民眾選舉的「大同」社會，並草成一部祕不示人的書稿，即《人類公理》。

為了傳播自己的思想理論，1891年康有為在廣州長興里辦了一所學校，題名「萬木草堂」。萬木草堂的很多學生後來成為康氏變法維新的得力助手，其中最突出的便是梁啟超。

梁啟超，字卓如，號任公，1873年生於廣東省新會縣一個普通農民家庭，由於他聰明過人，12歲考中了秀才，17歲又中舉人，成了遠近聞名的神童。入萬木草堂時，梁已是舉人，而老師康有為還是秀才，但康有為變法維新的思想理論使他折服。在萬木草堂裏，康氏師生日夕講中外之故，研救國之法，思想解放、議論大膽、顯得生動活潑。在讀書的同時，學生們還協助老師搜集資料，整理思想，著書立說。不久康有為的著作《新學偽經考》便問世了，接著又撰寫了《孔子改制考》。這兩部書集中了康有為的變法理論，立論有膽有魄，觀點新奇怪異，抨擊乾嘉漢學所依據的儒家經典並不可靠，「新學」者，謂新莽之學。康有為認為清儒所誦曰漢學，其實是新代之學，非漢代之學，以釜底抽薪的手法否定正統學說的權威。《新學偽經考》的價值不在於學術層面，它的價值主要在於康有為給他的變法理論提供一種歷史的和哲學的依據。此書一出，便立即遭到清政府的查禁和毀版。

1895年4月，康有為正帶着梁啟超等幾個學生在北京參加會試，《馬關條約》的消息傳來，便立即向清政府發起請願。康有為囑咐他的

---

1 湯志鈞：《戊戌變法史》，人民出版社1984年版，第89頁。

弟子梁啟超去發動各省舉人聯名上書清廷，阻止條約的批准。各省來京應試的舉人會聚都察院門口，請求都察院把他們的意見轉奏皇帝。都察院門口擠滿各省聯名上書的舉人，「章滿察院，衣冠塞途，圍其長官之車」。台灣省籍的舉人羅秀惠等人更是捶胸頓足，垂涕而請命，痛陳台灣民眾正向着京師慟哭，請求清政府不要拋棄台灣的土地，不要使百萬台灣民眾成為大清王朝的棄兒，聞者「莫不哀之」[1]。

他們又聯絡 18 省舉人 1,300 多人在明代烈士楊繼盛的故居松筠庵集會，康有為在會上發表了慷慨激昂的演說，被推舉起草請願書。他在請願書中要求皇帝下「罪己詔」，承擔責任，激勵天下。又提出「拒和」、「遷都」、「練兵」、「變法」四項主張，強調前三項是「權宜應敵之謀」，只有變法才是「立國自強之策」。梁啟超和同學麥孟華將老師的草稿謄寫後，徵集簽名，於 5 月 2 日再次集合眾人到都察院遞交請願書。因《馬關條約》已經皇帝蓋章生效，上書被拒絕接受。自古進京會試舉人習稱「公車」，這次請願事件被稱為「公車上書」。雖然沒有成功，意義卻不小。它不僅提出了維新變法的主張，而且採取了政治集會、聯名請願這種西方近代民主鬥爭的形式，演成了中國近代歷史上第一次學生愛國民主運動，對整個社會造成了巨大的影響。儘於甲午戰敗後舉國激憤的情勢，清政府沒敢採取鎮壓手段對付學生，這便在專制政治的鐵壁上開了條小縫隙，使以知識分子為先導的政治改革活動似乎獲得了某種合法性，於是言時務、談西學、論變法很快成為一種社會時尚，維新運動的序幕拉開了。

「公車上書」後不久，會試發榜，康有為中進士，獲授工部主事。梁啟超因答卷過於鋒芒畢露，沒有被守舊的主考官錄取。康有為無心上任，又連着兩次上書，其中一次終於遞到光緒皇帝手上。這位不甘做「亡國之君」的年輕皇帝，此時正為幾天前被逼在《馬關條約》上「用

---

1 樓宇烈整理：《康南海自編年譜》（外二種），第26頁。

寶」（蓋皇帝印璽），而萬分懊惱。讀了康有為的上書，他很受啟發，便命令轉發各省議處。這樣一來，在清政府的高級官員中間，也有公開表示支持和贊助維新活動的人了。康有為趁勢在北京發起成立了一個組織，名曰「強學會」，參加的人中有不少名士高官，如光緒皇帝的近臣、翰林院侍讀學士文廷式，軍機處章京陳熾，刑部郎中沈曾植，還有袁世凱等。學會書記員由梁啟超擔任。梁的主要任務是創辦一份報紙。

中國社會只知有刊載上諭、奏摺之類的官報和外國在租界裏辦的外報，由國人在民間辦報，雖在廣州、上海等地有過嘗試，卻幾乎不為社會所重視，而在首都北京則更屬史無前例。梁啟超和幾個年輕人靠募集來的一點資金，自撰自編，很快便辦出了一張雙日小報，取名《萬國公報》（後改為《中外紀聞》）。這張小報用木版印制，來不及時也用泥坯代印，每期除刊登梁啟超寫的一篇論說外，還刊載國內外新聞和外國報章譯文，介紹西方政經、科技等情況。因沒有訂戶，也無發行機構，主辦者只得花錢請人將報紙隨官報白送給各戶官宅。這些官家還以為是甚麼陰謀傳單，對送報人怒目而視，後來即便多給酬金，也無人敢代送了。很快，《中外紀聞》和強學會一起被守舊官員彈劾，遭到了查封。雖然如此，這份小報卻是中國民間人士自己發表政論的開端，也是梁啟超平生新聞事業的第一步，他發現辦報是「廣求同志，開倡風氣」的最好途徑。

1895 年底，康有為將維新活動向上海轉移。在代理兩江總督張之洞的支持下，大型而正規的《時務報》於次年在上海創刊。梁啟超擔任主編。《時務報》雖叫報，實為雜誌，每旬出一冊，每冊二十餘頁，裝印精美，闢有「論說」、「論摺」、「京外近事」、「域外報譯」等欄目。除梁啟超外，主持人還有黃遵憲和汪康年，前者是位剛調回國內的外交官，後者是張之洞的僚屬。梁啟超這樣描述自己當時的工作情景：每期為報紙寫論說四千餘言；東西文各報兩萬餘言稿件，由他來潤色；報紙一切奏牘告白等項，歸他編排；全本報章，歸他覆校。十日一冊，每冊三萬字，

經啟超自撰及刪改者幾萬字，其餘亦字字經目經心。六月酷暑，獨居一小樓上，揮汗執筆，日不遑食，夜不遑息。

一年多的時間，梁啟超在《時務報》上發表近40篇文章。這些文章大受讀者的歡迎，《時務報》在國內70縣市及港澳、日本、新加坡等地開設了100多個分銷處，發行量達1.2萬份，梁啟超的名字一下子轟動了海內外。

梁啟超的文章造成了轟動效應。他藉報紙充當了維新派面向國內外大眾的首席發言人。梁啟超得以利用近代西式大眾傳播工具報刊，將「變法圖存」的救時主張迅速、廣泛地與人民直接見面，其能量和作用就大大超越了前人。隨着《時務報》大量發行，作為維新運動的「喉舌」，梁啟超聲名鵲起，社會上許多人聽說過康有為上書皇帝的事跡，而第一次讀到的變法宏論卻是梁啟超的文章，康、梁由此齊名天下。藉辦報，梁啟超創造了一種新的文體。這種文體從《時務報》時期開始面世，到後來的《新民叢報》時期達到頂峰，使他的文章帶有神奇的魔力。中國的傳統書面語是以文言作文，脫離口語，表達思想很不容易，接受領會更為困難。特別是明中葉以後，八股文盛行，寫文章每一句都必須按固定的格式，字數也有限制，一篇文章一般不能超過千言。這種千篇一律、空洞無物的文字遊戲把國文帶進了死胡同，坑害了無數青年。梁啟超則把八股文拋在一邊，為了使自己的維新思想能夠駕着激越的文字縱情馳騁，他主張言文一致，文體解放。在他的文章裏，無論古今中外雅俗，一切有生命的語言都被自由地運用，使筆端生動形象，平易暢達，飽蘸感情，令讀者讀後無比痛快、激動。為了能夠深刻、透徹地表述思想，他的文章在結構上不拘一格，有的文章篇幅雖大，卻邏輯性強，令讀者難以釋手。他還非常善於設計文章的開頭和結尾，時而起語突兀，令人震驚；時而設置懸念，引人入勝；時而意猶未盡，催人深思。可以想象，在當時那樣的時代環境裏，梁文的出現會造成怎樣的社會效應了。守舊派斥之為野狐文妖，而維新派尤其是廣大知識青年則無

不為之傾倒、叫好。僅就文字風格而言，梁文感染了中國幾代人。在青年毛澤東的文章中，也可明顯地看到它的影響。應該說，梁啟超既是傑出的維新宣傳家，又是中國現代白話文運動的開創者和先驅。胡適的輓聯評價他：「文字成功，神州革命。」

梁啟超在《時務報》上發表的文章，最著名的是《變法通議》。六萬餘言，分期連載，一上來便說道：「法何以變？凡在天地之間者莫不變：晝夜變而成日；寒暑變而成歲；大地肇起，流質炎炎，熱熔冰遷，累變而成地球；海草螺蛤，大木大鳥，飛魚飛鼉，袋鼠脊獸，彼生此滅，更代迭變，而成世界；紫血紅血，流注體內，呼炭吸養，刻刻相續，一日千變，而成生人。藉曰不變，則天地人類，並時而息矣。故夫變者，古今之公理也。」[1]

這段開宗明義的話，表明了梁啟超變法思想的宇宙觀。有趣的是，在這裏，他沒有沿用康有為那套古色古香的「三世說」，而是採用了剛由西方傳來，在當時聽來還非常新鮮的自然科學知識，從地球到生物乃至人類，天地之間，萬物運動，無不符合變化與進化。變易思想是中國最古老的哲學。兩千多年前的經典著作《周易》裏面就有「天地革而四時成」，「窮則變，變則通」的名言。後來的歷代變法者們，如商鞅，如王安石，無不拿它作為理論根據。不過，這種古老的哲學把變化解釋為周而復始的循環，雖無止境，卻是一個又一個平行的圓圈，這大約反映了一種類型的社會狀態。

進化思想則是在梁啟超所處的這個時代，從西方興起並傳過來的。當時它不僅對於中國，而且對於世界都稱得上是最先進的思想。自1859年英國生物學家達爾文出版《物種起源》一書，奠定進化論的科學基礎，又有赫胥黎、斯賓塞等人加以繼承、發揮，使之成為一種哲學，不

---

**1** 梁啟超：《變法通義 · 自序》，載《飲冰室合集》第一冊，中華書局1989年版，第1頁。

過一二十年的工夫，進化論便銳不可當地風靡了全球。將進化論系統地介紹到中國的是嚴復。

嚴復，字又陵、幾道，福建侯官（今閩侯縣）人。他是福州船政學堂派往英國留學的學生，學成歸國曾長期在天津水師學堂任教。在甲午戰爭後不久，嚴復翻譯了赫胥黎的著作《進化論與倫理學》的前半部，取名為《天演論》，此外他還陸續翻譯了亞當‧斯密的《原富》、孟德斯鳩的《法意》和斯賓塞的《群學肄言》等西學名著，並在天津的報紙上發表了一系列文章，闡述進化論和西方社會政治學說，宣傳維新救國。作為《時務報》的贊助人和梁啟超的朋友，嚴復的譯著《天演論》在未成書時，梁啟超便讀到了，這無疑給了梁啟超最強有力的思想武器。康有為不懂外文，他的「三世說」中的進化觀點，有一定摸索創造的成分，至於形成完整的思想，也是在讀了嚴復的譯著和文章之後。梁啟超顯然認識到進化論比起今文經學的一套說法更容易接受。這個新理論不僅證明宇宙萬物、人類歷史的不斷變化，是由低級向高級發展，愈變愈佳，「日趨於善」，而且還揭示出「物競天擇，適者生存」，其不變者，必遭滅亡的「不易之理」，這對民族災難深重的中國，不啻嚴屬的警告和鞭策！《變法通議》正是根據這個道理，向國人大聲疾呼：「法者天下之公器也，變者天下之公理也。大地既通，萬國蒸蒸，日趨於上。大勢相迫，非可閼制，變亦變，不變亦變。變而變者，變之權操諸己，可以保國，可以保種，可以保教。不變而變者，變之權讓諸人，束縛之，馳驟之，嗚呼，則非吾所敢言矣！」[1]雖然，他在《時務報》上發表的文章，還不時地使用康有為的「三世說」，卻已經不是照葫蘆畫瓢，他自己的思想風格開始顯露出來。

在《變法通議》中，梁啟超提出了自己的政治主張：「吾今為一言以蔽之曰，變法之本在育人才，人才之興在開學校，學校之立，在變科

---

1 梁啟超：《變法通議‧論不變法之害》，《飲冰室合集》第一冊，第8頁。

譚嗣同（1865—1898）

舉，而一切要其大成，在變官制。」[1] 這段話，實際上成了維新運動的綱領。變科舉，興學校，育人才，即改革教育制度，是維新的首要任務，只有如此，才能夠「開民智」，塑「新民」，從根本上改造國民的素質，為社會進步奠定基礎。「變官制」，即改革政治體制，則是變法的核心內容，其實質是企圖用西方民主政治制度來改變和代替君主專制制度。中國是君主專制制度歷史最悠久的國家。到了近代，這種落後的制度遇着西方列強的挑戰，其腐朽性大暴露，用梁啟超的話說：「今有巨廈，更歷千歲，瓦墁毀壞，榱棟崩折，非不枵然大也。風雨猝集，則傾圮必矣。」[2] 一般熱血青年更忍不住對君主專制的滿腔怒火，在這方面，比梁啟超更激烈的是譚嗣同。

譚嗣同，字復生，號壯飛，湖南瀏陽人。其父任湖北巡撫。1896 年春，梁啟超與譚嗣同在北京相識，遂成為好朋友。譚愛讀西書，喜研哲

---

**1** 梁啟超：《變法通義·論變法不知本原之害》，《飲冰室合集》第一冊，第10頁。
**2** 梁啟超：《變法通義·論不變法之害》，《飲冰室合集》第一冊，第2頁。

學，贊成康有為的變法主張。他寫名為《仁學》的書稿，對君主專制制度批判深刻犀利，對梁啟超的影響也最大。譚嗣同痛詆：「二千年來之政，秦政也，皆大盜也。」[1]認為中國綱常「君臣一倫，尤為黑暗否塞，無復人理」[2]。但這部書稿在當時沒有公開出版，而梁啟超的《變法通議》《論中國宜講求法律之學》《論中國積弱由於防弊》《論君政民政相嬗之理》等文章則見諸報端，把反專制思想表露得相當大膽。

梁啟超在《時務報》的言論轟動了社會，也驚動了湖廣總督張之洞。張之洞是個頗為能幹而又精明圓滑的官僚，他多年從事洋務活動，有建樹，有名望，但對充滿風險的變法維新，則態度猶疑。見光緒皇帝批轉了康有為的上書，他唯恐落後，也積極支持強學會，資助《時務報》，甚至對20多歲的梁啟超以「老」相稱，請到家待若上賓。當保守勢力圍繞慈禧太后，向維新發出不滿的信號時，他又見風使舵，出面干預和遙控《時務報》，不許其發表過激言論。梁啟超終於受不了張之洞的「資本家式」壓迫，於1897年11月辭職離開了《時務報》，前往湖南。其時湖南的地方官員，如巡撫陳寶箴，按察使黃遵憲、督學江標、徐仁鑄等思想比較開明，主張或傾向維新。在他們治下，省內政治氣氛比較寬鬆，一批青年改革志士如譚嗣同、唐才常、熊希齡、畢永年等積極活動，辦《湘學報》，組南學會，還辦了一所新式學校——時務學堂。經黃遵憲推薦，梁啟超被聘請擔任時務學堂的中文總教習。

在時務學堂的講台上，梁啟超說話無所顧忌，他和學生們一起討論民主政治理論，批判君主專制主義，甚至流露出反滿的民族革命意識。梁還上書陳寶箴，建議湖南省先走一步，建設地方自治，以為將來推行民主政治奠定基礎。經努力，湖南出現了一些新政，除經濟上積極鼓勵創辦民間工商業外，還有政治方面的變革：南學會從講學到議政，陳寶

---

1 譚嗣同：《仁學》，載蔡尚思、方行編《譚嗣同全集》（增訂本）下冊，第337頁。
2 譚嗣同：《仁學》，載蔡尚思、方行編《譚嗣同全集》（增訂本）下冊，第337頁。

箴、黃遵憲等多次親臨講演和回答問題，地方士紳紛紛前來省城聽課，與省裏官員對話，提出建議，供政府參考，開了民主議政的風氣；省裏還設立了課吏館和保衞局。前者是以新政為內容的幹部培訓機構，後者相當於西方的警察局，這在中國都是前所未有的新事物。維新派在湖南的活動不久惹出了麻煩。平時，時務學堂的學生都住校，學期中間，關上門聽老師梁啟超等人放肆地大講民權論，攻擊政府，鼓吹革命，有些忘乎所以。放了寒假，學生們回到各地家中，課堂筆記曝光，立即引起軒然大波。守舊鄉紳葉德輝拿着梁啟超等人給學生的批語找嶽麓書院院長王先謙，他們一起向陳寶箴告狀，被陳壓下。這些人不甘心，又聯名上告朝廷，說康、梁「心懷叵測，志在謀逆」，並把陳寶箴也牽連了進去。陳寶箴怕事情鬧大，只得妥協，改組了時務學堂，辭退了幾位教師。這時梁啟超正在上海治病，接着他被老師康有為召往北京。

　　甲午戰敗後清政府懾於沸騰的民怨，多少放鬆了對社會思想文化的鉗制，使愛國知識分子得以在救國的口號下，組學會、辦報紙、出書籍、造輿論，這是中國歷史上不曾有過的。據不完全統計，從1895年8月康有為、梁啟超等在北京創辦強學會到1898年9月發生政變止，全國各省「設會百數」，其中有討論維新變法政治議題的強學會、強學分會、知恥學會、南學會、閩學會、蜀學會、保國會等，有講求西學專門知識的算學會、農學會、醫學會、質學會、地學會、法律學會、譯書公會等，有提倡移風易俗的天足會、不纏足會、戒鴉片煙會等。參加學會的上至朝廷高官下至鄉紳學子。學會規模大的如湖南的南學會，最盛時「每會集者千數百人」。這些學會活動衝破了「民可使由之，不可使知之」的傳統束縛，使社會風氣漸開，已有不可抑壓之勢。

　　維新時期民辦報刊除了最著名的《時務報》，各地還有一批名氣和影響都不小的報刊。如《知新報》，是在南方影響很大的報刊，1897年2月在澳門創刊，初為五日刊，後改為旬刊、半月刊，由梁啟超前往籌辦，何廷光、康廣仁任總理，梁啟超、韓文舉、徐勤、歐榘甲等康門弟

子任撰述。因其設在中國政府管不着的澳門，能夠發表「為《時務報》所不敢言者」，直至政變後，仍是維新派的喉舌。

《國聞報》，是在北方影響很大的報刊，由嚴復、夏曾佑、王修等人於 1897 年 10 月在天津創辦。此前，嚴復已在德國人辦的《直報》上發表了《論世變之亟》《原強》《闢韓》《救亡抉論》等著名文章，鼓吹變法維新，後來他感到有必要自辦報刊，遂辦了《國聞報》。在到政變發生近一年的時間裏，該報除譯載西報，宣傳西學外，還發表了 40 多篇社論，多為嚴復所撰，主張開民智，昌言改革。嚴復在《國聞報》上發表的《道學外傳》為科舉功利之徒畫了幅漫畫：「面戴大圓眼鏡，手持長桿煙筒，頭蓄半寸之髮，頸積不沐之泥，徐行僂背，闊頜扁鼻，欲言不言，時復冷笑」，除四書五經、功名利祿，不知他物。嚴復指出中國「積二千年之政教風俗，以陶鑄此等人材」，「必有致禍之實」[1]。《國聞報》出刊後，又出過旬刊《國聞彙編》，嚴復的《天演論懸疏》《斯賓塞爾勸學篇》等文就是在《國聞彙編》上刊載的。

《湘學報》和《湘報》，是湖南在維新運動時期發行的兩份報刊，在中原影響最大。《湘學報》又名《湘學新報》，1897年4月創刊於長沙，為旬刊，由江標、徐仁鑄任督辦，唐才常、蔡鍾浚等撰述，唐才常的許多宣傳維新變法的文章都發表於此刊。後因維新運動高漲，旬刊來不及反映瞬息變化的信息，又出版日報《湘報》，由唐才常主編，1898年3月7日創刊，同年10月15日停刊。該報快速、信息量大，南學會的演講報告、討論紀要都在此及時刊出，還發表了許多湖南維新青年的文章，其中3月29日一篇署名易鼐的文章《中國宜以弱為強論》，主張「西法與中法相參」，「民權與君權兩重」，「中教與西教並行」，「黃人與白人互婚」。張之洞看到大為震怒，立即致電陳寶箴、黃遵憲，說

---

1 嚴復：《道學外傳》，《國聞報》，光緒二十四年四月十七日。

「此等文字遠近煽播，必致匪人邪士倡為亂階」[1]，要求省府「隨時留心」輿論導向。這反映了當時思想的解放與政治控制之間的必然鬥爭。

維新時期，民辦報刊最多的是上海，在《時務報》前後出刊的有《強學報》《農學報》《集成報》《富強報》《新學報》《萃報》《實學報》《求是報》《譯書公會報》《蒙學報》《演義報》《時務日報》《昌言報》《格致新報》《中外日報》《工商學報》等。其他各地如溫州、杭州、無錫、廣州、桂林、重慶、成都等，都有報紙出版。

維新派還十分重視書籍的出版，1896 年梁啟超編成《西學書目表》，由時務報館出版，書中收入西學書目 630 種，書前還附有《讀西學書法》，為國人提供了一份相當完整的西書索引。1897 年末維新派又在上海設立了大同譯書局，由康廣仁任經理，在近一年時間裏，該書局出版了康有為的重要論著《董氏春秋學》《孔子改制考》《新學偽經考》《四上書記》《六上書記》《日本書目志》和梁啟超的《中西學門徑》、麥仲華的《經世文新編》等一批宣傳變法的書籍。就這樣，維新之說的影響終於越來越大，它呼喚着一場政治改革運動的到來。

1897 年 11 月，德國強佔膠州灣的消息傳出，敏感的康有為立刻感到亡國瓜分的日子來臨了。他火速從廣東前往北京，第五次上書光緒皇帝，冒死陳說，認為「外患內訌，間不容髮」，如果還不變法，「恐自爾之後，皇上與諸臣，雖欲苟安旦夕、歌舞湖山而不可得矣！且恐皇上與諸臣，求為長安布衣而不可得矣！」[2] 康有為警告清朝統治者，如果不及時改革，則「金田之役，將復起矣」[3]，「自台事後，天下皆知朝廷之不可恃，人無固志，奸宄生心。陳涉輟耕於壟上，石勒倚嘯於東門，所

1 張之洞：《致長沙陳撫台、黃臬台》，載《張之洞全集》第九冊電牘，武漢出版社2008年版，第315頁。
2 康有為：《上清帝第五書》，載《康有為全集》第四集，第2—3頁。
3 康有為：《上清帝第一書》，載《康有為全集》第一集，第181頁。

在而有，近邊尤眾」[1]。康有為的上司工部尚書淞溿見康的言論太出格，便將上書壓在手裏，沒有向上轉遞。可是這封上書的抄件卻在北京的一些官員中間傳開了，有的報紙還作了報道。

12月11日，上書不達，極度失望的康有為正準備離京南歸，當他從下榻的南海會館往馬車上裝行李的時候，光緒皇帝載湉的老師翁同龢下了早朝，趕來阻止，他拉着康有為的手說：今天早晨我剛在皇帝面前推薦了你，說你的才幹超過我百倍，皇帝一定會重用你的，請先不要走。恰在這時，讀了康有為上書抄件的都察院給事中高燮曾也向皇帝上奏，請求任用康有為。經過一番周折，光緒皇帝終於見到了康有為的上書，他不僅沒有惱怒，反而十分感動，認為能夠這樣捨命直言的人，一定忠義赤膽，很想親自見一見。恭親王奕訢則建議由大臣出面傳康有為問話，因為按清朝成例，非四品以上官員，皇帝是不能召見的。於是，1898年1月24日下午，康有為被請到了總理衙門所在的西花廳，出席問話的有李鴻章、翁同龢、榮祿、廖壽恆、張蔭桓五位大臣。榮祿開口說祖宗之法是不能變的。康有為辯道：祖宗之法是用以治理祖宗的土地的，如今祖宗的土地都守不住了，還談甚麼「祖宗之法」？就像這個總理衙門，祖宗之法裏也沒有規定，還不是根據今天的需要而設置的嗎？廖壽恆問：變法從何處着手？康有為答：應從改變法律和官制入手。李鴻章質詢：難道六部和現行的法律制度都可以不要嗎？康有為說：今天是列強並列的時代，已不再是以前大一統的局面。現行的法律官制都是過去的舊法，造成中國危亡的，就是這些舊法，理應廢除，即使一時不能廢除，也應酌情加以修改，新政才能推行。翁同龢提了個具體問題：變法所需款項怎樣籌措？康有為介紹了外國的情況，說日本設立銀行發行紙幣，法國實行印花稅，印度徵收田稅，都有成效。中國幅員廣大，只要改變制度，稅收可以比現在增加十倍。接着康有為詳細談了他的一整套

---

**1** 康有為：《上清帝第五書》，載《康有為全集》第四集，第4頁。

改革方案，包括設立制度局、新政局、練兵局、開鐵路，借外債，等等。最後他強調日本明治維新的成功經驗比較適合中國學習，自己編有這方面的書可供參考。問話一直持續到天黑上燈。第二天，翁同龢把情況向光緒皇帝作了彙報，載湉又想親自召見康有為，還是奕訢建議先看他的書面意見，說如果康拿出了切實可行的改革辦法，再召也不遲。光緒帝立即命令康有為把所有建議書面遞呈，並要他把編著的《日本變政考》和《俄大彼得變政記》兩書一併送上。

1月29日，即問話後的第五天，康有為遵命上了《應詔統籌全局摺》，這是他向皇帝上的第六書，也是他所呈最重要最著名的一篇奏摺，在這裏全面提出了變法維新的施政方案。康有為列數世界歷史上埃及、波蘭、土耳其、印度等國由於守舊不變，而遭瓜分或滅亡的事例，指出中國也面臨着同樣的危險，形勢嚴峻。前途只有兩個，那就是「能變則全，不變則亡，全變則強，小變仍亡」[1]。他建議光緒皇帝效法日本明治維新的三點要義，即大誓群臣以定國是；設上書所以廣言路；開制度局以定新制。具體辦好三件大事：一、在天壇或太廟或乾清門召集群臣，宣佈變法維新；二、在午門設立「上書所」，派御史二人監收，准許人民上書，對賢才加以錄用；三、在內廷設制度局，下設法律、度支、學校、農商、工務、礦政、鐵路、郵政、造幣、遊歷、社會、武備十二局，以訂立新章程，推行新政。光緒皇帝看了奏摺，非常滿意。康有為振奮不已，一面急召在上海看病的梁啟超立刻進京，協助工作；一面廢寢忘食，將《日本變政考》《俄大彼得變政記》等書不斷謄出，呈供皇帝參閱。同時又上了第七書，述說了俄國變法圖強的經驗，希望光緒皇帝能夠以彼得大帝的「心法」為心法，樹立勇氣，放下架子，學習西方，並採取果斷的手段，力排眾議，實施改革。光緒帝把康有為的建議書放在案頭，日加披覽，變法的心志更堅定了。

---

1　康有為：《應詔統籌全局摺》，載《康有為全集》第四集，第17頁。

4月17日，康有為又和御史李盛鐸等發起成立了「保國會」，議定保國會章程30條，第一條申明宗旨：「本會以國地日割，國權日削，國民日困，思維持振救，故開斯會以冀保國，名為保國會。」章程中還詳細規定了該會的組織紀律，入會標準、手續等，儼然像一個西方的政黨模樣。於是彈劾紛紛，榮祿更憤憤地說，康有為立保國會，我們這些大臣還沒死呢，就是亡國也輪不上他來保，這種僭越妄為，簡直可殺！保國會的發起人之一李盛鐸見事不好，來個反戈一擊。軍機大臣剛毅正準備採取措施查禁，光緒皇帝發話了：「會能保國，豈不大善，何又查禁耶？」才把這件事給按了下來。

1898年6月11日，光緒帝下詔「明定國事」，宣佈變法。在這篇詔書裏，光緒皇帝總結國家多年洋務自強的教訓，指出其弊端是對西學「徒襲其皮毛」，且長期對改革問題爭論不休，「莫衷一是」，「眾喙嘵嘵，空言無補」。不務實造成國勢與外界差距越來越大，「強弱相形，貧富懸絕」，怎麼能夠不打敗仗？因此他要「明白宣示」，全國上下一致，「發憤為雄」，實行變法。[1]

在「詔定國是」後的第三天，翰林院侍讀學士徐致靖上摺，向光緒皇帝保薦康有為、黃遵憲、譚嗣同、張元濟、梁啟超等「維新救時之才」，請朝廷「破格委任」。光緒皇帝載湉立即做出反應，命康有為、張元濟預備召見，黃遵憲、譚嗣同送部引見，梁啟超由總理衙門察看具奏。

6月16日，在頤和園勤政殿，康有為第一次見到了光緒皇帝。在等待召見的時候，榮祿也在，榮祿問康有為：「以你的大才，有甚麼好辦法補救時局？」康仍一字一板地說：「非變法不能救中國。」榮祿重彈上次問話時的老調，說「變法的道理誰都懂，但一二百年的成法，能一下

---

1 《德宗景皇帝實錄》卷四一八，第15頁。

子都變嗎？」康有為斬釘截鐵地說：「殺幾個一品大員，法即變矣！」[1]
這鋒芒畢露的對立，不能不給剛剛起步的變法維新投下一片陰影。

康有為入對，載湉急切地走到大殿門口來迎接他，兩人的心情都
很激動。康有為伏地便拜，載湉親自將其扶起，賜座傾談。康有為說：
現在中國在列強的逼迫和分割下，已經到了生死存亡的關頭了。載湉
說：這都是那班守舊的人造成的嚴重後果！今日誠然是非變法不可了。
康有為問：皇上既然知道非變法不可，為甚麼長久沒有舉動，坐視國家
危亡呢？光緒看了一眼簾外，壓低聲音歎息道：我是處處受到掣肘呀！
康有為明白了皇帝的意思是對西太后的干預沒有辦法，便說：皇上可以
就現有權力能夠做到的先做起來，雖然不能盡變，如能扼要地做成幾件
大事，也可以救中國。康有為建議皇上：不必盡撤舊衙門，只需增設新
衙門。不必盡撤舊大臣的職，只要起用有才幹的小臣，破格給以官職，
准許專摺奏事，把新政交給他們辦理。這樣舊大臣繼續保持原有的俸祿
待遇，又沒有失位的恐懼，他們也就不會阻撓新政了。康有為還就廢八
股、譯書、遊學、籌款等事項回答了皇帝的垂詢，他希望皇帝多下詔
書，把方方面面的變法措施儘快貫徹下去。

光緒皇帝召見康有為後，本想委以重任，但榮祿、剛毅等人表示反
對，最後只得任命他為總理衙門章京上行走（大約相當於今天外交部一
個處長），並特准專摺奏事，即奏摺可直達皇帝。康有為抓住這個機會，
回到南海會館後，夜以繼日，拚命編書寫奏摺，不斷遞進宮去。在 3 個
月中，他又先後呈上所編《法國變政考》《突厥守舊削弱記》《波蘭分滅記》
《英國變政記》《德國變政記》《列國政要比較表》等書，並以本人或他人
名義上奏 49 封，內容涉及政治、經濟、軍事、文教各個方面。所有這些

---

**1** 蘇繼祖：《清廷戊戌朝變記》，載中國史學會主編，翦伯贊等編《戊戌變法》（一），
上海人民出版社1957年版，第354頁。曹孟其：《說林》記：「殺二品以上阻撓新法大
臣一二人，則新法行矣。」見《戊戌變法》（四），第322頁。

奏摺，都可以看作康有為在百日維新期間的思想貢獻。[1]

　　從6月11日「詔定國事」到9月21日西太后發動政變的103天中，光緒皇帝共下了百多道新政諭令。其改革措施，屬於政治方面的主要有：精簡中央及地方政府機構，裁減冗員，撤除詹事府、通政司、光祿寺、鴻臚寺、太常寺、太僕寺、大理寺等衙門，取消湖北、廣東、雲南三省巡撫、東河總督及不必要的糧道、鹽道等；重訂各衙門的工作則例，除舊佈新；嚴禁地方胥吏擾民；廢除滿人寄生特權，准許自謀生計；廣開言路，提倡官民上書言事，政府部門不得稽壓；准許自由開設報館、學會；擬開懋勤殿，邀各方人士議新政；命出使大臣選擇僑民中之著名可用者徵送回國，以備任使等。屬於經濟方面的主要有：加速發展實業，設立農工商總局和礦務鐵路總局及地方分局，在沿海沿江地區如上海、漢口先行一步，設廠興工，開闢口岸，以帶動內地；大力振興農業，提倡西法種田；許辦農會、商會，鼓勵民辦鐵路、礦務，獎勵各種發明，准其專利售賣；創辦國家銀行，編製國家預算，節省開支等。屬於軍事方面的主要有：裁減綠營，淘汰冗兵；改習洋操，精練陸軍，加強海軍；加快新式武器製造等。屬於文教方面的主要有：開辦京師大學堂，籌辦鐵路、礦務、海軍等專門學堂，將各地舊式書院改為兼學中學和西學的中、小學堂；改革考試內容，廢除八股，改試策論。講求實學，不得憑楷法取士；選派學生赴日本留學；設立官辦譯書局，編譯書籍，獎勵著作等。

　　上述新政的頒行，展示了一幅中國全面改革的圖景，在國際國內引起了巨大的震動。然而，從洋務自強運動時期即存在的整個社會新與舊、改革與保守的矛盾鬥爭，至此愈加激烈。更嚴重的是，在清政府內部有兩個司令部，即以光緒皇帝為首的「帝黨」和以慈禧太后為首的

---

1　參見孔祥吉《戊戌維新運動新探》，湖南人民出版社1988年版，第118—173頁；林克光：《革新派巨人康有為》，中國人民大學出版社1990年版，第269—277頁。

「后黨」，改革與權力鬥爭攪在了一起，出現了極其複雜的局面。

「帝黨」指光緒皇帝載湉和載湉的老師翁同龢，翁歷任刑、工、戶部尚書和軍機大臣，他的門生好友便成了「帝黨」的成員，再加載湉的一些近臣，如珍妃、瑾妃的哥哥、禮部侍郎志銳、珍妃的老師文廷式等。「后黨」是指慈禧太后掌控的龐大國家官僚集團。年僅4歲的載湉（即光緒）為帝，慈禧太后繼續垂簾聽政，軍政大權獨專。就在「明定國是」詔下達後的第四天，也就是載湉準備召見康有為的前一天（6月15日），慈禧下了三道命令。一、撤銷翁同龢協辦大學士、戶部尚書的職務，驅逐出京，送回江蘇原籍。理由是「近來辦事多未允協」、「漸露攬權狂悖情狀」。二、凡二品以上大臣授新職，要到皇太后面前具摺謝恩。三、命榮祿署理直隸總督（隨後改為實授並兼北洋大臣），統率董福祥（甘軍）、聶士成（武毅軍）、袁世凱（新建陸軍）的北洋三軍。翁同龢的去職，等於砍掉了「帝黨」唯一的頂梁柱，而後兩道命令則使軍政實權進一步收緊在太后手裏，對變法可能觸碰到她的權力作了嚴密的防範。受到削弱和鉗制的光緒皇帝，仍然把一道道新政詔令頒發下去，希望在全國範圍得到施行。可朝中大臣和地方官員卻多看太后臉色，對皇帝的命令不是頂着不辦，就是敷衍了事，有的更公然跳出來阻撓。這就使得維新與守舊、「帝黨」與「后黨」的矛盾相互交織，日趨激烈。

6月20日，御史宋伯魯、楊深秀參奏禮部尚書、總理各國事務大臣許應騤「守舊迂謬」，阻撓改革八股取士制度。光緒帝要求許應騤明白回奏，許反而對康有為大肆攻擊，說康「逞厥橫議，廣通聲氣，襲西報之陳說，輕中朝之典章」，「勾結朋黨，快意排擠，搖惑人心，混淆國是」，要求將其「罷斥驅逐回籍」[1]。御史文悌又配合許應騤彈劾康有為立保國會是「與會匪無異」，「名為保國，勢必亂國⋯⋯徒欲保中國四萬萬人，而置我大清國於度外」，指責宋伯魯、楊深秀是「言官黨庇、

---

1 《許應騤奏》，《光緒朝東華錄》第四冊，總第4001頁。

誣罔熒聽」，並再次嚴參康有為「任意妄為，遍結言官，把持國事」[1]。為了給猖狂的守舊派一個警告，光緒皇帝革去了文悌的御史職務。7月3日又親自破格召見舉人梁啟超，接受了他呈上的著作《變法通議》，派他專辦大學堂譯書局事務。而對榮祿保薦的30餘人，則一概不予拔用。

7月初，光緒帝載湉下《定國是詔》已經20幾天，總理衙門在奉旨妥議康有為《應詔統籌全局摺》的覆奏中，還說：「為政之道，不在多言。墨守成軌，固無以協經權；輕改舊章，亦易以滋紛擾。」對康有為提出的建議，逐條加以批駁。載湉非常不滿，親筆批示：「著軍機大臣會同總理各國事務衙門王大臣，切實籌議具奏，毋得空言搪塞。」[2]有人概括當時朝廷情況說：「凡遇新政詔下，樞臣俱模棱不奉，或言不懂，或言未辦過」，推託了事。[3]在地方上，各省督撫中只有一個湖南巡撫陳寶箴支持變法。有實力的兩江總督劉坤一、兩廣總督譚鍾麟等推宕敷衍，對於新政諭令，置之不理。張之洞對西太后那拉氏批示過的辦商務局一事，極力籌劃，條陳意見，其他上諭一概置若罔聞。劉坤一說：「時事之變幻，議論之新奇，恍兮惚兮，是耶非耶，年老憒亂，不知其然，不暇究其所以然。朝廷行政用人，更非封疆外吏所敢越俎，而其責成各督撫者，可辦辦之，否則靜候參處。」[4]譚鍾麟不管諭旨怎麼催問，也不予以答覆。至於直隸總督榮祿，更是不把載湉放在眼裏，他的奏摺都直接呈遞給那拉氏，根本不遞給載湉。在洋務派和頑固守舊勢力的破壞下，新政詔諭，大多成了一紙空文，沒有實效。

光緒皇帝不得不藉故懲治一些頑惰的官員，提拔新銳。禮部青年主事王照寫了一份奏稿，請皇帝奉皇太后出國考察，特別要到日本考察，藉以考證得失，決定從違。王照的上司禮部尚書懷塔布、許應騤等不予

<hr>

1 《嚴參康有為摺稿》，《戊戌變法》（二），第485、488頁。
2 《總理各國事務奕劻等摺》，《戊戌變法檔案史料》，第8—9頁。
3 蘇繼祖：《清廷戊戌朝變記》，載《戊戌變法》第一冊，第336頁。
4 《覆馮莘垞》（光緒二十四年六月二十三日），載《劉坤一遺集》第五冊，第2229頁。

代遞。王照認為堂官不應該「壅於上聞」，他告上司阻撓新政。王照的
堅持驚動了光緒皇帝。9月1日，光緒皇帝將懷塔布、許應騤等交吏部
議處，重申此後各衙門司員等條陳事件即由各該堂官原封呈進，毋庸拆
看。隨後又在上諭中宣佈將懷塔布、許應騤等禮部六堂官即行革職，並
賞給王照三品頂戴，以四品京堂候補。次日，光緒帝任命擁護新政、才
識俱佳的江蘇候補知府譚嗣同、內閣侍讀楊銳、刑部主事劉光第、內閣
中書林旭為四品卿銜的軍機章京。奏章經他們閱覽，上諭由他們擬稿。
這是「百日維新」中載湉親自決定的人事上的最大變動，給頑固勢力一
個有力的打擊。最後，載湉又接受改良派的建議，準備開懋勤殿，討論
各項制度。光緒皇帝動真格了，構成了對慈禧太后絕對權力的挑戰，這
是她所不能容許的。在載湉赴頤和園請安時，慈禧太后批評光緒皇帝：
「小子為左右熒惑，使祖宗之法自汝壞之，如祖宗何？」光緒帝滿腹委
屈，他說：「時事至此，敵驕民困，不可不更張以救，祖宗在亦必自變
法。臣寧變祖宗之法，不忍棄祖宗之民、失祖宗之地，為天下後人笑，
而負祖宗及太后之付託也。」[1]

　　光緒皇帝已經清楚地意識到自己皇位岌岌可危。14日他又到頤和園
向太后請安，從慈禧的異常態度中，進一步感覺情況不妙，他立即寫了
一封密詔給正在值班的楊銳，說皇太后反對變法，反對罷斥老謬昏庸大
臣，「朕亦豈不知中國積弱不振，至於阽危，皆由此輩所誤；但必欲朕
一旦痛切降旨，將舊法盡變，而盡黜此輩昏庸之人，則朕之權力實有未
足。果使如此，則朕位且不能保，何況其他」，要康有為等妥速籌商應

---

1　參見清華大學歷史系編《戊戌變法文獻資料系目》，上海書店出版社1998年版，第
　　1019頁。

付的辦法。[1] 18日，載湉又要林旭帶出給康有為的密詔，催他迅速離京出外，不可遲延。

為了擺脫守舊派的惡意攻擊，光緒皇帝於9月17日發了一道近似表白的明詔，令康有為前往上海督辦官報，並託林旭捎話給他：「朕今命汝督辦官報，實有不得已之苦衷，非楮墨所能罄也。汝可迅速出外，不可遲延。汝一片忠愛熱腸，朕所深悉。其愛惜身體善自調攝，將來更效馳驅，共建大業，朕有厚望焉。」[2] 18日晚，康有為、譚嗣同、梁啟超商量挽救時局辦法，康有為想到曾建議光緒皇帝召見並提拔袁世凱。袁16日被皇帝召見，賞候補侍郎，現正住在法華寺。康等設計了用皇帝的密詔請袁世凱帶兵勤王，殺掉榮祿，包圍頤和園，以湖南來的畢永年派在軍中，乘機幹掉慈禧太后，從而徹底掃清變法維新的障礙。當夜，譚嗣同即往袁的住所對袁進行勸說，希望他能夠以實際行動保衛皇上。狡猾的袁世凱對譚「未知有何來歷」，便藉詞推託，表示要等9月閱兵時再說。譚嗣同說：「自古非流血不能變法，必須將一群老朽全行殺去，始可辦事。」[3] 20日光緒皇帝再次召見袁世凱，袁見皇帝並沒有對他有特別指示，遂在回天津後把康、譚等人的活動向榮祿作了報告。

21日，慈禧太后發動政變，宣佈「訓政」，下令捉拿康有為。當天，那拉氏在便殿審訊載湉。奕劻、軍機大臣等跪在案的一側，載湉跪於另一側，案前設竹杖，那拉氏兇惡地追問：「變亂祖法，臣下犯者，汝知何罪？試問汝祖宗法重？康有為重？背祖宗而行康法，何昏瞶至

**1** 光緒帝給楊銳密詔，1909年楊銳之子上繳給清政府，羅惇曧：《賓退隨筆》，曾予轉錄，文字與梁啟超《戊戌政變記》所載不同，此處據《賓退隨筆》。又密詔發下日期有9月13日、14日、16日幾種說法，查光緒二十四年7月、8月《諭摺彙存》召見臣工名單，楊銳是在舊曆七月三十日（公曆9月15日）被光緒帝召見的，密詔當於此日發下。

**2** 引自湯志鈞《戊戌變法史》，人民出版社1984年版，第419頁。

**3** 袁世凱：《戊戌日記》，載中國史學會編《戊戌變法》（一），第550—552頁；參見楊天石《康有為謀圍圓明園捕殺西太后確證》，載《從帝制走向共和——辛亥前後史事發微》，社會科學文獻出版社2002年版；湯志鈞：《乘桴新獲》，江蘇古籍出版社1990年版，第26—28頁。

此？」載湉戰栗回答：「是固自己糊塗，洋人逼迫太急，欲保存國脈，通融試行西法，並不敢聽信康有為之法也。」那拉氏大怒說：「難道祖宗不如西法，鬼子反重於祖宗乎？康有為叛逆，圖謀於我，汝不知乎，尚敢回護耶！」載湉回答：「知道。」那拉氏追問：「既知道，還不正法，還要放走？」載湉回答：「拿殺。」22日，那拉氏單獨審訊載湉一次。23日，又同大臣一起第三次審訊。這時那拉氏已經接到袁世凱出首告密的報告，追問載湉用意何在？載湉一概推到康有為、譚嗣同頭上。在場的人又起訴，又作證，「若原被告焉」[1]。從那以後，載湉即被監禁在瀛台，成了一名階下囚。

促使慈禧採取行動的原因主要有兩點，一是皇帝召見和提拔袁世凱，企圖掌握軍隊。就在袁進京時，慈禧立刻做了相應的軍事部署，令榮祿調董福祥部進駐北京、聶士成部進駐天津，並要袁世凱速回小站佈防。二是皇帝20日接見日本前首相伊藤博文。慈禧認為「帝黨」要「勾外國」，這是她最害怕的。18日守舊派中堅分子、御史楊崇伊上密摺，請「太后即日訓政」，特別強調了伊藤博文「將專政柄」的危險。

康有為於19日離京登上去天津的火車，21日通緝令到天津時，他已於當天上午乘英商的「重慶」號輪船去了上海。英國駐上海總領事得到英國傳教士李提摩太從北京發來的電報，要他設法救援康有為。該總領事派人在吳淞口外用駁船把康有為從「重慶」號轉送到了另一條英國輪船「巴拉勒特」號上，康有為就這樣逃往香港。

21日政變消息傳出，梁啟超當天就宿在日本公使館。次日譚嗣同把自己的書稿家信送來交與梁啟超，他叫梁出逃，自己則抱定必死決心，打算去找江湖上的朋友「大刀王五」，營救皇上。可是他走出日本公使館不久即被逮捕。梁啟超在日本公使館人員掩護下，化了裝，祕密潛至天津，當他們半夜裏下白河欲往日艦停泊的塘沽港時，奉命搜捕的清兵

---

1 《清廷戊戌朝變記》，載《戊戌變法》（一），第346—347頁。

汽艇趕到，帶兵的軍官同情維新運動，雖認出了梁啟超，竟沒有抓他。梁終於登上日艦「大島」號，亡命日本。

慈禧宣佈「訓政」後，22日又接獲榮祿從袁世凱那裏得到的維新派預謀圍頤和園的報告。在慈禧主持下，為穩定大局採取了一系列措施。第一，嚴懲與康有為案有關人員。28日清廷未經審訊將譚嗣同、楊銳、林旭、楊深秀、劉光第、康廣仁斬首於北京菜市口，又連連通緝康、梁。其他大批參預新政和傾向變法的官員，有的被革職，有的被流放、監禁。隨即宣佈康有為等罪行：「康有為首倡邪說，惑世誣民，而宵小之徒群相附和，乘變法之際隱行其亂法之謀，包藏禍心，潛圖不軌。前日竟有糾約亂黨謀圍頤和園、劫制皇太后、陷害朕躬之事。幸經察覺，立破奸謀。又聞該亂黨私立保國會，言保中國不保大清。其悖逆情形實堪髮指。」[1] 第二，任命、調動中央和地方政府要員，組成新的負責機構。任命榮祿為軍機大臣上行走，並管理兵部事務，所有北洋各軍仍由榮祿節制；任命吏部左侍郎徐用儀為總理各國事務衙門行走，又調啟秀為禮部尚書，趙舒翹為刑部尚書，裕德為理藩院尚書，任命前革職官員懷塔布為都察院左都御史兼總管內務府大臣，賞袁昶在總理衙門行走等。第三，撤銷新政期間的若干舉措。首先恢復先前一度下令裁撤的詹事府、通政司、大理寺、光祿寺、太僕寺、鴻臚寺等衙門，裁撤《時務官報》，廢止士民上書。第四，實施加強社會控制的措施。首先宣佈康有為「學術乖謬，大悖聖教。其所著作，無非惑世誣民、離經叛道之言」，命令將康有為所有書籍板片，由地方官嚴查銷毀，「以息邪說而正人心」[2]。湖南是新政最為活躍的地方，清廷特別對湖南採取措施，命令張之洞執行：「湖南省城新設南學會、保衛局等名目，跡近植黨，

1 9月29日上諭，《光緒朝東華錄》第四冊，總第4205頁。按照清朝體制，上諭由皇帝專享。光緒皇帝雖然被囚禁，上諭還是以他的名義發出。下同。
2 10月1日上諭，《光緒朝東華錄》第四冊，第4208頁。

應即一併裁撤；會中所有學約、界說、札記、答問等書，一律銷毀，以絕根株。」[1] 對於報館，重申嚴禁：「近聞天津、上海、漢口各處，仍復報館林立，肆口逞說，妄造謠言，惑世誣民，罔知顧忌，亟應設法禁止。」[2] 第五，停止閱兵，加強練兵。為了防止萬一，在處死譚嗣同等六人後，清政府又明令停止原計劃於10月在天津的閱操。

從1898年6月11日開始，到9月21日，新政轟轟烈烈、驚心動魄地推行了103天，史稱「百日維新」。維新期間一系列措施除京師大學堂得以保留外，均被廢止，改革之事遂成泡影。慈禧出而重新訓政，光緒皇帝被囚禁，歷史上稱為「戊戌政變」。

---

**1** 10月6日上諭，《光緒朝東華錄》第四冊，第4216頁。
**2** 10月9日上諭，《光緒朝東華錄》第四冊，第4221頁。

## 第六節

# 義和團——
# 中國農民樸素的反帝愛國鬥爭

　　資產階級改良派發起的維新運動剛剛過去，1900年爆發了以農民為主體的轟轟烈烈的義和團反帝愛國運動。義和團運動和維新運動一樣是帝國主義侵略加深、民族災難空前嚴重的產物，是甲午中日戰爭以後中國人民反侵略、反瓜分鬥爭的繼續，也是長期以來此起彼伏、遍及全國的群眾反教會鬥爭的一個總會合。它又一次顯示出中國人民反對帝國主義的頑強鬥爭精神和巨大力量。

　　中國下層民眾在甲午戰後承受着更多的痛苦，戰爭的失敗使他們的生活更加艱難，他們沒有能力和途徑就國家大事直接表明自己的態度。以廣大農民、手工業者為主體的中國社會各階層民眾自發地再次聯合起來，他們用自己獨特的應變方式掀起一場以挽救民族危亡為根本目的的愛國救亡運動。這就是以義和團為組織形式而發動的震動中外、名垂青史的義和團運動。

　　中國民間自古有習武弄拳之俗，北地燕趙齊魯，「民風獷悍」，習武練功的就更多。農閒時節，師傅、師兄在村頭設壇授徒，甚麼八卦掌、梅花拳、金鐘罩、鐵布衫，不一而足。功夫有真有假，拳腳、氣功雜以巫術、咒語，標榜「刀槍不入」，吸引眾多農家青年。壇口多設牌位，供奉農民們信仰的偶像，諸如玉皇大帝、洪鈞老祖，乃至孫悟空、豬八戒、關雲長，都請來做保護神。一些武壇有祕密會社、神道教門的背景，如小刀會、大刀會、白蓮教、紅燈照，這類組織在遇天災人禍、社會矛盾激化之時，常與官府作對，有的發展成大規模的農民起義。在反洋教鬥爭中，他們又成為一股重要力量。這些拳教組織往往通過揭

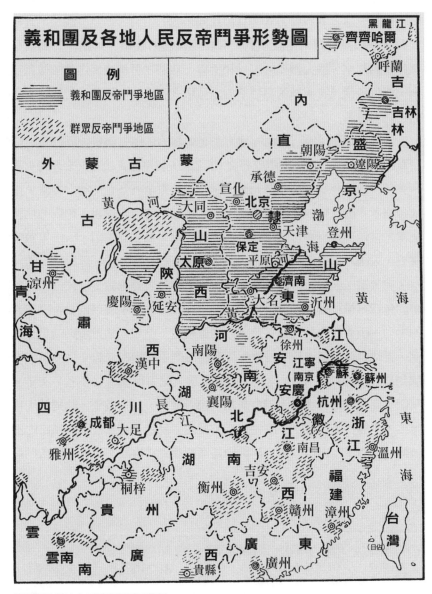

義和團及各地人民反帝鬥爭形勢圖

帖、壇諭、傳言等各種方式，宣揚民間宗教的所謂「劫變」觀念，宣稱義和拳是順應天意，拯救劫難，有神佛保護的團體，以此作為動員群眾、組織群眾，擴大影響的工具和手段。他們在習拳練武之外，兼習法術，舉行各種具有明顯荒誕特徵的宗教儀式，渲染各種所謂刀槍不入的超自然本領。

山東成為義和團 [1] 起源的地方不是偶然的。甲午戰爭期間膠東遭受日軍的蹂躪。戰後日軍盤踞威海衞3年之久，日軍撤走後，又立即為英國所強佔。1897年德國佔領膠州灣，強行劃山東全省為它的勢力範圍。德國侵略者「動因細故，稱兵壓脅」。山東美國傳教士曾說，德國強佔膠州灣是當地群眾反教會鬥爭顯著增多的「第一個主要原因」。山東教堂林立，大小教堂會所共1,100多處，外籍傳教士300多人，分屬德、法、英、美等國。天主教方濟各會最早在山東傳教。外國教士依仗公使、領事的包庇，橫行霸道，氣焰囂張。群眾在日常生活中時刻感受帝國主義的壓力。山東巨野教案導致德國強佔膠州灣，引起列強對中國的瓜分狂潮，更使傳教與反洋教，侵略與反侵略的鬥爭交織在一起。1898年山東膠州農民200餘人，放火焚燒了德國營房，斃傷德國官兵多名。次年，日照、即墨等地又發生大刀會起義，搗毀教堂，殺傳教士，貼揭帖（傳單），「與德人為難」。高密民眾還掀起了反對德國修築膠濟鐵路的武裝鬥爭。農民從自己的切身經驗中逐漸認識到「官府不足恃，惟私鬥尚

---

1 「義和團」的名稱，最早見於1898年山東巡撫張汝梅的奏報，他說：「直隸、山東交界各州縣，人民多習拳勇，創立鄉團，名曰義和，繼改稱梅花拳，近年復沿用義和名目。」「此次查辦義民會，即義和團。」（《義和團檔案史料》上冊，第15頁）張汝梅關於義和團是鄉團的說法是不可信的，以後清政府的官方文書中也很少有「義和團」的稱謂，而是稱「義和拳」或「拳會」。1899年12月御史黃桂鋆的奏報說：「山東義和等團，非欲謀亂也……地方官不論曲直，一味庇教而抑民。遂令控訴無門，保全無術，不得已身為團練，藉以保衞身家。」（《義和團檔案史料》上冊，第44—45頁）此後，「義和團」的稱謂就逐漸多起來了。

可泄其忿」[1]，也就是只有自己起來進行反抗鬥爭。

山東省冠縣梨園屯（今河北省威縣）玉皇廟，是當地農民的民間信仰。洋教排斥諸神，不信祖宗，要拆了玉皇廟，蓋洋教堂，引起村民的反對，糾紛鬧了好多年。這不僅是宗教信仰鬥爭，也是利益歸屬之爭。村中有夥練武的農民號稱「十八魁」，為首閻書勤，專打教會教民。後來「十八魁」又投拜了梅花拳師趙三多，他們經常趁墟市趕場，約期聚會，比較拳勇，聲勢大震。因與教會為敵，趙三多把他的拳壇改名「義和拳」。山東巡撫李秉衡及其繼任張汝梅對義和拳反洋教有所同情，1898年張汝梅向朝廷報告，說這些習拳民眾原為保衞身家，防禦盜賊起見，並非故與洋教為難。他建議「化私會為公舉，改拳勇為民團」。「義和團」的名稱由此而出。與冠縣為鄰的荏平、平原、高唐、恩縣、臨清一帶，義和拳也相繼而起，首領是朱紅燈和心誠和尚。荏平全縣有860餘莊，習拳者多至800餘處。這年底，趙三多等又聚眾起事，打出「助清滅洋」旗號，進攻教堂。張汝梅控制不住拳民，怕事情鬧大，釀成「巨禍」，急忙派兵彈壓。次年，清廷改派毓賢出任山東巡撫。毓賢對拳民仍採取剿撫兼施，以撫為主的政策，正式承認義和拳為民間團練，改義和拳為義和團。不久，朱紅燈率義和團在平原攻打教堂教民，平原縣令蔣楷請求上級派兵鎮壓，毓賢令濟南知府盧昌詒和親軍營管帶袁世敦帶騎兵兩哨、捕勇數十人前往「開導彈壓」。結果袁部在森羅殿地方與團民發生衝突，清兵死傷十餘人。對這一事件，清廷和毓賢認為主要責任在於蔣楷、袁世敦不能持平處理民教糾紛，彈壓不分是非，激成眾怒，撤了二人的職。這樣，山東義和團獲得了更快的發展。

由於教案問題日益嚴重，毓賢對義和團的態度遭到外國的抗議，他後來雖殺了朱紅燈和心誠和尚，仍被清廷免職。1899年12月，袁世凱

---

**1**　《山東巡撫李秉衡又片》，載故宮博物院明清檔案部編《義和團檔案史料》上冊，中華書局1979年版，第6頁。

出任山東巡撫，帶着他的新建陸軍，一到山東就對義和團嚴厲鎮壓，他制定《嚴禁拳匪暫行章程》八條，規定凡有練拳或贊成拳廠者殺無赦。地方軍「若匪至不痛擊，則將領以下概正法」。如此恐怖的政策，使義和團在山東無立足之地，許多拳民遂向直隸（今河北省）、河南轉移。山東人民咒罵袁世凱，稱之為「鬼子巡撫」，以表示對他的切齒痛恨。1900年1月11日，清政府發佈「上諭」，對袁世凱的做法不以為然。「上諭」說：「若安分良民，或習技藝以自衞身家，或聯村眾以互保閭里，是乃守望相助之義。地方官遇案不加分別，誤聽謠言，概目為會匪，株連濫殺，以致良莠不分，民心惶惑。」要求地方今後「辦理此等案件，只問其為匪與否，肇釁與否，不論其會不會，教不教也」[1]。4月17日清政府再次明諭：「各省鄉民設團自衞，保護身家，本古人守望相助之誼，果能安分守法，原可聽其自便。」[2] 這等於給了義和團公開活動的合法地位。義和團在中國北方如燎原烈火般地席捲開來。

義和團的基本政治口號是「扶清滅洋」（也有助清滅洋、興清滅洋等說法）。「扶清」是扶助大清國的意思；「滅洋」是消滅洋鬼子，反對帝國主義侵略的意思。在中國歷史上，農民提出這樣的口號，是沒有先例的。它說明，義和團的鬥爭鋒芒是帝國主義，而在反帝鬥爭中要聯合清朝統治者，這就是說，不以清朝統治者為鬥爭對象。把鬥爭對象指向帝國主義，對於農民起義來說，是一個進步。這是近代中國列強入侵導致民族矛盾上升、階級矛盾下降，在農民鬥爭方向上的反映。「扶清」，又說明義和團沒有政權觀念，不想奪取政權。這與中國歷代農民起義以奪取政權為目標，是完全不同的。扶清，會導致農民對清朝統治者認識上的模糊，使得他們的鬥爭可能被清朝統治者所利用。「扶清滅洋」的政治口號，在清朝統治者內部引起了決然不同的評價，導致統治

---

1 《上諭》（光緒二十五年十二月十一日），《義和團檔案史料》上冊，第56頁。
2 《上諭》（光緒二十六年三月十八日），《義和團檔案史料》上冊，第80頁。

階層內部的對立甚至分裂。在歷史上，統治者對農民起義從來認為是「匪」。這一次則出現了分歧。有一派並不認為義和團是「匪」，認為應當加以利用，不是應當「剿」，而是應當「撫」。在清廷支持和默許下，1900年春天，義和團從山東農村迅速向直隸轉移，進入保定、天津、北京等大城市。義和團不是通過戰爭，而是用和平方式進入大城市，在農民起義的歷史上是沒有先例的。莊親王載勛等人被任命去統率義和團。清朝統治者試圖把義和團的行動，控制在自己可以利用的範圍內。有一部分團民進城後，先向官方登記掛號，然後可稱「奉旨義和團」，到指定地點領米。其時華北大旱，飢民遍野，一些流離失所的農民紛紛加入義和團，還有許多純樸的莊稼漢是響應朝廷號召，自帶乾糧前來保家衞國殺洋鬼子的。當時一個目擊者記述北京附近義和團向城區集中的情況，說：「連日由各處來團民不下數萬，多似鄉愚務農之人，既無為首之人調遣，又無鋒利器械；且是自備資斧，所食不過小米飯、玉米面而已。既不圖名，又不為利，奮不顧身，置生命於戰場，不約而同，萬眾一心。」[1] 由此可以看出在義和團的旗幟下，農民群眾不畏強暴、自我犧牲的可貴精神。北京許多街巷都設了拳壇，每壇領頭的稱「大師兄」，周圍聚集着成百上千的人，一些市民，甚至士兵也來參加，他們貼揭帖，撒傳單，焚教堂，抄教民的家，鬥洋人。前門商業街被大火引着，濃煙滾滾，燃燒數日不息，氣氛十分熱烈。載漪、載勛等則帶着團民四處追殺仇人，聲稱要殺「一龍二虎三百羊」。龍指光緒，二虎指奕劻和李鴻章，三百羊指與他們觀點不同的京官。6月25日這夥人闖入皇宮，大喊殺「二毛子」光緒，被慈禧制止。所謂「二毛子」，很明顯，他們是把光緒、奕劻和李鴻章當成外國侵略者的代理人。這時北京城內團民總數約近十萬，一些朝官陸續南逃，局勢開始出現失控。李

---

1　仲芳氏：《庚子紀事》，載中國科學院歷史研究所第三所編《庚子紀事》，科學出版社1959年版，第15頁。

鴻章指責朝廷對義和團「信其邪術以保國」，清廷發佈上諭答覆說，那是因為義和團在京城勢力太大，蔓延已遍，「剿之，則即刻禍起肘腋，生靈塗炭。只可因而用之，徐圖挽救」。這裏，把西太后對義和團的態度說清楚了。

義和團散發各種傳單、揭帖，宣傳自己鬥爭的正義性。這期間，一篇很有代表性的揭帖這樣寫道：

> 神助拳，義和團，只因鬼子鬧中原。勸奉教，乃霸天，不敬神佛忘祖先。男無倫，女鮮節，鬼子不是人所生。如不信，仔細看，鬼子眼睛都發藍。不下雨，地發乾，全是教堂止住天。神爺怒，仙爺煩，伊等下山把道傳。非是謠，非白蓮，口頭咒語學真言。升黃表，焚香煙，請來各等眾神仙。神出洞，仙下山，扶助人間把拳玩。兵法藝，助學全，要擯鬼子不費難。挑鐵道，把線砍，旋再毀壞大輪船。大法國，心膽寒，英吉俄羅盡蕭然。一概鬼子全殺盡，大清一統慶升平。[1]

這篇揭帖流傳很廣，許多團民都會背誦。它首先點明了義和團運動發生的背景是「只因鬼子鬧中原」。鬼子如何鬧的呢？普通百姓的直接感受是洋教深入內地，依仗帝國主義勢力，橫行霸道。他們宣傳的教義違背中國傳統，「不敬神佛忘祖先」，也是引起人們反感的原因之一。「不下雨，地發乾，全是教堂止住天」則反映了當時華北地區遭逢大旱災，民生困苦，社會矛盾激化，群眾更把怒火指向外國侵略者。這篇揭帖也宣傳了迷信落後的思想和盲目排外的情緒。文化不高的農民們不可能具備很高的反帝覺悟性，他們正義的反抗、愛國的行為與盲目排

---

**1** ［日］佐原篤介：《拳亂紀聞》，載中國史學會主編《義和團》第一冊，上海人民出版社1957年版，第112頁。

外（「鬼子眼睛都發藍」）和皇權主義（「大清一統慶升平」）劃不清界限。實際上，在當時的歷史條件下，他們的籠統排外，是近代中國人民反對帝國主義鬥爭尚處在感性認識階段的反映，是反帝鬥爭的原始形式，是那個時代裏愛國主義的具體表現。雖然，蒙昧使他們相信神仙巫術可以禦敵；對外國侵略的痛恨，小生產者的局限，使他們不能認識帝國主義的本質，卻把鐵路、電線杆、火輪船這些先進生產工具與外國帝國主義的侵略，混淆起來，一概加以排斥。而其最終被利用被屠殺的命運，又使這場大規模群眾反帝愛國運動帶有悲劇的色彩。[1] 但是，揭帖向人們發出了同仇敵愾、不畏強暴，把外國侵略者統統趕出去、保衛國家獨立的戰鬥號召，在廣大群眾中有着巨大的動員作用。

---

**1** 參見朱東安、張海鵬、劉建一《應當如何看待義和團的排外主義》，《近代史研究》1981年第2期，又載《義和團運動史討論文集》，齊魯書社1982年版。

# 第七節

# 八國聯軍侵華和
# 清廷的對策

　　義和團運動的大爆發，特別是義和團進入北京、天津，促使人民群眾的反帝怒潮很快席捲全國。直隸全省、順天府所屬24州縣，幾乎全投入如火如荼的反抗鬥爭。保定、河間、正定、順德等府，冀州、趙州、滄州等地群眾紛紛攻打教堂，驅逐教士、教民，遠近震動。義和團圍攻保定東關、安肅安家莊、河間范家坨、任丘段家塢、寶坻大寶甸、獻縣張家莊等天主教堂的鬥爭，十分激烈，有的堅持了3個月之久。山西自6月起，義和團在各處張貼匿名揭帖，集眾練拳。7月，義和團焚毀太原董家巷教堂，於是大同、五台、徐溝、榆次、汾州、平定諸州縣，相繼焚堂。據不完全統計，全省50多個州、廳、縣，共拆毀教堂90餘處。內蒙古從6月到8月，口外七廳，土默特旗、四子王旗、阿拉善三盛公等地的廣大蒙、漢、回族群眾，積極參加反對天主教堂的鬥爭，其中圍攻薩拉齊24頃地總堂，四子王旗鐵圪旦溝、烏爾圖溝和鄂托克旗城川教堂的戰鬥一直繼續到9月中旬。這些教堂一般都深溝高壘，擁有精銳武器。部分清軍也投入鬥爭。山東義和團拆毀曹州府屬大小教堂，焚毀濰縣、樂陵、臨清等地的英、美、法等國教堂。東北地區，4月中，奉天熊岳城出現義和團揭帖。5月，遼陽群眾攻擊俄軍哥薩克。6月，盛京義和團張貼揭帖，號召群眾立即奮起，驅逐侵略者出國土。7月，義和團拆毀除新民三台子、朝陽松樹嘴子以外的奉天境內所有教堂，破壞了俄國強修的除鞍山站以外北起開原南至海城的鐵路。吉林、黑龍江義和團焚毀長春、吉林、伊通、呼蘭等處教堂。在東北的俄國侵略者及其他各國教士，南逃大連，北竄哈爾濱，躲避群眾鬥爭的鋒芒。在河南各地，義和團與大

刀會、江湖會等開展反教會鬥爭，搗毀教堂。

面對義和團運動風起雲湧，各國駐華公使極為緊張。他們一面向清政府施加壓力，要求清廷發佈鎮壓義和團的諭旨，制止「拳亂」；另一面報告本國，要求派軍艦到大沽口示威，派衛隊到北京保護使館，一定要迫使清政府屈服。德國公使在北京外交團的會議上，甚至大叫「瓜分中國的時機已到」[1]。5月28日，義和團焚毀豐台火車站的消息和京津鐵路路軌被拆除的傳言，使公使們感到形勢嚴重惡化。29日，駛抵大沽口外的各國艦隊先後接到要求進京的電報，迅速派出了海軍陸戰隊，由海河乘船到達天津。31日，英、美、法、俄、日、意等國水兵336人強行進入北京使館區。6月2日，德、奧水兵80人也援例進京保護使館。6月4日

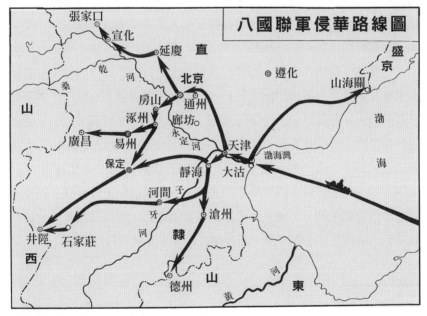

八國聯軍侵華路線圖（1900）

1 張鳳楨：《中德外交史》（The Diplomatic Relations Between China and Germany Since 1898），第100頁。轉引自《中國近代史稿》，載《劉大年全集》第五卷，第531頁。

義和團為了阻止洋兵進京，拆除了部分京津鐵路路軌，燒了黃村車站，割了京津電報線。各國公使害怕被困，接連開會研究對策，一致決定向北京增兵。10日，在英國海軍中將西摩和美國上校麥克卡拉率領下，一支由英、美、奧、意、德、日、法、俄八國組成的聯軍，共2,300人，不顧清政府的反對，從天津分批乘火車向北京進發。俄軍2,000人隨後趕來，進入天津租界。義和團得到這個消息，準備戰鬥。董福祥部清軍也控制了北京車站，並殺了前來迎接聯軍的日本公使館書記生杉山彬。西摩聯軍邊走邊修鐵路，次日才到廊坊，陷入義和團的圍攻。團民多是青少年，他們手持大刀、長矛、木棍，迎着聯軍的機槍和大炮，一批又一批地發起衝鋒，其勇敢的精神令敵人吃驚。據西摩情報官記載，義和團約200人，手持大刀、長矛、抬槍等武器，向敵人進攻，「沒有一點害怕或猶豫」。他們是「愛和平的樸實農民」，「其中很多是孩子」。英、美、奧軍開炮夾擊，義和團死亡約60人。[1] 加入戰鬥的主要是董福祥部清軍。在廊坊、落垡、楊村，清軍和義和團沉重打擊了聯軍的進犯。西摩聯軍無法前進，只得狼狼地逃回天津，沿路又繼續遭到阻擊，十多天裏被打死62人，打傷228人。美國上校達奇特說：「如果中國方面由一個有經驗和有能力的軍官領導，西摩討伐隊在回到天津前就會被消滅。」[2] 西摩自己承認：「義和團所用設為西式槍炮，則所率聯軍必全體覆沒。」[3] 美國傳教士明恩溥說：西摩聯軍的失敗，「永遠消除了慣常被人們提出來的那個論點，即一小隊外國軍隊，只要組織得好而且武器齊全，就可以在整個中國從這一端到那一端長驅直入，不會遇到有效地抵抗」[4]。這

---

1 璧閣銜：《在華一年記》(C. Bigham: A year in China)，第273頁。轉引自《中國近代史稿》，載《劉大年全集》第五卷，第532頁。
2 A. S. Doggett: America in China Relief Expedition(1903)，第14頁。轉引自《中國近代史稿》，載《劉大年全集》第五卷，第533頁。
3 廣學會編：《萬國公報》第145期。
4 明恩溥：《中國在動亂中》，第441─442頁。轉引自《中國近代史稿》，載《劉大年全集》第五卷，第533頁。

些外國人當時的評論，說明了義和團的英勇反擊，粉碎了西方軍隊不可戰勝的神話。

與此同時，北京城內使館區的外國軍隊也同義和團發生了武裝衝突，一些團民被打死，群情日益激憤。6月17日，俄國海軍中將基利傑勃蘭特指揮各國軍艦公然向大沽口炮台發動進攻，經激戰，聯軍佔領了大沽炮台以及塘沽、北塘、新河一帶，屠殺了許多當地居民。聯軍進入天津的通道被打開了。

在如何處理義和團與聯軍入侵問題上，清政府內部發生了尖銳的意見分歧。以許景澄、徐用儀、袁昶為代表的朝中大臣和地方督撫李鴻章、劉坤一、張之洞等人堅決主張鎮壓義和團，反對與外國開戰，而載漪、剛毅、徐桐等一批「后黨」頑固分子則按西太后的意圖，要求「順人心，抗外敵」，以報復外國對中國內政的干涉，乘機完成與他們利益攸關的廢立「大事」。6月16日，慈禧太后召開第一次御前會議，會上兩種意見展開激烈爭論。許景澄強調無論是非得失，萬無以一國盡敵諸國之理。在一旁充當擺設的光緒皇帝也忍不住插話說，甲午一戰，創巨痛深，「況諸國之強，十倍於日本，合而謀我，何以禦之？」載漪反駁說，抵抗外侮是人心所嚮，義和團法「術甚神」，完全可以用來「報仇雪恨」。慈禧見光緒帝與許景澄等人意見一致，極為生氣，她厲聲說：「現在民心已變，總以順民心為最要」，公開支持主戰派。載漪為了促使太后迅速決斷，當晚偽造了一份外交照會，叫江蘇糧道羅加傑的兒子半夜送到榮祿家裏。榮祿一看，感到事情緊急，天沒亮就入宮進呈。慈禧一見「照會」，也顧不得辨別真偽，在17日第二次御前會議上，慈禧當眾宣佈：「頃得洋人照會四條：一、指明一地，令中國皇帝居住；二、代收各省錢糧；三、代掌天下兵權。」她沒唸「勒令西太后歸政」

的第四條，而後大聲說：今日是他們挑釁，亡國就在眼前，如果拱手相讓，我死無面目見列祖列宗。又說：今日之事，你們各位大臣都看見了，我是不得已而宣戰，如果戰而江山社稷不保，也別怪我一人。這樣的御前會議又開了兩次。在此期間，主戰派請求攻打使館，得到了西太后的同意。19日，大沽炮台淪陷的消息傳來，慈禧感到洋兵就要朝她殺來，遂強行決定立即對外宣戰。主和派官員跪在地上苦苦哀求，光緒急得上去拉許景澄的手，還想再與他商量。慈禧厲聲高喊：「皇帝放手，毋誤事。」許景澄也嚇蒙了，竟「牽帝衣而泣」。慈禧又大叫：「許景澄無禮！」後來她終於找茬殺了許景澄、徐用儀、袁昶、立山、聯元五位公開站在光緒一邊的大臣，出了她心中的一口惡氣。

19日下午 3 時，總理衙門給各國使館送去照會，提出北京秩序混亂，請各國公使在24小時內離開北京，前往天津暫住。各國公使立即會議，請求緩期並要求次日上午 9 時來總理衙門理會。總理衙門覆照，以義和團「塞滿街市」，為安全起見，拒絕公使前來。但是德國公使克林德沒有收到覆照，第二天，他拒絕其他公使的勸告，隻身前往總理衙門。在崇文門附近，克林德被巡邏的虎神營士兵打死。[1] 21日，清政府頒佈「宣戰」上諭。但是這個宣戰上諭，並未說明向何國宣戰，也未送達任何國家，其作用，只是統一了內部思想。

宣戰後，載漪等人開始指揮清軍和義和團攻打東交民巷的外國使館區以及西什庫教堂，這是違反國際公法的。但是，各國把大量現役軍人派到北京使館區，是干涉中國內政，本身就違反了國際法。實際上，在6月16日以前，清廷多次命令榮祿派武衛中軍保護使館區，東交民巷使館區是安全的。只是使館區增加了大量外國軍人以後，引起了中國老百姓

---

**1** 一說是克林德先開槍，虎神營士兵還槍打死克林德。關於克林德的死因，今天留存下來的中外文獻，已無法查清。參見張海鵬《試論辛丑議和中有關國際法的幾個問題》，《近代史研究》1990年第6期；又見《追求集》，社會科學文獻出版社1998年版，第203—206頁。

的痛恨。在一個多月裏，小小的東交民巷使館區沒有被攻下來，主要是因為朝廷的關照。當時在清政府任海關總稅務司的英國人赫德（海關設在使館區內）說過：「假使在我們周圍的軍隊真的徹底而決心地攻擊的話，我們支持不了一個星期，或許連一天都支持不了」，「總是正當我們恐怕他們一定要成功的時候，就停住了」[1]。

直隸提督聶士成受命率部與義和團共同保衛天津，並攻打租界，那裏住滿了新開來的各國軍人。天津的戰爭進行得十分艱苦。進攻天津的聯軍增至1.1萬人，聶部英勇禦敵，傷亡慘重。義和團民「竟衝頭陣」，「死者如風驅草」。天津老龍頭火車站是戰鬥最激烈的地方。清軍和義和團給了八國聯軍以重大殺傷，自己也付出了慘重的犧牲。聶士成在南郊八里台身中數彈，腹裂腸出而死。他的武衛前軍隨之潰散。7月14日天津失守。天津失陷的當天，榮祿設法與東交民巷使館區內的外國公使取得聯繫，表示清政府很關心他們的安全，建議公使們攜帶眷屬出館到政府方面來暫避或派軍隊送他們去天津，可是各國公使堅持要留在東交民巷，等待援軍的到來。清政府又提出與各國「休戰」，給使館送去食物等生活用品，並把攻打使館的責任推給義和團。

雖然清廷已經發佈對外「宣戰」上諭，兩江總督劉坤一、湖廣總督張之洞、兩廣總督李鴻章等人卻通過盛宣懷祕密與英、美等國談判，於6月26日訂立《中外互保章程》，宣佈在他們的轄區保護外國商民和教堂，制止動亂，嚴拿匪徒。山東巡撫袁世凱也表贊成。「互保」範圍從東南擴大到內地，共有十多個省參加，這實際上等於脫離了清政府，變相獨立。這期間，張之洞在武漢殘酷鎮壓了康、梁策劃的以「勤王」為旗號的自立軍起義，唐才常、林圭等維新派骨幹慘遭殺害。

8月4日，八國聯軍20,000人從天津出發，沿運河兩岸向北京進攻。其中有日軍8,000人，司令為山口素臣；俄軍4,800人，司令為利涅維奇；

---

1 轉引自馬士《中華帝國對外關係史》第三卷，上海書店出版社2006年版，第252頁。

北京正陽門被八國聯軍炮彈擊壞 （採自山本誠陽《北清事變寫真帖》，東京，1901年，第34頁）

英軍3,000人，司令為蓋斯里；美軍2,000人，司令為沙飛；法軍800人，
司令為福里；德軍200人（大部隊尚未登陸）；意軍、奧軍共約100人。
守衞北京的清軍有10萬人左右。5日，聯軍攻北倉，清軍馬玉崑部與義和
團掘運河放水阻敵，經激戰，北倉失守，聯軍傷亡以日軍最重，達400多
人。6日，聯軍進攻楊村，清軍宋慶部頑強抵禦，殺敵不少，終因力所不
支，敗退通州。在楊村附近的直隸總督裕祿「見事不可為」而自殺。眼
看八國聯軍兵臨北京，慈禧太后慌了手腳，她一面急催兩廣總督李鴻章
北上與列強議和，一面派人與聯軍商議停戰。這時，原山東巡撫李秉衡
自告奮勇願領兵出戰。李年已70歲，時任長江巡閱水師大臣，因主戰，
與劉坤一、張之洞政見不合，便應召入京「勤王」。慈禧命李秉衡為幫
辦武衛軍事務大臣，將各地支援首都的幾萬「勤王」部隊歸其節制，又
請義和團3,000人同行。然而這支臨時湊成的隊伍根本不聽李秉衡的指

揮，有的還沒等看見聯軍便四下散去。11日李秉衡到通州張家灣，身邊已無一兵一卒，絕望地服毒自殺。死前他向清政府報告說：連日目擊情形，軍隊數萬充塞道途，聞敵輒潰，實未一戰。12日，聯軍佔領通州，14日北京失陷。15日凌晨，慈禧太后換上農婦的藍布大褂，挾持着光緒皇帝倉皇出逃。臨行她下令將光緒寵愛的珍妃投入宮中的一口井內。

聯軍進攻北京時，清軍董福祥部和義和團民進行了抵抗，並在城內展開巷戰。聯軍則對中國軍民實行瘋狂的屠殺，僅莊王府一處壇口，就燒死殺死團民1,700人。當時人記述，北京「城破之日，洋兵殺人無算」，「但聞槍炮轟擊聲，婦稚呼救聲，街上屍骸枕藉」。甚至很久後，有些空屋裏屍體腐爛，「蛆出戶外」[1]。聯軍攻佔北京後的一些日子裏，北京「成了真正的墳場，到處是死人，無人掩埋他們，任憑野狗去啃食躺着的屍體」[2]。在這場駭人聽聞的暴行裏，俄軍尤為兇殘。

燒殺的同時是姦淫劫掠，後來任聯軍統帥的德國司令瓦德西承認：聯軍佔領北京之後，「曾特許軍隊公開搶劫三日，其後便繼以私人搶劫」[3]。「就宮內情形而言，又可證明該宮最大部分可以移動之貴重物件，皆被搶去。除少數例外，只有難於運輸之物，始獲留存宮中。……又因搶劫時所發生之強姦婦女，殘忍行為，隨意殺人，無故放火等事，為數極屬不少。」[4] 這一次八國聯軍對北京的佔領和掠奪，則使包括紫禁城區的整個首都「自元明以來之積蓄，上自典章文物，下至國寶奇珍，掃地遂盡。西兵及日人出京，每人皆數大袋，大抵珍異之物，垂囊而來，捆載而往」[5]。清中央部門的檔案文稿「在長安門內付之一炬」，珍

1 葉昌熾：《緣督廬日記》，載《義和團》第二冊，第470—471頁。
2 H. C. Thomson: China and Powers，第125頁。轉引自丁名楠等《帝國主義侵華史》第二卷，人民出版社1986年版，第123頁。
3 《瓦德西拳亂筆記》，載《義和團》第三冊，第31—32頁。
4 《瓦德西拳亂筆記》，載《義和團》第三冊，第31—34頁。
5 柴萼：《庚辛記事》，載《義和團》第一冊，第316頁。

貴類書《永樂大典》遭焚搶，永遠散失，連皇宮水缸上鍍的金也被聯軍士兵刮走。中華民族數千年文化遺產遭到空前的浩劫。

八國聯軍佔領北京後，又組織討伐隊四面出擊，控制了南至正定，北至張家口，東至山海關，西迄井陘的廣大地區，四處搜捕義和團和抵抗的清軍。

沙俄對中國東北垂涎已久，義和團運動爆發後，它終於獲得了「佔據滿洲的藉口」，1900年7月，俄國在加入八國聯軍進攻津京的同時，還動員了17萬兵力，以保護鐵路為名，分5路大舉入侵中國東北，其間製造了血洗海蘭泡、強佔江東六十四屯、火燒璦琿城等一連串震驚中外的慘案，於10月底全部佔領東三省。

慈禧一行在聯軍的炮聲逃離北京，經南口，過居庸關，朝太原逃竄，沿途除兩宮及宮眷住民房，現煮小米粥充飢外，餘眾多隨地露宿，忍飢捱凍，情形相當凄慘。逃亡途中，慈禧命李鴻章為與各國議和的全權大臣，並派慶親王奕劻會同商辦，准其「便宜行事，朝廷不為遙制」。而後又添派劉坤一、張之洞為議和大臣。首先被出賣的自然是義和團民眾。李鴻章建議「明降諭旨，聲明拳匪罪惡，飭令直隸總督督飭文武及各路援兵認真剿辦」，他認為，這「於議和之局尤有關係」[1]。9月7日，慈禧發佈「剿匪」諭旨，說「此案之起，義和團實為肇禍之由，今欲拔本塞源，非痛加鏟除不可」[2]。在慈禧太后看來，不是外國侵略引起了義和團的反抗，而是義和團的反抗引起外國侵略，成了「肇禍之由」；如何「拔本塞源」，不是要堅決抵抗帝國主義入侵，而是要堅決對反抗帝國主義侵略的義和團「痛加鏟除」。顯然，以慈禧為首的清朝統治者，為着徹底對外投降，把一切都顛倒過去了。

兩廣總督李鴻章被清廷任命為全權議和大臣，各國並不承認。李鴻

---

1　《李鴻章又片》，《義和團檔案史料》上冊，第507—508頁。
2　《義和團》第四冊，第52頁。

章也藉故滯留上海，遲遲不赴任。直到10月中旬，李鴻章才來到北京。李鴻章、奕劻作為議和大臣，在北京完全無事可為。外國人說奕劻「如一囚徒，無權開議」，李鴻章「實際上是受到禮遇的俘虜」。他們向各國駐華公使提出議和節略五款，各國均不理睬。所謂議和，不是在中國政府與各國政府之間進行，而是在對華談判的各國內部進行。首先，各國要解決的是瓜分中國還是保全中國的問題。那時，一些侵略者大肆叫囂，要瓜分中國。他們認為，列強軍隊在中國有20多萬，佔領着京師、直隸全省和東北三省；北京、天津在外國人的直接控制下，建立起了由外國人直接掌握的統治機構。這時候，要瓜分中國，易如反掌。事實上，英、俄、德國都作了瓜分中國的準備。但是，英國資產階級的謀士、老中國通赫德連續發表文章，批駁瓜分中國的主張。他認為，對於人口如此眾多的中國來說，實行瓜分事實上是做不到的。他問道：「軍事示威能一直繼續到全部現有的以及可能出現的團民都被斬盡殺絕為止嗎？但是怎麼能把中國的四億人民消滅光呢？⋯⋯對於四億人民來說，那是可能的嗎？」[1] 聯軍統帥瓦德西向捏造所謂「黃禍論」的德國皇帝奏報說：中國人「在實際上，尚含有無限蓬勃生氣」，「中國人所有好戰精神，尚未完全喪失」，「無論歐美、日本各國，皆無此腦力與兵力，可統治此天下生靈四分之一」，「故瓜分一事，實為下策」[2]。在這種情況下，各國都放棄了瓜分中國的打算。

怎麼來保全中國？起初，德國和英國要求懲辦西太后等「真正的禍首」，以此作為外交談判的先決條件。慈禧指使李鴻章向沙俄求情，不惜以東北主權做交易，滿足俄國的擴張要求。於是俄國提出寬大西太后，「兩宮仍舊臨朝」的建議，並爭取到法國的同意。為了進一步表示馴服，慈禧又於9月25日宣佈懲處在義和團問題上負有責任的載漪、載

---

1 呂浦、張振鵾等：《「黃禍論」歷史資料選輯》，第158—159頁。
2 《瓦德西拳亂筆記》，載《義和團》第三冊，第86、244頁。

勛、剛毅、趙舒翹等幾個親王和重臣。由於列強在華利益的相互制約與
矛盾鬥爭，英國和德國達成針對俄國的協定，以不變更中國領土為指
歸，堅持將中國之江河及沿海口岸的貿易和經濟活動對各國自由開放。
這一立場又得到其他國家的贊同。經過權衡，列強終於一致認識到，在
中國維持一個它們能夠威脅、控制的西太后政權，是最符合各國利益
的。10月4日，法國提出備忘錄，主張以懲兇、賠款、在北京駐軍、平毀
大沽炮台、禁止輸入武器、佔領北京至大沽通道的若干地點六項內容為
談判的基礎。10月5日，清政府照會各國，對攻打各國使館違反國際公
法表示認罪，保證以後不再發生類似事件，答應賠償；願意與各國修訂
或新訂商約；要求交回總理衙門及其檔案；請求在和談開始後，停止戰
爭。對此各國未予理會。在聯軍西進的威脅下，西太后一行又從太原逃
往西安。

　　經反覆磋商，各國在法國備忘錄的基礎上，又增加了一些要求，如
清政府應處死攻打使館和教堂的罪魁董福祥、毓賢；應向全國宣佈，凡
在其轄境內發生排外糾紛的官員，立即革職；禁止人民加入排外社團，
違者處死；將賠款總額通知海牙國際法庭和賠償受僱於外國人的中國人
的損失；保證「各國為它的使館維持一支部隊的權利」，劃出使館區，
中國人不准居住；把拆毀大沽炮台的範圍擴大到其他炮台；取消總理各
國事務衙門，設立外務部，等等。此外，德國和日本還對克林德、杉山
彬之死提出了善後要求。最後根據這些要求，歸納成了《議和大綱》
十二條，於12月24日以十一國[1] 聯合照會的形式，正式遞交給奕劻和李
鴻章。對於這個《議和大綱》，躲在西安，度日如年的慈禧見到裏面沒
有把她當作禍首懲罪的條款，如獲大赦，立即發表「自責之詔」，表示

---

**1** 侵略中國的聯軍由英、俄、德、法、美、日、意、奧八國組成。清軍和義和團圍攻使館
　區，西班牙、荷蘭、比利時也在使館區內，聲稱受到損失，議和時，西、荷、比三國
　也加入其中，1900年12月24日，十一國聯合將《議和大綱》提交清政府議和大臣。故
　《辛丑條約》簽字時，十一國都成為簽字國。

「悔禍」，並電令奕劻、李鴻章「所有十二條大綱，應即照允」。對列強的寬大感激涕零，「今茲議約，不侵我主權，不割我土地，念列邦之見諒，疾愚暴之無知，事後追思，慚憤交集。」她發誓今後要「量中華之物力，結與國之歡心」[1]，用所能給予的一切，來換取列強對其權力地位的保護，一副「洋人的朝廷」面目昭然若揭。

---

**1**《上諭》（光緒二十六年十二月二十六日），載《義和團檔案史料》下冊，第945頁。

# 《辛丑條約》與中國半殖民地半封建社會最終形成

　　清政府議和全權代表接受《議和大綱》後，按照國際公法，雙方相互校閱了全權證書，從這時候開始，中外之間才算正式進入談判過程。所謂談判，也是各國之間在某一點上先取得共識，形成文字，交給李鴻章，再由奕劻、李鴻章轉報西太后。如果西太后不同意，聯軍就以戰爭相威脅，奕劻、李鴻章就嚇唬西太后，西太后只好點頭。整個談判過程，就是反覆演出這種場面。這樣，各國又在懲兇、賠款及分配等問題上爭吵了大半年，直到各自的利益獲得了滿足。1901年9月7日，奕劻、李鴻章代表清政府與英、俄、德、法、美、日、意、西、荷、比、奧等十一國公使，在最後和約議定書上簽字。這一年，干支紀年為辛丑年，因此所簽條約又稱《辛丑條約》。

　　《辛丑條約》共有12款，加19個附件，主要內容為：

　　第一，派醇親王載灃為頭等專使赴德國謝罪；派戶部侍郎那桐為專使赴日本謝罪。在德使克林德被殺處立碑；對杉山彬「從優榮之典」。於外國墳墓被挖掘及被損壞之處，建立「滌垢雪侮」之碑。

　　第二，懲辦「首禍諸臣」。賜令莊王載勛自盡，端王載漪、輔國公載瀾斬監候，發往極邊，永遠監禁。毓賢即行正法。趙舒翹、英年斬監候，賜令自盡。剛毅斬立決，以病故免議。啟秀、徐承煜正法。徐桐、李秉衡均斬監候，已自盡，革職、撤銷恤典。董福祥革職降調。其他各省凡經發生教案和義和團的地區，文武官員百餘人分別斬首、充軍或革職永不敘用。

　　第三，在外國人被殺被虐的城鎮，停止文武各等考試五年。頒行佈

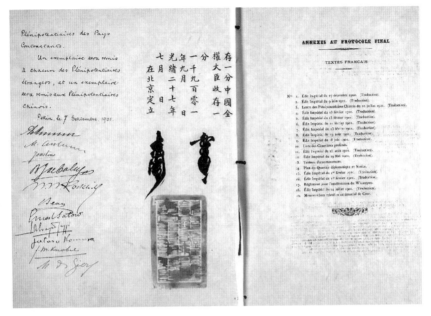

《辛丑條約》簽字頁 [採自英國國家檔案館，FO/93/23/20(17)]

告永遠禁止成立或加入敵視諸國之會，違者皆斬。各省督撫文武官員於所屬境內如復有傷害外國人等情事，必須立時彈壓懲辦，否則，該管之員，即行革職，永不敘用。

第四，向各國賠款白銀4.5億兩，加年息 4 釐，分39年付清，本息合計9.8億兩，以海關、常關及鹽政各進款為擔保。此外，還有各省地方賠款2,000多萬兩，總數超過10億兩。

第五，將大沽炮台及自北京至海的所有炮台「一律削平」。在天津周圍20里內，不准駐紮中國軍隊；准許各國派兵駐紮在京榆鐵路沿線的黃村、廊坊、楊村、天津、軍糧城、塘沽、蘆台、唐山、灤州、昌黎、秦皇島、山海關等12處戰略要地，以控制北京至海的交通。禁止軍火和製造軍火的各種器材運入中國，為期兩年，並可延長禁運期。

第六，在北京東交民巷劃定外國使館區，許各國駐兵保護，不准中國民人居住。

第七，將總理各國事務衙門改為外務部，班列六部之前。變通諸國欽差大臣覲見禮節。

《辛丑條約》簽訂之後，李鴻章一病不起，於11月7日死去。慈禧太后等到聯軍撤走，才從西安啟程「回鑾」。獲得外國赦免與保護的皇太后，又恢復了往日的窮奢極慾。她不顧深重的國難民災，大肆鋪張，發卒數萬人，驅車3,000輛，拉着各省進貢的金銀財寶、綾羅綢緞，一路黃土墊道、懸燈結彩，於1902年1月7日回到北京。

如果說1840年的《南京條約》是中國向半殖民地半封建社會轉變的開始，那麼，1901年的《辛丑條約》則標誌着這種社會形態的確立。我們可以從以下幾個方面來看這種變化。

首先是國家的政治地位。辛丑以前，列強已經割去了中國的香港、台灣等部分土地，強租了一些港灣，但尚未在中國領土合法駐軍。《辛丑條約》規定，外國軍隊得駐紮於中國京畿的戰略要地，並將海防炮台一律削平。這等於對中國實行了永久軍事佔領。辛丑以前，中國已經有了列強享受種種特權的租界，《辛丑條約》則將這種制度發展到形成一個中國人不得進入的武裝使館區，這是真正意義的「國中之國」，它就在紫禁城旁，用槍口監督着中國中央政府的一舉一動。辛丑以前，中國人捱列強的打還可以還手抵抗，這回不僅抵抗的權利被完全剝奪，連民眾加入反帝組織，也要被統統砍頭，而中國政府的官員則成了列強鎮壓人民的工具，否則就要被革職懲罰。清廷，成了洋人的朝廷！一位西方歷史學家評論道：中國此時「已經達到了一個國家地位非常低落的階段，低到只是保護了獨立主權國家的極少的屬性的地步了」[1]。

其次是國家的經濟地位。如果說自1840年以來，西方商品和資本的

---

1 馬士：《中華帝國對外關係史》第三卷，第383頁。

輸入，使中國在自由貿易的旗號下，開始了經濟的被侵略歷程，那麼，戰爭賠款則是把清政府打趴下之後，實行赤裸裸的劫掠。這種劫掠一次比一次厲害，直至整個國家財政盡入其囊。《辛丑條約》規定的賠款多達白銀10億兩，此時甲午戰爭的近 3 億兩賠款已使中國背了一身的債，而清政府全年的財政收入還不足白銀 1 億兩。要還清這巨額賠款，只有層層加派，最終分攤到每一個老百姓頭上。以中國洋務自強幾十年建造起來的近代工業約2,000萬兩白銀的總資本作比方，列強要把這個可憐的家底，連鍋端走60餘次！說中國已經成了被列強套着韁索的經濟奴隸，一點也不為過。條約還規定，各國要同中國簽訂新的商約，實際上是要進一步擴大對中國的經濟侵略。

最後從精神的方面看，列強一直注重對中國的心理征服。《辛丑條約》規定賠款4.5億兩，是以4.5億人為標準制定的，表示賠款是針對全體中國人的懲罰；規定凡是有義和團活動的地方，停止科舉考試五年，是對華北地區所有知識分子的懲罰；規定《辛丑條約》以及所有19個附件，都要以皇帝的名義在全國各地張榜公佈，是對全國官民的警告。這些對全國人民的心理壓力是巨大的。以慈禧為代表的清朝統治階級，由傳統意識維繫的心理防線終於被徹底摧垮。謝罪，懲兇，立碑，停試，天朝上國的妄自尊大、盲目排外，一下子變成了乞命討饒，奴顏婢膝。八國聯軍進北京時，京官朝貴中「相率戶前掛某某國順民旗」，更有不少當了漢奸走狗。據記載，西太后回到皇宮，在接見外賓時，她一把抓住美國公使夫人的手，好幾分鐘沒有放開，嗚咽抽泣着反悔自己的錯誤，「量中華之物力，結與國之歡心」的諂媚心態由此表現無遺。統治階級的思想即是社會的主流思想。一股崇洋、媚洋的殖民地意識就這樣在中國逐漸蔓延開來。洋務活動時期，當負責洋務的官員，被看作是可恥的。1901年後，能講幾句英文，就足以炫耀於人了。

自鴉片戰爭中國逐漸陷入半殖民地半封建社會以來，中國社會處境一直是下降的，以往的史學家評論說，這種下降就是「沉淪」，甚至

「沉淪」到了「深淵」。但是這個「深淵」在哪裏？這個「深淵」有底嗎？我經過研究認為，這個「深淵」有個「谷底」。「谷底」就是《辛丑條約》的簽訂。自此往後20年間，中國社會就在這個「谷底」裏掙扎，有時候看上去有了光明的前景，有時候這個光明的前景又被黑暗取代。[1]

就在清王朝於屈辱中沒落之際，20世紀中國新的民族覺醒的標誌——革命，便加速來臨了。

---

[1] 參看張海鵬《中國近代史的分期及「沉淪」與「上升」諸問題》，《近代史研究》1998年第2期。又見《張海鵬自選集》，學習出版社2012年版，第227—244頁。

第五章

# 社會大變革的
# 醞釀時期

# 清政府的「新政」出台與
# 社會秩序的新變化

清政府出台「新政」是20世紀初中國社會中發生的重大事件。

20世紀頭十年，是中國歷史醞釀重大事變的十年，是歷史運動詭譎多變的十年，是舊勢力力圖維新以求永存的十年，也是新生力量積聚能量以求取而代之的十年。這十年的政壇上，演出過不少有聲有色的活劇。

1898年的戊戌維新運動，提供了一次改變中國歷史面貌和行程的大好機遇。但是清朝的最高統治者不僅沒有把握住這次機遇，而且，用血腥的手段拒絕了這一次機遇。這些統治者居於權力的高峰，一貫養尊處優，他們看不到，或者並不重視中國社會自鴉片戰爭以來，尤其是自甲午戰爭以來所發生的巨大變化，看不到中國社會內部，正在醞釀着來自下層、中層甚至上層要求變革的呼求，特別是中下層社會求變心理的躁動正在演變為求變的行為。慈禧太后僅僅從鞏固個人及其后黨權力的需要出發，輕易地否定了一次來自關心國家社會命運的下層知識分子發動、得到光緒皇帝支持的全面變革社會的運動。如果這次運動提前40年而且成功，就可能出現日本明治維新那樣的局面。

20世紀初中國出現了再次發展的機會。在由誰來掌握這機會上卻出現了複雜的情況。在朝的統治者和在野的革命派、立憲派都想掌握這次機會，而且各自在朝、在野分別演出了程度不等的悲喜劇。八國聯軍侵華給清統治者留下了極為深刻的教訓。他們認識到完全按舊的方式很難維持統治，決心實行新政。

還在辛丑議和過程中，列強就表達了希望中國進行革新的意願。在

列強的強大壓力下，清廷於1901年1月29日在西安發佈上諭，宣示變法。上諭說：「世有萬古不易之常經，無一成不變之治法」，強調「三綱五常，昭然如日月之照世」，是不可改變的；而「令甲令乙，不妨如琴瑟之改弦」，是可以改變的，要求朝臣和地方大吏「參酌中西政要，舉凡朝章、國政、吏治、民生、學校、科舉、軍制、財政，當因當革，當省當並，或取諸人，或求諸己，如何而國勢始興？如何而人才始出？如何度支始裕？如何而武備始修？」各就所知，各抒己見，限兩個月時間，向朝廷作一個詳細的報告。上諭還特別指出，「懿訓以為取外國之長，乃可補中國之短；懲前事之失，乃可作後事之師。自丁戊以還，偽辯縱橫，妄分新舊。康逆之禍，殆更甚於紅拳。迄今海外（甫）逃，尚以富有、貴為等票誘人謀逆。更藉保皇保種之妖言，為離間宮廷之計。殊不知康逆之談新法，乃亂法也，非變法也。……實則剪除亂逆，皇太后何嘗不許更新」[1]。「懿訓」是慈禧太后的訓詞。這是說，慈禧太后是不反對取外國之長補中國之短的，在剪除了康、梁等「亂逆」以後，她是同意變法維新的。這首先是為了堵住光緒皇帝的嘴。雖然，此後實行的一系列新政，慈禧太后是以自己的行動否定了戊戌政變以來的基本國策，而重新認同了光緒帝、康有為等的危機意識和維新思想，她不得不承認中國未來發展的基本取向是改革。

西太后雖然對百日維新的種種舉措有無數的不滿，但從清廷根本利益的角度來考量，她不可能從根本上否定維新事業。她所否定的是光緒皇帝、康有為、梁啟超等主持的維新，她要把維新事業抓到自己手裏來做。這一次的變法，是清王朝為了挽救統治危機，重建統治秩序，在統治方法上做的一次自上而下的範圍廣泛的改革。變法的動力，大體來自三個方面。一是列強的要求。辛丑議和過程中，帝國主義列強已經提出了清政府應當變法的要求，因為一個頑固保守封建統治秩序的政府並不

---

1 1901年1月29日上諭，見《義和團檔案史料》下冊，第914—915頁。

利於西方列強在中國的利益。清政府從首重邦交的原則出發接受了這一要求。二是鞏固權力的需要。光緒皇帝主持戊戌變法，得到了外國的支持，而慈禧太后發動戊戌政變，想要罷黜光緒皇帝，卻得不到列強的支持。現在列強要求變法，如果讓給光緒皇帝去做，大權又會旁落。自己主動變法，可以改變自己在列強心中的形象，又可以鞏固自己的權力。三是對付日漸高漲的反清革命形勢的需要。變法上諭明確指出「新政」與戊戌時期康梁的變法是完全不同的，在此後的許多上諭和大臣的奏摺中，非常清楚地反映出他們對孫中山等人在海外活動的擔憂，他們以為，朝廷主動變法，就可以封住康、梁甚至孫中山一夥人的嘴。

「清末新政」是指20世紀初清政府在其統治的最後十年所進行的各項改革的總稱，具體改革涉及政治、經濟、軍事、文化教育與社會生活各個領域，其目的在於維護清王朝的統治，但客觀上也有利於中國社會政治從傳統到近代的轉型，因而具有某種近代的意義。

從 1901 年到 1911 年，清政府在實行新政方面確實有相當大的動作。朝中大臣反對實行新政的聲音很小，反對新政改革的派別幾乎不存在。這是與洋務運動和戊戌維新時期根本不同的。「新政」詔書發佈後，山東巡撫袁世凱首先提出有關新政的對策。接着，兩江總督劉坤一、湖廣總督張之洞聯銜上了三個奏摺（通稱「江楚會奏變法三摺」），提出「育才興學」、「整頓中法」、「採用西法」三個方面建議，得到朝廷稱讚。這三摺，成為此後新政變法的總綱。1901 年 4 月，清廷宣佈成立「督辦政務處」，作為舉辦新政的「統匯之區」，實際上是一個負責籌劃變法新政事宜的辦事機構。這個機構，以慶親王奕劻、大學士李鴻章、榮祿、王文韶等為督辦政務處大臣，並以劉坤一、張之洞遙為參預政務處事宜。清政府不僅派出五大臣赴東西洋各國考察政治（這是承認政治不如人的表示），而且在政治、軍事、經濟、教育、法制改革方面邁出了較大的步伐，頒佈了大量的政策法令、規章條例。某些措施已經觸動清朝統治的根本，如在政治上宣佈預備立憲，在中央設資政院，在各省設諮議局，

擴大了民意表達，在官制方面也做了一些革新；在經濟措施上鼓勵資本家投資工商企業、鼓勵資本家發展，商會的普遍發展在客觀上鼓勵了資本家組織起來；在教育上廢除科舉，建立新式學制，舉辦大中小學，形成新的人才機制；在法制改革方面也衝擊了傳統的政法不分、立法司法不清的觀念，等等。這些都是比此前的兩次新政步子邁得更大一些的。實行新政的具體措施如下。

第一，中央、地方機構的調整及冗員的裁汰。

宣佈裁撤各部書吏，令各部員司親自辦理部務；令各省府州縣，盡行裁汰蠹吏；按《辛丑條約》要求，將總理各國事務衙門改為外務部，「班列六部之前」；下令永遠停止捐納實官。總之，罷免了中央和地方政權機構中一些冗員，裁撤了一些閒散的、重疊的政府機構。

第二，建立具有近代意義的「新軍」、警察制度。

1902年，向全國推廣北洋、湖北訓練新軍的經驗。1903年，在京師設立練兵處，作為全國組建、訓練新軍的中央辦事機構。1904年，練兵處提出了全國常備軍約需36鎮才符合需要的設想，同時制定新軍編制及陸軍學堂規範，決定選派陸軍學生出洋留學。1905年，袁世凱宣佈他所負責的北洋六鎮練成。隨後不久，湖廣總督張之洞在湖北宣佈練成一鎮一混成協，這是北洋以外練軍成績最好的。1907年，新建立的統攝全國軍事工作的陸軍部宣佈，視各省財力和戰略需要，將計劃建立的36鎮兵力分配於各省，要求各省在三五年之內訓練完成。實際上，到清政權垮台，也只練成了14鎮又18混成協又4個標（鎮相當於後來的師，協相當於旅，標相當於團，混成協相當於合成旅的建制）。加上京城禁衛軍，總共成軍約20萬人。這支軍隊，可以說是近代中國真正的新式陸軍。

清廷在注意新式軍隊建設的同時，也注意近代警察制度的建立及建設。1905年，清廷下令設立巡警部，管理京城內外工巡事務，督辦各省巡警。

編練新軍是清廷實施新政的第一大要政，是「當務之急」、「探

本之計」，費錢最多，成果也較為明顯。新軍較之舊軍由許多區別，也有許多進步，它是中國軍事近代化的起點。但是新軍作為地主階級國家階級壓迫的工具，性質卻與舊軍一樣，並無絲毫變化。新軍的產生，是那時興盛起來的以資產階級革命派為領導力量的全國人民革命化的對立物。新軍槍口對內是明白無誤的。對於帝國主義列強的武力，統治者們害怕極了。他們練兵的重點不在海軍而在陸軍，軍隊部防重點不在邊疆、沿海，而在京畿和內地統治樞要地區，正說明了這一點。所以，總理練兵事務大臣、慶親王奕劻明白道出：「北洋練兵，為拱衞畿疆，彈壓餘匪，更無他意。」[1] 武昌起義前，各地爆發的多次人民武裝起義和暴動，都是被新軍鎮壓下去的。

第三，調整和制定合乎近代規範的法律制度。

1902 年，清廷派沈家本、伍廷芳「將一切現行律例，按照交涉情形，參酌各國法律，悉心考訂，妥為擬議」[2]。在法制改革的過程中，吸收了一些國外留學生參加，也曾聘請外國法律專家，同時大量翻譯、借鑒外國法律。着手起草了《大清新刑律草案》《大清法律草案》《大清商律草案》《民事訴訟律草案》《刑事訴訟律草案》。這些法律草案在一定程度上借鑒了西方資產階級的法律體系，打破了中國自古以來民刑不分、諸法合一的舊法律體系，初步貫穿了三權分立與立法、司法和檢察分離的精神，在某些法律條文上體現了自由、平等的思想。法律制定和徵求意見的過程中，存在着強烈的思想衝突，張之洞、勞乃宣等人堅持制定新律要符合封建禮教，條文中要體現君臣、父子、男女、夫妻等尊卑貴賤的區別，因此，新的法律草案中，仍然充滿了封建禮教的約束。例如，商律草案雖然第一次肯定了商人的合法地位，但卻規定婦女不得經商就是一例。以上法律草案，除了商律草案中的《商人通例》《公司律》《破

**1** 見《政藝叢書》壬寅全書：《內政通紀》第一卷，第5頁。
**2** 見《光緒朝東華錄》第五冊，總第4864頁。

產律》以及《大清新刑律》和《法院編制法》曾經公佈外，其餘還在制定或者徵求意見過程中就遭到衞道士們的猛烈攻擊，被束之高閣，即使已經公佈的法令，由於清政權的迅速垮台，也沒有起到任何作用。但是，《大清新刑律》《商律》中的一些法例基本上為民國初年所沿用。

第四，振興商務，獎勵實業。

新政的目的在於富國強兵，因此清廷在制定新政舉措的時候，除了強兵一項外，更致力於振興商務，獎勵實業。1903 年 8 月，清廷正式設立商務部，作為「振興商務之地」，主管路、礦、工、商、農墾、畜牧等方面實業，並以此部的名義先後頒佈一批具有近代資本主義色彩的工商條例或實業章程，例如，《獎勵公司章程》《商會簡明章程》《接見商會董事章程》《重定鐵路簡明章程》《重定礦務暫行章程》《公司律》《公司註冊試辦章程》《商標註冊暫擬章程》等。這些規章宣佈發展實業為合法，獎勵資本家發展實業，並且承擔保護投資者的責任，鼓勵民族資本創辦各式各樣的實業公司、銀行等，鼓勵資本家建立商會，對於近代中國工商業的發展起過積極的作用。

第五，整理財政，改革幣制。

在庚子事變之後的中英商約談判中，統一中國幣制、建立國家銀行與實行金本位幣制的主張也被提上議事日程。1903年，英籍海關總稅務司赫德正式向外務部提出建立虛金本位幣制的建議，他主張中國設立國家銀行，統一經理「國內銀錢事件」。1904年，美國特派會議銀價大臣（即國際匯兌調查委員）精琪來華，極力主張中國實行金本位幣制。赫德與精琪的幣制改革計劃都未能被清政府採納。1910年，載澤奏上《國幣則例》，建議以圓為單位的銀本位幣制，經清廷上諭批准頒佈，上諭稱：「中國國幣單位，著即定名曰圓，暫就銀為本位。以一元為主幣，重庫平七錢二分，另以五角、二角五分、一角三種銀幣，及五分鎳幣，二分、一分、五釐、一釐四種銅幣為輔幣。元角分釐各以十進，永為定

價，不得任意低昂。」[1] 從而確定了一個銀本位幣制。但是，這個新的幣制還來不及最終實施，清王朝就被辛亥革命推翻了。

鑒於中央政府對地方財權失控，中央集權的財政管理體制遭到破壞，晚清時期財政陷於嚴重的混亂狀態。清理財政便成為新政的當務之急。1903年，清政府設立財政處，作為專門的財政管理機構。1906年，戶部改為度支部，財政處合併其中，此後，度支部成為全國最高財政管理機關。1909年初，清廷頒佈《度支部清理財政章程》，規定：清理財政，以結清舊案，編訂新章，調查出入確數，「為全國預算、決算之預備」。在中央政府的督促下，各省先後編輯、完成了《財政說明書》，這部分資料今天仍不失為研究清末各省財政的重要參考資料。[2]

第六，廢科舉，興學校。

1903年3月，袁世凱、張之洞會奏，建議廢止科舉，認為「科舉一日不廢，即學校一日不能大興。學校不能大興，將士子永遠無實在之學問，國家永遠無救時之人才，中國永遠不能進於富強，即永遠不能爭衡於各國」[3]，請求清廷將科舉取中名額，按年遞減，三科減盡。同年，清廷頒佈各級各類學堂章程，統一全國學制及年限。這叫作「癸卯學制」。從學前教育的蒙養院（即幼兒園）到正式學校教育，由小學堂起逐級上升至通儒院（約相當於今天的研究生院），包括各種專科學校的一整套教育體系，就是這個時候建立起來的。此後，在北京等地更設立一些農、工、醫、法政、師範及實業等高等專科學堂。

1905年9月，受到日本戰勝俄國的刺激，袁世凱、張之洞深感「不獨普之勝法，日之勝俄，識者皆歸其功於小學校師，即其它文明之邦，強

---

**1** 《度支部尚書載澤摺》《上諭》，見《中國近代貨幣史資料》第一輯下冊，中華書局1964年版，第783—789頁。
**2** 各省《財政說明書》，共出版20冊，中國社會科學院近代史研究所圖書館、日本慶應義塾大學圖書館有收藏。
**3** 《光緒朝東華錄》第五冊，總第4998—4999頁。

盛之原，亦孰不基於學校。而我國獨相形見絀者，則以科舉不停，學校不廣……故欲補救時艱，必自推廣學校始，而欲推廣學校，必自先停科舉始」。「科舉一日不停，士人皆有僥倖得第之心……學堂決無大興之望」[1]，於是再次奏請，清廷雷厲風行，立即決斷從次年丙午科開始，所有鄉試一律停止。於是實行千年之久的科舉制度至此完全廢除，中國教育步入近代特徵的新軌道。同年12月，清廷諭令成立學部，負責統籌全國的教育管理與指導。

「新政」實行了幾年，沒有甚麼大的動作。這時候，清政府駐法國公使孫寶琦向政務處上了一份請求清政府立憲的奏摺，請求政府「思窮變通久之義，為提綱挈領之謀，籲懇聖明，仿英、德、日本之制，定為立憲政體之國，先行宣佈中外，於以固結民心，保存邦本」[2]。隨後，雲貴總督丁振鐸、署兩廣總督岑春煊、貴州巡撫林紹年等封疆大吏也紛紛奏請清廷准予立憲。於是立憲問題便自然在部分內外大臣中議論開來，成為中外輿論注視的焦點。

1905年7月，直隸總督袁世凱、兩江總督周馥、湖廣總督張之洞等聯名上奏，請清廷宣佈12年後實行憲政，並奏請清廷簡派親貴大臣分赴各國考察憲政。奏上不到十天，清廷即發佈諭旨，決定派載澤、戴鴻慈、徐世昌、端方、紹英五大臣，於 9 月分赴日、美、英、法、比、德、義、奧等東西洋各國考察一切政治，以為清廷將來實行憲政作準備。後來，五大臣出發離京時，在正陽門火車站乘車，遭遇革命黨人吳樾投擲炸彈，清廷又改派李盛鐸、尚其亨頂替徐世昌、紹英二人，並於同年12月正式啟程。

經過長達半年多的考察，1906年夏秋之交，出洋考察憲政的五大臣先後回國覆命。他們除將所見所聞向清廷報告外，同時也請朝廷準備

---

1 《光緒朝東華錄》第五冊，總第5390—5391頁。
2 《孫寶琦上政務處書》，《東方雜誌》1905年第1卷第7號。

立憲，以為當日的中國只有走立憲的路，才能使清廷擺脫危機，皇位永固。載澤在《奏請宣佈立憲密摺》中分析當時的情形及清廷必須走立憲之路的道理時說：「以今日之時勢言之，立憲之利有最要者三端：一曰皇位永固。立憲之國，君主神聖不可侵犯，故於行政不負責任，由大臣代負之，即偶有行政失宜，或議會與之反對，或經議院彈劾，不過政府各大臣辭職，另立一新政府而已。故相位旦夕可遷，君位萬世不改，大利一。一曰外患漸輕。今日外人之侮我，雖由我國勢之弱，亦由我政體之殊，故謂為專制，謂為半開化而不以同等之國相待。一旦改行憲政，則鄙我者轉而敬我，將變其侵略之政策，為和平之邦交，大利二。一曰內亂可弭。海濱洋界，會黨縱橫，甚者倡為革命之說，顧其所以煽惑人心者，則曰政體專務壓制，官皆民賊，吏盡貪人，民為魚肉，無以聊生，故從之者眾。今改行憲政，則世界所稱公平之正理，文明之極軌，彼雖欲造言，而無詞可藉；欲倡亂，而人不肯從，無事緝捕搜拿，自然冰消瓦解，大利三。」[1] 載澤的這些分析，表明了五大臣在考察日本政治後，對中國實行憲政政體的某種理解。實行憲政能夠做到皇位永固、外患漸輕、內亂可弭，當然是求之不得的好事。真正希望能夠打動西太后的恐怕就是「皇位永固」四個字。這是考察日本政治後的最大收獲。其實，日本的皇位永固，並不在是否立憲。日本在推翻幕府、王政復古後，確立天皇制，天皇制規定了天皇是萬世一系的，這本身就明確了皇位是永固的。日本實行立憲政治，也是在明治維新二十多年以後，況且，日本的立憲是君權七分民權三分的。這一點，清廷當然是可以仿效的。至於外患漸輕和內亂可弭兩條，朝廷最關心的應該是內亂可弭一條。因為，立憲運動在國內搞得轟轟烈烈，孫中山、黃興在海外「倡亂」搞革命，根據的就是「政體專務壓制，官皆民賊，吏盡貪人，

---

**1** 《出使各國考察政治大臣載澤奏請宣佈立憲密摺》，《清末籌備立憲檔案史料》上冊，第173—174頁。

民為魚肉，無以聊生」這句話，如果實行立憲能夠使革命「亂黨」冰消瓦解，自然是最有誘惑力的。至於外患漸彌，西太后已經不放在心上。因為，《辛丑條約》簽訂後，西太后的位子已經保穩了，「量中華之物力，結與國之歡心」的承諾早已公佈中外，在對外方面，已經沒有甚麼可以擔心的了。

載澤等人的意見，基本上被清廷所認可。9月1日，清廷發佈上諭，宣佈「仿行立憲」，目標是「大權統於朝廷，庶政公諸輿論，以立國家萬年有道之基」。但目前規制未備，民智未開，不應操切從事，徒飾空文。下手辦法，是先從官制入手，先分別議定官制，並詳慎釐定各項法律，包括廣興教育、清理財政、整頓武備、普設巡警，打好預備立憲基礎。數年後，查看情形，參用各國成法，妥議立憲實行期限，再行宣佈天下。「視進步之遲速，定期限之遠近。」[1] 從這個上諭看，清廷雖然接受「仿行立憲」，但甚麼時候結束預備立憲，甚麼時候正式實行立憲，是沒有時間要求的。

在頒佈上諭的第二天，清廷發佈改革官制的上諭，派載澤、鐵良、袁世凱等負責編纂官制，命各總督派司道大員至京隨同參議，而由奕劻、瞿鴻禨、孫家鼐等總司核定。經過兩個多月的編製、評議，中央及地方官制改革的方案陸續出台。奕劻、瞿鴻禨、孫家鼐等首先報呈中央官制改革方案，大體上根據立憲國家立法、行政、司法三權分立，各有專屬，相輔而行的辦法，在現行官制的基礎上分權限、明職任、副名實。方案提出，立法本屬議院，今暫設資政院以為預備；行政之事專屬內閣，內閣分為11部，分別為：外務部、吏部、民政部、度支部、禮部、學部、陸軍部、法部、農工商部、郵傳部、理藩部。內閣設總理大臣一人，部設尚書一人、侍郎二人。內閣總理大臣、各部尚書、侍郎均為內閣政務大臣。「分之為各部，合之皆為政府，而情無隔閡；入則參

---

1　《宣示預備立憲先行釐定官制諭》，《清末籌備立憲檔案史料》上冊，第44頁。

閣議，出則各治部務，而事可貫通。如是則中央集權之勢成，而政策統一之效著。」司法則專屬法部，大理院任審判，法部對大理院有監督之責。此外還設都察院任糾彈（監察），審計院以查濫費。以上資政院、大理院、都察院、審計院「皆獨立而不為內閣所節制」。報告認為，如果做到這些，責成明了，積弊可以廓清，憲政規模也就有基礎了。但是這個方案對現存權力最大的軍機處沒有正面涉及，只是提到，由於議院一時難以成立，對於行政權力的監督不能說是完全了，因此建議「或改今日軍機大臣為辦理政務大臣」[1]，至於辦理政務大臣與內閣總理大臣、內閣政務大臣在職任上有何區別，則沒有提到，顯然是想撤消軍機處的意思。如果這個方案得以通過，在官制改革上應該是一次較大的進步。實行三權分立有限制君權的意思，撤銷軍機處更有限制君權的意思。

　　這個方案送到西太后手裏，西太后作了最後的裁決：認可行政方面11個部的設置；同意增設資政院、審計院；批准大理寺改大理院，專掌審判；對於原報告未曾提及的部門如宗人府、內閣、翰林院、欽天監、鑾儀衞、內務府、太醫院、各旗營、侍衞處、步軍統領衙門、順天府、倉場衙門等則明令「毋庸更改」。最重要的變化涉及軍機處。上諭一開始就針對原報告，明確指出：「軍機處為行政總匯，雍正年間本由內閣分設，取其近接內廷，每日入值承旨，辦事較為密速，相承至今，尚無流弊，自無庸復改。內閣軍機處一切規制，着照舊行。」這樣，就把原報告擬撤銷軍機處，以軍機大臣充辦理政務大臣的意見根本否決了。至於官制改革的指導思想，根本不提甚麼三權分立，只強調「其要旨惟在專責成，清積弊，求實事，去浮文，期於釐百工而熙庶績」[2]，不過仍是代代相傳的官場浮文。很明顯，軍機處直接承旨辦事，比內閣總理大

---

**1** 《慶親王奕劻等奏釐定中央各衙門官制繕單進呈摺》，《清末籌備立憲檔案史料》上冊，第463—465頁。

**2** 《裁定奕劻等核擬中央各衙門官制諭》，載《清末籌備立憲檔案史料》上冊，第471頁。

臣還要受議院（資政院）的約束，要得心應手多了。當然，同意司法和行政分開，同意成立資政院以作成立議院的預備，畢竟是政治改革方面的一個進步。但是，官制改革的設計者們提出的實行內閣制的改革方案，在正式出爐前被慈禧太后打掉了。從官制改革後重新任命的各部尚書看，11個部中，漢族官員只有 4 席，滿族官員卻有 6 席，蒙族 1 席。名義上是滿漢不分，實際上比過去滿漢各一員的情況還倒退了。而且重要的部，都掌握在滿人手裏，如負責財政的度支部、負責軍隊的陸軍部，都由滿人掌握。陸軍部尚書鐵良把原由袁世凱訓練的北洋六鎮中的大部分鎮的指揮權力，都收歸陸軍部。這樣的改革，反映了權力集中於滿人的趨勢，可能引起滿漢矛盾的緊張。消息公佈，朝野各界都不滿意。20世紀初，中國社會秩序出現新變化，主要體現在民族資產階級的初步成長、新型知識分子群體的出現等方面。所謂新型知識分子，是指脫離了傳統的科舉體制教育體系，接受了歐美、日本資產階級教育體系的教育而成長起來的有別於傳統知識分子的那群人。這群人，一種是有國外留學背景的人，另一種是國內新學制出身的人。

中國人到國外留學，起始於19世紀70年代幼童留美，80年代福建船政學堂學生去英國學習海軍。這是洋務活動期間的官派任務，並未開放民間自由出國留學。甲午戰爭失敗第二年即1896年，鑒於駐日使館的需要，總理衙門派出唐寶鍔、戢翼翬等13名學生到日本，作為駐日使館東文學堂的學生，由日本高等師範學校負責他們的教學，一般認為這是中國留日學生之始。[1] 日本在日俄戰爭中再次取勝，大大刺激了中國學子日本留學的熱情。據日本學者實藤惠秀研究後給出的數字，前往日本留

---

**1** 桑兵認為，這批學生還不算是正式的留日學生，他們不算是正式到日本學校學習。他認為，1897年廣東順德人、萬木草堂弟子羅普隻身來到日本，進入早稻田專門學校學習法科，他才是近代中國人留學日本的第一人。1898年，南洋官費生楊蔭杭等數人到日本留學，是中國第一批去日本留學的官費生。參見桑兵《清末新知識界的社團與活動》，生活 · 讀書 · 新知三聯書店1995年版，第136—148頁。

學的中國學生，1899年有207人，1901年有280人，1902年有500人，1903
年留日學生有1,000人，1904年約有1,300人。[1]1905年，日本戰勝俄國，
在此刺激下，清政府廢除科舉考試制度，這年留日人數達到近代中國留
日學生人數的頂峰，這年底，留日中國人約達8,600之多。1906年大約也
有8,000之多。[2]美國學者評價這是「到此時為止的世界史上最大規模的
學生出洋運動」[3]。「東亞風雲大陸沉，浮槎東渡起雄心。為求富國強兵
策，強忍拋妻別子情。」[4]反映了那時留日青年的熱切心情。學者統計，
1896—1937年中國留日學生在10萬人左右。1850—1953年中國留美學生
總數約為 2 萬人。1900—1907年，官費留美學生總計有100餘人，到1911
年，留美學生增至650人，其中官費生207人，自費生443人。留學歐洲各
國的中國學生，據統計，到1910年，中國留歐學生總計有500餘人，其中
留法學生140餘人，留英官費生124人，留德學生77人，留俄學生23人。[5]
1903年，張之洞派在武昌花園山倡導革命的一批青年約30人赴比利時留
學。據估計，1949年前留歐學生約為 2 萬人。[6]據此估計，1901—1911年
留日學生可能有 4 萬之多。同期留學歐美學生不會超過2,000人。

　　除了遠赴國外留學，國內新學制的建設也培養出了大批區別於舊式
科舉士子的新型知識分子。

　　1905年元旦，旅順俄軍向日軍投降，3月，在奉天會戰中，俄軍敗

**1** 見實藤惠秀《中國人留學日本史》，譚汝謙、林啟彥譯本，表一留日學生數，生活 ·
讀書 · 新知三聯書店1983年版，第451頁。另據《日本留學中國學生題名錄》，1899
年為143人，1900年為159人，1901年為266人，1902年為727人。見房兆楹《清末
民初洋學學生題名錄》初輯，第1—53頁。按李喜所統計，1898年為61人，1901年為
274人，1902年為608人。見《近代留學生與中外文化》，天津人民出版社1992年版，
第185頁。各書統計數字不盡一致，但所顯示的留學人數增加趨勢是完全相同的。
**2** [日]實藤惠秀：《中國人留學日本史》，第39頁。
**3** 費正清、劉廣京編：《劍橋中國晚清史》（下），中國社會科學出版社1993年版，第
404頁。
**4** 吳玉章（永珊）：《辛亥革命》，人民出版社1961年版，第29頁。
**5** 參見王奇生《中國留學生的歷史軌跡》，湖北教育出版社1992年版，第57頁。
**6** 參見王奇生《中國留學生的歷史軌跡》，湖北教育出版社1992年版，第90頁。

退，日軍佔領奉天（今瀋陽市）。奉天會戰後，日軍在戰場上的勝利者地位已經確定了。參預政務大臣袁世凱、張之洞會奏，鮮明地感受到時局危迫，「實同一刻千金」。他們提出應雷厲風行，立即停罷科舉。1905年9月2日，清廷正式宣佈「自丙午（1906年）科為始，所有鄉會試一律停止，各省歲科考試，亦即停止」[1]，改變了原定十年停止科舉的決定。1905年12月6日，清廷批准政務處、學務大臣會奏，「著即設立學部」，以作為振興學務總匯之區。[2] 在清政府的大力提倡和各級地方政府的積極響應下，新式學堂便如雨後春筍般地湧現，形成一股興學熱潮。據學者統計，1903年全國有新式學堂769所，1904年有4,476所，1905年8,277所，1906年一下猛升至23,862所，1907年37,888所，1908年47,995所，1909年59,117所，1910年42,696所，1911年52,500所。在校學生，1903年31,428人，1905年升至258,873人，1906年545,338人，1906年最高，接近164萬人。畢業生，1905年有2,303人，1906年8,064人，1909年23,361人[3]，由此可見清亡之前新式學堂畢業生人數數量頗多。

新式學堂的發展有着非常明顯的地區分佈不平衡性，四川、直隸兩省學堂各上萬所，學生各二三十萬人，新疆、黑龍江兩省，學堂幾百所，學生幾千人。大致而言，各地區新式學堂的發展程度與經濟發展水平、人口數基本相一致，長江流域與沿海地區發展較快，邊疆偏遠省份發展較慢。據統計，1909年，全國有小學堂51,678所，小學生1532,746人；中學堂460所，中學生40,468人；高等學堂24所，學生4,203人；大學堂3所，學生749人。[4] 全國普通學堂共計學堂52,165所，學生約158萬人。普通學堂外，還有師範學堂、實業學堂、法政學堂、女學堂，以及

---

**1** 《光緒朝東華錄》第五冊，總第5392頁。

**2** 《光緒朝東華錄》第五冊，總第5445頁。

**3** 參見王笛《清末新政與近代學堂的興起》，《近代史研究》1987年第3期。

**4** 陳翊林：《最近三十年中國教育史》，上海太平洋書店1931年版，第97、114、125頁。

一些方言學堂、醫學堂等，數量不是很多。1909年佔全國學生總數97%
的普通學堂的157萬多名學生中，小學生多達153萬人，佔97.5%，中學生
4萬多人，高等學堂學生4,000多人，大學生僅700多人，中、高等教育還
處在起步階段。這些新式學堂的學生，特別是高等學堂的畢業生，雖然
按照人口總數來說比例極低，但還是形成了一個重要的新式學生群體。
另外，各類新式學堂的出現，使新教育的影響逐漸滲透到社會各個領
域，特別是受過高等教育的學生，對於形成新型知識分子群體有着重要
意義，對於整個社會的近代轉型也有着重要的意義。

1902年上海成立中國教育會，蔡元培任會長。同年11月上海南洋公
學發生學生退學風潮，中國教育會決定成立愛國學社，接納大部分南洋
公學退學的學生。學社由蔡元培任總理，吳稚暉為舍監，並由教育會選
派教師。「一時群賢畢至，少長咸集，差不多成為上海新學界的一個重
要中心。」[1] 愛國學社後來還接納了一些其他學堂退學的學生，成為培
養愛國與革命青年的搖籃。南洋公學退學風潮引起了國內學界的強烈震
動，各地學潮接連發生。1903年，在拒俄運動發展的推動下，國內學潮
陡然高漲。1905—1911年，全國共發生學潮347次，年均約50次，分佈20
省市以上。[2] 學界風潮幾乎遍及全國，不僅在長江流域與東南沿海這些經
濟與文化教育發達的地區不斷發生，而且波及西南、西北與東北較為偏
遠的省區。學潮是新式學堂的產物。

新型知識分子群體的作用是巨大的。單就留日學生來說，無論是官
費生還是自費生，無論是革命派、改良派還是隨大流者，大多是抱着救
國的目的浮海東渡的。他們在日本求學期間，或者在回國以後，對中國
的社會生活影響至大至巨，尤其是政治、軍事和基礎教育方面，更是令

---

1 《俞子夷記中國教育會與愛國學社》，見朱有瓛主編《中國近代學制史料》第二輯上
冊，第701頁。
2 桑兵：《晚清學堂學生與社會變遷》，廣西師範大學出版社2007年版，第100、177
頁。

人刮目相看的。辛亥革命，其發動和鼓吹，與中國留日學生關係極大。除了國內的社會基礎和階級基礎外，這一革命的策劃和組織，可以說基本上是在日本的留學生中進行的。孫中山奔走海外多年，組織發動革命功不可沒，但進展不是很大。只是在他於1905年接觸了歐洲的中國留學生，並在其後融入日本的中國留學生之後，尤其是在東京留學生組建中國革命同盟會後，革命形勢的發展就一日千里，一發不可收拾了。中國同盟會的主要幹部，幾乎都是留日學生。辛亥革命，完全可以說，是在中國同盟會的組織、發動、號召和直接參與下取得成功的。留日學生還是立憲派中最活躍的一個群體。他們是立憲宣傳的主力軍，立憲運動的主要組織者和領導者，在整個立憲運動中扮演了主要角色。20世紀初形成的新型知識分子群體，是當時中國社會變革最根本的革新力量，無論是革命派、立憲派人士，還是清政府內部的趨新勢力，基本上都源於此。正是在這些所謂「革新之健將」的新型知識分子的主演下，新政、立憲與革命的精彩劇目交互激盪，將一場中國社會政治大變革的歷史重頭戲推向了高潮。

# 英國侵略西藏
# 日俄在東北劃分勢力範圍

　　八國聯軍之役後，在中國領土上，還有兩場外國侵略中國的戰爭。一場在西南邊疆，英國侵略西藏的戰爭；另一場在東北，日本和俄國在中國領土上的戰爭。

　　英國覬覦西藏甚久，1888年，英國就發動過一次侵略西藏的戰爭。英國與俄國在西藏存在利益衝突。1895年十三世達賴親政，俄國派出間諜德爾智為十三世達賴的侍講經師，接近西藏地方統治的核心。在俄國影響下，達賴有依靠俄國反對英國的傾向。1902年，英印武裝人員百餘人，一度侵入西藏邊境干壩宗的甲崗，遭到俄國干涉。1903年，俄國在停止從中國東北撤兵問題上，引起中國和國際不滿，英國利用這個時機，對西藏發動侵略。

　　1903年7月，以榮赫鵬為首的英印代表團帶着200多名武裝衞隊，到中國西藏邊境干壩宗，與中國方面舉行會談，要求確定西藏與英國的從屬關係。11月在英國政府批准下，英印武裝集團進佔西藏江孜。12月中旬，英印侵略軍2,000多人，在麥克唐納少將指揮下，從咱里拉侵入西藏境內，佔領亞東、春丕和帕里，挑起侵藏戰爭。西藏地方上下痛恨英國侵略者，他們衝破清政府駐藏大臣的壓制，開展反侵略鬥爭。1904年3月底英軍向骨魯發動進攻。榮赫鵬佯作談判，誘使藏軍放下武器，隨令英軍機槍掃射，藏軍傷亡嚴重，英軍突破骨魯防線。英軍向江孜進軍，在康馬峽谷遭遇藏軍堅決抵抗，雙方發生激戰。藏軍調集1萬餘人，在江孜、日喀則、卡惹拉嶺之間佈防，打了一場英勇的江孜保衞戰。5月初，藏軍千餘人突破榮赫鵬營地，留守英軍幾乎全被殲滅。6月下旬，麥克唐

納帶領增援部隊趕到江孜，與藏軍展開江孜爭奪戰。終因力量懸殊，江孜被英軍佔領。8月3日，英軍佔領拉薩。1904年9月4日，榮赫鵬與西藏地方代表簽訂了嚴重損害中國主權的《拉薩條約》。清政府不承認這個條約，國際上也有對英國不利的反映。1906年4月中英之間簽訂《續議藏印條約》，除了肯定英國在西藏享有特權外，也肯定了中國對西藏地方的主權。英軍佔領拉薩前，俄國人德爾智企圖劫持十三世達賴到俄國。1904年12月十三世達賴到達外蒙古庫倫，由於清政府派欽差前來看護，北逃俄國目的未達到。1908年9月底達賴到北京，陛見慈禧和光緒後，於1909年12月返回拉薩。

日俄戰爭是列強為爭奪中國東北而在中國領土上進行的一場帝國主義戰爭。它爆發於1904年2月，1905年9月結束。

東北是帝國主義在華角逐的焦點之一。俄國和日本在東北的利益有直接矛盾。19世紀末俄國強行從清政府手中奪取旅順、大連地區，作為它的租借地，又把整個東北劃為俄國的勢力範圍。1900年乘義和團運動在華北爆發、八國聯軍出兵中國之際，俄國出兵佔領東北，並企圖永久佔領。日本早就對這一地區抱有野心，佔領東北是日本「大陸政策」的重要組成部分。由於俄國佔領東北，日本的野心得不到實現。美國積極支持日本侵華，陰謀藉助日本而達到插足東北的目的。英、俄在亞洲長期對立，英國也站在日本一邊。1902年4月，俄國與中國訂約，規定俄軍分三期全部撤離東北。1903年4月，值俄軍第二期撤兵，俄國違約不撤，實際上，全部俄軍仍留在東北。這樣，俄、日矛盾空前激化起來。雙方進行了緊張的戰爭準備。

中國東北成了這次帝國主義戰爭的主要戰場。1904年2月8日，日本海軍聯合艦隊偷襲旅順俄國太平洋艦隊，日俄戰爭爆發。9日，俄國向日本宣戰。10日，日本向俄國宣戰。日本迅速採取主動。2月、3月間，日第一軍分別從朝鮮仁川和鎮南浦登陸，4月底強渡鴨綠江，5月1日在九連城與俄軍激戰，俄軍敗退。4月，日第二軍從遼東半島貔子窩和鹽大澳

登陸。5月，日第四軍從遼東半島大孤山登陸。6月，日第三軍從大連附近登陸。除旅順外，遼東半島很快為日軍佔領。各路日軍向遼陽附近集中，雙方均準備在遼陽決戰。8月，海陸兩路決戰同時展開。10日，海戰首先打響。先是日軍調集重兵包圍旅順。8月10日，旅順俄國艦隊實行突圍，在黃海與日艦遭遇。日艦集中火力攻擊俄旗艦，俄艦隊司令被打死，餘艦紛紛逃竄，俄國太平洋艦隊被摧毀。日本接着攻擊旅順。旅順攻防戰共打了 5 個月，雙方損失慘重，日軍損失更大於俄軍。12月，日軍經過猛烈進攻，終於以極大代價佔領了旅順外圍制高點，俄軍士氣瓦解。1905年1月1日，旅順俄軍向日軍投降。遼陽會戰於1904年8月底打響，戰鬥異常激烈。9月3日，俄軍向北撤退，次日，日軍佔領遼陽。接着在1905年2月進行了奉天會戰。日俄雙方集中了60萬人的兵力，在奉天以南的沙河南北岸相對峙。

這次戰役，日俄雙方損失慘重。3月9日，俄軍撤退，日軍乘勝佔領奉天。兩軍已經打得筋疲力盡，只得在昌圖和四平之間對峙，此後再也無力發動進攻了。5月27日，自波羅的海駛來的俄海軍第二太平洋艦隊進入對馬海峽，早已埋伏在那裏的日本艦隊突然上前攻擊，俄旗艦受到重創，餘艦向海參崴方向逃竄。次日上午，日艦隊在竹島附近包圍俄國艦隊，俄艦被迫投降。1905年9月5日，在美國政府調停下，日俄兩國代表在美國樸茨茅斯簽訂了和約，日俄戰爭結束。

這場戰爭主要是在中國領土上打的。在戰爭期間，日俄兩國軍隊在東北殘殺中國人民，劫掠財物，焚毀房屋，破壞生產，給當地人民帶來了無窮災難。清政府腐朽無能，對於這樣嚴重損害中國主權的戰爭行為，既無力預防其在中國領土上發生，又不能制止戰爭的蔓延，甚至在帝國主義的壓力下，宣佈遼河以東為戰場，自己在戰爭中嚴守「局外中立」，還要曲意保全同這兩個帝國主義侵略者的「邦交」。戰爭結束，損失最重的卻是中國。

《樸茨茅斯條約》重新劃分了日俄在中國東北的勢力範圍。1905年

12月，日本政府與清政府訂立《會議東三省事宜條約》，迫使清政府同意了這種劃分：俄國將旅大租借地、長春到旅順間的鐵路以及與上述租借地、鐵路相關的一切權利全部轉讓給日本。在《附約》中，日本還攫取了直接經營安奉鐵路和在鴨綠江右岸採伐木材等權利。《附約》還規定在東三省廣泛開埠通商。通過上述條約，俄國勢力範圍退到東三省北部，日本勢力侵入東三省南部。在華列強中，日本的地位變得越來越重要了。

以前由矛盾衝突乃至兵戎相見的日俄兩個帝國主義國家，到1907年，均感有緩和關係的必要。這年7月，《日俄協定》成立，其第二條公開「承認中國之獨立與領土完整」，但是同時簽字的《日俄密約》卻規定了日俄兩國在中國東北的勢力範圍線：從俄朝邊境西北端起，經琿春、鏡泊湖北端、秀水甸子，沿松花江、嫩江口，再到洮兒河至此河橫過東經122°止，以北為俄國勢力範圍，以南為日本勢力範圍；日本並承認俄國在外蒙古之特殊利益。此後，日俄兩國又乘中國辛亥革命之機，於1912年7月簽訂第三次《日俄密約》，將1907年第一次《日俄密約》所劃定的東北勢力範圍展長至外蒙古邊境，然後又將內蒙古分為兩部，以北京經度116°27'為界，以東為日本勢力範圍，以西為俄國勢力範圍。中國的東北和內外蒙古，就這樣被日俄兩個帝國主義國家私自瓜分了。

1904年日俄戰爭爆發，戰爭的進程很快表明，日本戰勝俄國的趨勢非常明顯。日俄戰爭是一場為分割中國東北地區而進行的戰爭，是一場可恥的分贓戰爭。1905年戰爭結束後，俄國勢力退到東北北部，日本勢力侵入東北南部。中國除了遭受戰爭的嚴重摧殘外，並沒有從這場戰爭中得到任何好處。日俄戰爭，表面上是日本勝了，俄國敗了。實際上，唯一的失敗者是中國。日、俄從中國分得了自己想得到的利益，中國卻喪失了大量的政治、經濟權益。這不能不引起國內人士的關注，不能不引起中國政治局面的變動和走向。此後國內不斷高漲的資產階級立憲運動，在某種程度上可以說，是日俄戰爭對國內政治刺激的結果。日本戰

勝俄國，不僅關涉日、俄兩國，尤其震動了中國的思想界、輿論界。在中國社會中下層甚至上層中，久已鬱積的要求變革社會的呼聲，這時候得到了發泄的機會。大家認為，日本戰勝俄國是立憲制國家戰勝君主制國家的標誌。一些報紙發表文章或者社論，呼籲清朝政府實行君主立憲制度。一些官員在私下打聽清廷的動靜。

# 中國同盟會的成立
# 革命派和保皇派關於中國前途的論戰

　　20世紀初的中國政治舞台醞釀着革命性的變革，這是從1905年中國同盟會的成立開始的。中國同盟會是清末反清革命派的政治組織。19世紀末20世紀初，隨着中國民族資本主義的初步發展，新興的民族資產階級及其政治代表開始登上政治舞台。由於他們誕生於祖國的危難之際，他們一出世就必須迅速對國家的命運做出自己的回答。在中國特殊的社會環境下，中國資產階級的經濟基礎非常薄弱，但由於國難當頭、民族危機的刺激和西方資產階級政治經濟學說的輸入，它思想領先、行動急促地展開了以救國為中心的政治運動。

　　中國同盟會成立，既是中國革命的必然產物，也是國際資產階級民主革命在東方、在中國的必然反映。自從人類歷史進入20世紀，西方列強實際上已經進入帝國主義和無產階級革命的時代。但在東方，在亞洲，在中國，資產階級的民主革命並沒有真正啟動，這裏的人民還處在半殖民地半封建狀態之中。正如列寧在《亞洲的覺醒》中所指出的那樣，「世界資本主義和1905年的俄國運動終於喚醒了亞洲。幾萬萬受壓制的、由於處於中世紀的停滯狀態而變得粗野的人民覺醒過來了，他們走向新的生活，為爭取人的起碼權利、為爭取民主而鬥爭」[1]。正是從這個意義上說，中國同盟會的成立以及它所領導的辛亥革命，都不是中國歷史上的孤立現象，而是國際環境下的產物。

---

1 中共中央馬克思、恩格斯、列寧、斯大林著作編譯局編：《列寧專題文集・論資本主義》，人民出版社2009年版，第80頁。

　　從國內情況看，義和團運動失敗以後，中國國內的革命氣氛與革命形勢一度陷入低潮。但為時不久，河北、四川等地以「掃清」、「滅洋」等相號召的大規模的群眾運動再度興起，留日學生以抗俄為主體的愛國運動、西藏地區以抗英為目標的愛國運動此伏彼起，一浪高過一浪。所有這些都預示着全國範圍內新的革命高潮即將再度到來；所有這一切也都要求儘快成立一個能領導全國革命的統一的政黨。陳天華在其名篇《猛回頭》中提出了「不如大家合做一個大黨」的願望，是符合時代要求的。

　　在為數眾多的反清政治派別中，最有實力也最有可能成為中心力量的無疑要數興中會。興中會成立於1894年11月，在孫中山領導下，十年來確實在資產階級民族民主革命方面做出過極大的貢獻，在國內外都有相當大的影響。尤其是興中會自成立之始即着力於組織反對清政府的武裝起義，屢敗屢戰，越戰越勇，雖然未能成功，在組織上、思想上都為後來成立全國性的革命組織作了有效準備，提供了條件。

　　與孫中山的興中會力量相當的資產階級政治團體要數黃興領導的華興會。華興會醞釀於1903年11月，正式成立於1904年2月15日，主要成員有黃興、宋教仁、劉揆一、陳天華、劉道一、張繼、秦毓鎏、章士釗、周震麟等，黃興為會長。他們的政治口號是「驅除韃虜，復興中華」。顯然與孫中山的興中會的政治口號極為接近或一致。

　　在新成立的中國同盟會中起過重要作用的政治團體還有光復會。光復會成立於1904年冬，其主要成員基本來自江浙地區，領袖及知名人物有陶成章、蔡元培、章太炎、徐錫麟、秋瑾等。光復會的政治訴求見諸於他們的誓詞中：「光復漢族，還我河山，以身許國，功成身退。」其核心在於「光復」二字。

　　1905年春，孫中山由美洲到達歐洲，在比利時首都布魯塞爾，與在那裏留學的中國學生商討建立革命組織問題，明確了要在新型知識分子和海外留學生中發展革命勢力的思想，並且把在歐洲各國留學且有革命傾向的50多名學生團結在自己周圍。7月19日，孫中山經歐洲到達日本，

得到日本友好人士宮崎滔天的介紹，與黃興相識。黃興在湖南長沙發動華興會起義失敗，流亡日本，是在留日學生中發動革命活動的職業革命家，在留日學生中威信很高。經過黃興的工作，大家一致同意孫中山、黃興提出的將興中會、華興會等先前成立的革命小團體聯合起來，建立全國性革命政黨的決策。7月30日，孫中山、黃興邀請各省傾向革命的留日學生70餘人集會，討論成立中國同盟會的各事項，擬定了綱領、誓詞、入會儀式並推定章程起草員。8月13日，東京中國留學生1,800人在富士見樓集會歡迎孫中山。孫中山在大會上演講，針對清政府在國內宣佈預備立憲和立憲派的活動，提出改造中國要取法乎上，號召拋棄不合於中國的君主立憲，用「地球上最文明的政治法律來救我們中國」，把中國建設成為一個「20世紀頭等的共和國」[1]。孫中山的演說極大地鼓舞了留日學生的革命熱情。這次富士見樓的歡迎大會，實際上是中國資產階級革命黨人在留日學生中的一次公開動員，是發動反清革命的一次公開宣示。過了幾天，即8月20日，中國同盟會在東京正式成立。成立大會通過的章程中明確規定以「驅除韃虜，恢復中華，建立民國，平均地權」為宗旨，表示要在推翻清朝統治後，建立一個共和國。會議還決定，凡其他革命團體宗旨相同而又「願聯為一體者，概認為同盟會會員」[2]。同盟會的成立，為苦苦求索的革命黨人帶來了新的希望，使以孫中山為首的資產階級民主革命運動進入一個新的階段。

中國同盟會以孫中山為總理。按照同盟會章程的規定，同盟會本部機構遵循三權分立的原則，在總理之下設執行、評議、司法三部。執行部由總理直接管轄，下設庶務、內務、外務、書記、會計、調查六科，各科職員均由總理任命，具體負責同盟會的日常事務。其中庶務部最為

---

1 孫中山：《在東京中國留學生歡迎大會的演說》（1905年8月13日），《孫中山全集》第一卷，第280—281頁。

2 《中國同盟會總章》（1905年8月20日），載《孫中山全集》第一卷，第284頁。

重要，如總理不在總部，即由庶務科幹事代行總理職權。第一任庶務科總幹事為黃興，他協助孫中山籌劃一切，主持同盟會的工作，是孫中山當時最有力的助手。

同盟會正式成立後，組織上迅速發展。它的總部設在東京，國內擬設五個支部，國外設南洋、歐洲、美洲、檀香山四個支部，國內支部下，按省設立分會。分散在國內外的各類進步人士尤其青年知識分子紛紛入盟，同盟會的隊伍迅速壯大，人員遍及國內及日本、新加坡、馬來亞、越南、澳大利亞、美國、加拿大、歐洲及南美各地，尤以留日學生為數眾多。在海外入會，並登記造冊的有近千人。中國同盟會的成立，為後來爆發的資產階級民主民族革命在組織上作了充分的準備。

與組織上迅速發展的同時，同盟會還進行了思想理論上的創建。理論工作最突出的是提出了三民主義的學說。同盟會的機關報《民報》在與保皇派的論戰中，比較系統地闡釋了中國資產階級革命派的一些主要理論觀點。中國同盟會成立以前，革命黨人就出版了《駁康有為論革命書》《革命軍》《警世鐘》《猛回頭》《孫逸仙》《新湖南》《黃帝魂》等革命書籍，發行了《中國日報》《中國旬報》《國民報》《國民日日報》《警鐘日報》《二十世紀之支那》等革命報刊，在反清革命的思想宣傳上發揮了很大作用。

《民報》的前身是宋教仁主持的以兩湖地區留日進步青年為主體的《二十世紀之支那》雜誌。在同盟會成立會上，由黃興提議，將《二十世紀之支那》雜誌轉為同盟會機關報，並更名為《民報》，暗寓孫中山倡導的民族、民權、民生「三大主義」這一革命宗旨。《民報》的主要編輯人和撰稿人先後有陳天華、朱執信、宋教仁、汪精衛、胡漢民、章太炎等。它的出版時間為1905年11月至1908年10月共24號。1910年初，又在日本祕密印行第二十五、二十六兩號。《民報》號稱報，實際上是一本宣傳同盟會思想理論主張的雜誌。

三民主義是孫中山一生從事民主革命的指導思想。19世紀末20世紀

1905年中國同盟會成立後孫中山與黃興、何天烱合影

初他在歐美遊歷，大量閱讀了歐美資產階級的社會科學理論著作，開始醞釀他從事中國革命的基本思想原則。1894年11月，孫中山在夏威夷成立興中會，興中會宣言提出的「驅除韃虜、恢復中華、創立合眾政府」，就包含了民族主義、民權主義的最初思想。1905年8月在東京成立中國同盟會，孫中山起草的同盟會誓詞是「驅除韃虜，恢復中華，創立民國，平均地權」，這16個字就包含了三民主義的基本內容。1905年10月，同盟會機關刊物《民報》創刊，孫中山撰寫發刊詞，明確提出民族、民權、民生「三大主義」[1]的基本概念，較為全面、系統地闡釋了中國資產階級革命派關於中國革命的目標、綱領和鬥爭方式。中國同盟會的政治綱領，在孫中山所創立的「三民主義」學說中得到了鮮明的體現。從此，「三民主義」就成為中國政治生活中使用最頻繁的政治詞彙之一了。

---

1　1905年年底，香港《中國日報》刊登《民報》廣告，並把《民報》廣告詞中民族主義、民權主義、民生主義簡稱為「三民主義」，從此三民主義約定俗成，流行於世，也為孫中山所接受。

孫中山與新加坡的同盟會會員合影

　　《民報發刊詞》以及孫中山領導制定的《革命方略》和《民報》發刊周年時孫中山發表的論文《三民主義與中國民族之前途》，把三民主義的內容都講清楚了。所謂民族主義，指的就是「驅除韃虜，恢復中華」，就是推翻滿族人掌權的政府，恢復漢族人當權的政府。推翻滿族人掌權的政府，並不是要反對滿族人。所謂民權主義，就是「建立民國」，就是要進行政治革命，推翻封建專制制度。就算是漢族人當權，只要實行封建專制，也是要對它進行政治革命，建立共和制度的。清王朝已經腐敗，對外屈辱投降，出賣國家主權，甚至提出「量中華之物力，結與國之歡心」，簡直就是「洋人的朝廷」，是要非推翻不可的。所謂民權主義，孫中山認為是政治革命的根本，這個根本就是推翻封建專制，建立民國。他說：「我們推倒滿洲政府，從驅逐滿人那一面說是民族革命，從顛覆君主政體那一面說是政治革命」，「政治革命的結

果，是建立民主立憲政體。」[1] 關於「建立民國」，孫中山還解釋說：
「今者由平民革命以建國民政府，凡為國民皆平等以有參政權。大總
統由國民公舉……敢有帝制自為者，天下共擊之！」[2] 所謂民生主義，
就是「平均地權」。民生主義，從理論上講，是要改良社會經濟組織，
讓國民能夠平等地享受社會經濟發展以後所帶來的文明福祉。「平均地
權」則是達到這一目的的方法。其辦法是，革命後要核定地價，現有之
地價仍歸原主，社會進步後地價之增加部分，則歸於國家，為國民所共
享。從這裏看，「平均地權」是同盟會、孫中山所設想的解決土地問題
的一個原則辦法。同盟會時期，在革命黨人內部，有一些人對三民主義
有不同的理解。他們認為，民族主義好理解，大家都擁護；民權主義也
還好理解，擁護的人也不少；唯有民生主義不好理解。有人擁護民族主
義，所以稱為一民主義；有人擁護民族主義和民權主義，所以稱為二民
主義。許多人反對民生主義。照孫中山看來，民生主義是三民主義的歸
宿。

　　《民報》第三號刊出《民報之六大主義》一文，明確提出中國資
產階級民主革命派在近期的國內國外政治目標與政治訴求。它標舉的六
大主義是：一、顛覆現今之惡劣政府；二、建設共和政體；三、土地
國有；四、維持世界真正之和平；五、主張中國、日本兩國之國民的聯
合；六、要求世界列國贊成中國革新之事業。這裏便將中國同盟會反清
革命的綱領和策略具體化了。

　　《民報》雖在日本發行，很快流傳到國內。它鮮明的反清革命政
治立場，在國內外引起了強烈反響，同時也激起以康有為、梁啟超為首
的保皇派激烈反對，一場理論上的爭辯勢不可免。由於清廷實行以改良

---

**1** 孫中山：《在東京〈民報〉創刊周年慶祝大會的演說》（1906年12月2日），載《孫中山全集》第一卷，第325頁。

**2** 《中國同盟會革命方略》（1906年秋冬間），載《孫中山全集》第一卷，第297頁。

主義為基本特徵的所謂「新政」，這便不可避免地影響康、梁的政治態度，他們覺得清廷實行新政，還要預備立憲，雖然不免時間漫長了些，但就中國政治、經濟、文化以及歷史特徵而言，這一改良主義的政治方案，在他們看來顯然更合乎「中國國情」。因此，他們對《民報》鼓吹的以革命手段推翻清王朝的政治主張自然起而反對。康有為寫給梁啟超等人的信中所說：「吾向來不憂外國之併吞，而深懼革命之內亂，吾向以為中國苟不內亂，則無論如何木偶，亦為地球之霸。若苟內鬨，則無論如何英賢，亦同印度之亡，以方當黃白之爭，誠不疑蕭牆內鬨也。立憲與不立憲，尚其次，而革與不革，乃真要事，惟內地傳佈已盛，日本雖革風少彌，而內地伏流及南洋大被，吾正未放心耳。」[1] 這就是說，他不怕被外國併吞，就怕國內發生革命和內亂。正是基於這種判斷，康、梁及其門徒便以梁啟超主編的《新民叢報》為陣地與以《民報》為中心的革命黨人就革命派提出的一些理論問題展開了激烈的爭論。

《民報》創刊號正面闡述了革命黨人的一些基本政治主張，其矛頭所指自然是保皇黨人一貫堅持的那些政治主張，創刊號刊出的汪精衛的文章着重從民族主義、國民主義的立場上批判保皇派的「滿漢不分，君民同體」主張；朱執信的文章駁斥保皇派的「立憲易，革命難」的觀點；陳天華的文章反駁了保皇派的「歐美可以行民主，中國不可以行民主」的謬論。

針對革命派的理論觀點，梁啟超在《新民叢報》上發表一系列文章進行辯護，如《論中國今日萬不可行共和制之理由》《申論種族革命與政治革命之得失》《答某報第四號對於本報之駁論》等。雙方的論戰隨之正式開始，這場論戰涉及兩派在海外的數十家報刊。

根據1906年4月出版的《民報》第三號發表的《〈民報〉與〈新民叢

---

**1** 康有為：《與梁啟超等三子書》（1907年11月4日），載《康有為全集》第八集，第321頁。

報〉辯駁之綱領》的歸納，革命黨人與保皇派之間的原則分歧主要體現在以下12個方面：

1.《民報》主共和；《新民叢報》主專制。

2.《民報》望國民以民權立憲；《新民叢報》望政府以開明專制。

3.《民報》以政府惡劣，故望國民之革命；《新民叢報》以國民惡劣，故望政府以專制。

4.《民報》望國民以民權立憲，故鼓吹教育與革命，以求達其目的；《新民叢報》望政府以開明專制，不知如何方副其希望。

5.《民報》主張政治革命，同時主張種族革命；《新民叢報》主張政府開明專制，同時主張政治革命。

6.《民報》以為國民革命，自顛覆專制而觀則為政治革命，自驅除異族而觀則為種族革命；《新民叢報》以為種族革命與政治革命不能相容。

7.《民報》以為政治革命必須實力；《新民叢報》以為政治革命只須要求。

8.《民報》以為革命事業，專主實力不取要求；《新民叢報》以為要求不遂繼以懲警。

9.《新民叢報》以為懲警之法在不納稅與暗殺；《民報》以為不納稅與暗殺，不過革命實力之一端，革命須有全副事業。

10.《新民叢報》詆毀革命而鼓吹虛無黨；《民報》以為凡虛無黨皆以革命為宗旨，非僅以刺客為事。

11.《民報》以為革命所以求共和；《新民叢報》以為革命反以得專制。

12.《民報》鑒於世界前途，知社會問題必須解決，故提倡社會主義；《新民叢報》以為社會主義不過煽動乞丐流民之具。

論戰的具體內容基本上圍繞這個綱領進行，概括起來，集中在以下四個問題上。

第一，要不要進行民族革命推翻清政府統治？保皇派極力否認在清政府統治之下存在民族歧視和民族壓迫，從而認為沒有必要推翻清政府的統治。革命派用大量事實揭露清政府實行的民族歧視與民族壓迫政策，認為要救國必須推翻清政府的統治。革命派還無情地揭露了清政府的媚外賣國行徑，指出清政府自鴉片戰爭以後與外國列強簽訂的各種不平等條約，「無一非損己以益人者，大者為領土權、獨立權之侵蝕，小者為鐵路、礦產、航道等權利之授予，使吾國民觸處傷心，窮於無告」[1]。為了拯救中華民族的深重災難，必須推翻無視國家利權的清朝專制政府。革命派能夠明確地區分一般滿人與滿洲貴族，而把革命的矛頭直接指向了清政府。

第二，要不要進行政治革命建立民主共和政體？保皇派反對實行民主共和政體，主張實行君主立憲政體甚至開明專制。他們的理由主要有三。一是國民程度不夠。二是不可躐等。中國現在是君主專制之國，應由開明專制逐漸過渡到君主立憲，不可躐等而從君主專制直接一躍成為民主共和。三是可以依靠清政府實行君主立憲。對於國民程度不夠論，革命派用近代西方的天賦人權理論為武器，認為：「自由、平等、博愛三者，人類之普通性也」，「我國民既有此自由、平等、博愛之精神，而民權立憲則本乎此精神之制度也。故此制度之精神必適合於我國民，而決無虞其格格不入也。」因此，他們宣稱：「我國民必能有民權立憲之能力也。」[2] 對於不可躐等論，革命派提出了義正詞嚴的反駁，宣稱：「我們定要由平民革命，建國民政府，這不止是我們革命之目的，並且是我們革命的時候所萬不可少的。」[3] 對於請願立憲論，革命派認為憲政改革不能依靠政府，只能依靠國民。革命派的目標是依靠國民的力量，

---

1 漢民：《排外與國際法》，載《民報》第十號，日本東京，1906年。
2 精衛：《駁〈新民叢報〉最近之非革命論》，載《民報》第四號，日本東京，1906年。
3 民意：《記十二月二日本報紀元節慶祝大會事及演說辭》，載《民報》第十號，日本東京，1906年。

通過政治革命的途徑，建立民主共和政體。

第三，要不要進行社會革命，實行以土地國有制為中心的民生主義？保皇派反對實行社會革命。他們認為，中國當時的社會經濟組織與歐洲工業革命之前相比，有不同的特點，沒有懸殊的貧富差距。結論是：中國今日「不必行」社會革命，「不可行」社會革命，「不能行」社會革命。[1] 革命派則以歐美等國革命後社會問題嚴峻為例證，說明社會革命的必要與可行。他們主張社會革命當與政治革命並行，中國社會經濟組織不完全，貧富懸殊問題雖不像歐美各國嚴重，但並不是沒有貧富之分，「貧富已懸隔固不可不革命，貧富將懸隔則亦不可不革命」[2]。在革命派看來，要解決貧富不均的社會經濟問題，就必須進行社會革命，實行以土地國有制為中心的民生主義。

第四，革命是否會引起瓜分和內亂？保皇派反對暴力革命，認為革命會引起瓜分與內亂，甚至導致中國的滅亡。革命派則熱情地歌頌革命，認為：「革命者，救人世之聖藥也。終古無革命，則終古成長夜矣！」[3] 對於改良派的革命引起瓜分說，革命派認為：「革命與瓜分決無原因結果之關係，且正因革命然後可杜瓜分之禍。」[4] 對於保皇派的革命引起內亂說，革命派認為，現在的革命不同於歷史上的農民戰爭，其目的不再是帝制自為，而是為了建設「民族的國家」，建立「民主立憲政體」和實行「國家民生主義」，其共同的精神是自由、平等、博愛，這是合乎正義人道的，不但不會發生內亂，而且還會消除歷代農民戰爭中群雄相爭奪、相戕殺的現象，而「為中國革命史開一新紀元」[5]。在革命派看來，國家不能自強自立必將發生內亂和招致瓜分，只有革命才能救

---

1 飲冰：《雜答某報》，載《新民叢報》第八十六號，日本橫濱，1906年。
2 縣解：《論社會革命當與政治革命並行》，載《民報》第五號，日本東京，1906年。
3 思黃：《中國革命史論》，載《民報》第一號，日本東京，1905年。
4 精衛：《駁革命可以召瓜分說》，載《民報》第六號，日本東京，1907年。
5 精衛：《駁革命可以生內亂說》，載《民報》第九號，日本東京，1906年。

中國。

　　這次論戰，歸根結底是革命派與保皇派之間關於民主共和與君主立憲的兩套政治方案之爭。但在具體論戰的過程中，雙方的最大分歧不是實現民主政治的目標，而是實現這個目標的方式：是激進的革命道路還是溫和的改良道路？論戰的結果並沒有使雙方趨向認同，革命運動仍是與立憲運動分途發展，互爭雄長。可以說，通過雙方的持續論戰，進一步劃清了革命與改良在政治上、思想上的界限。一方面，立憲思潮與立憲運動藉清廷預備立憲之勢急劇高漲；另一方面，民主革命思想的廣泛傳播，也推動了革命運動迅速走向高潮。當然，這種長時間的大辯論，對於思想界，特別是對於正在形成中的新型知識分子群體深刻認識中國國情，學習西方資產階級的社會政治學說，提供了一個大好機會。

## 第四節

# 抵制美貨
# 和收回利權運動的開展

　　隨着美國資本主義的發展，美國既需要擴大它在國際市場上所佔據的份額，更需要大量廉價勞動力。於是從19世紀中期開始，美國資本家便採取拐騙、搶掠、綁架等卑鄙手段，從中國廣東、福建等沿海地區帶走大量勞工，據不完全統計，到1883年，在美中國勞工總數已達30萬人之多。中國勞工對美國早期資本主義的發展尤其是美國西部的開發做出了巨大的貢獻。美國共產黨領導人福斯特在致毛澤東的信中說過，中國工人在美國西部的歷史中，起過很大的作用。他們修建了加利福尼亞的主要鐵路，特別是19世紀60年代的後期，鋪設了美國第一條橫貫大陸的中太平洋鐵路的西半段，這是一個英雄的成就。美國商人海特在向國會參眾兩院調查華人入境問題聯合特別委員會作證時承認：「橫貫大陸鐵路，倘若不是這些中國人，決不能完成得這樣快。這條鐵路能夠如期交工使用，主要應當歸功於他們。」[1] 客觀地說，沒有華工就沒有美國西部的墾殖，美國西部的鐵路就無法及時完成。

　　儘管中國勞工在美國資本主義發展中做出過巨大貢獻，但是這些華工在美國人眼裏，依然只是奴隸，是苦工，特別是隨着資本主義固有的經濟危機在美國不斷地周期性地發生，華工的地位越來越低，華工與美國工人之間的矛盾也越來越激烈，美國人的排華浪潮一波緊似一波。1880年，美國政府迫使清廷簽訂限制和排斥華工的條約；1894年，美國

---

**1** 陳翰笙主編：《華工出國史料彙編》第三輯，中華書局1981年版，第263頁。

政府再次迫使清廷續修限制華工條約，規定以10年為限。

1904年，中美續修條約期滿，理應另議新約。恰當此時，美國國會卻議決所有過去一切「排華律」繼續有效。1903年底，旅美華人10餘萬人聯名致信清政府外務部、商部等，要求廢除美約，為在美華人爭取平等的權利和待遇。海外的一些華僑報紙乃至一些國內報紙都不斷發表要求清政府廢約的言論，甚至如檀香山的《新中國報》提出以抵制美貨相威脅的抗議辦法。

在輿情的壓力下，清廷指示駐美公使梁誠與美國政府商榷，提請改約。弱國無外交，儘管清政府的條件很低，梁誠與美政府商榷數月，美國政府一意堅持，無所通融，乃至美新任駐華公使在同清政府交涉時，竟然以恐嚇手段，要求中國政府簽約。消息傳出，國人自然憤慨，於是自1905年5月起，一場以抵制美貨為主要手段的反美運動便在中華大地，尤其是各大中城市裏轟轟烈烈地開展起來了。

這次抵制美貨運動是由上海總商會發起的。上海總商會是不久前由上海民族資產階級的商社代表組成的民間團體。5月10日，上海總商會召開特別會議，一致譴責美國政府的排華政策，提出以兩個月為限，如果美國要繼續簽約，各商家就要抵制美貨。與會的全體商董一致同意。上海總商會會長曾鑄致電清政府外務部，要求嚴詞拒絕簽約，「以伸國權而保商利」[1]。到7月中旬，美國政府仍然拒絕改約，上海總商會召開第二次會議，要求各商家按前次會議的決定一致行動。結果，上海鐵業、機器業、洋布業、五金業、麵粉業、火油業、木業七大行業公所的巨商和鐘錶、航運、裁縫、印刷、瓷器、紙張等70多個行業的商家簽字畫押，認可不進美貨、不賣美貨。社會各界特別是學生、工人紛紛集會，結成各種抵制美貨團體，宣傳不賣美貨、不買美貨。甚至工人不裝卸美國貨，學生不到美國人辦的學校讀書，中國人不給美國人當翻譯，做車

---

**1** 蘇紹柄編：《山鐘集》，第27頁。

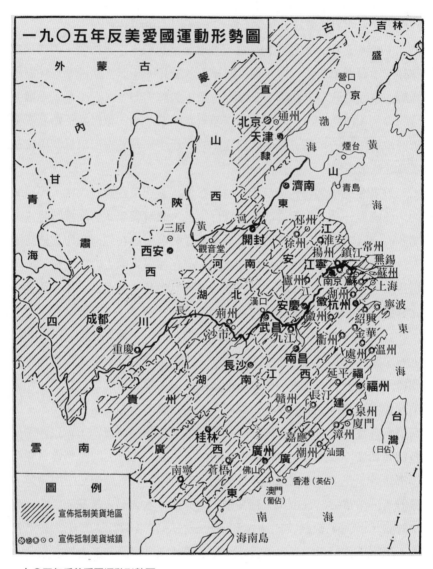

一九〇五年反美愛國運動形勢圖

夫和廚師。

上海以外，京師、湖南、廣東各地紛起響應。南京、蘇州、揚州、鎮江、蕪湖、漢口、桂林、成都、重慶、杭州、南昌、西安、青島、濟南等 160 個城市繼起響應，組織「拒約會」、「爭約處」、「抵制美貨公所」，積極參與運動。各地紳商學界及其他社會各界人士舉行的各種集會達 300 多次。抵制美貨運動形成為以商家為主，各界群眾參加的，空前廣泛而又規模巨大的反美愛國運動。

以抵制美貨在中國市場的銷售為主要手段的愛國運動，引起美國政府及美國資本家的恐慌，他們在向清政府及中國民族資產階級施壓的同時，也不能不考慮修約問題。在堅持禁止華工的同時，態度略有鬆動。在美國政府的壓力下，8月，清廷發佈上諭，說抵制美貨「有礙邦交」，要求地方政府「從嚴查究，以彌隱患」[1]，實際上宣佈了政府禁止抵制美貨運動。各省督撫則竭力壓制運動。上海部分進口美貨的商家由於利益受損，也不積極。上海總商會開始退出運動。

由於中國民族資產階級的軟弱性，由於清政府的無力，轟轟烈烈的抵制美貨運動只持續了半年之久，雖然中小工商業者和青年學生仍在堅持，但到1905年10月之後，各地大規模的集會就逐漸停息，美貨的經營與銷售也逐漸有所恢復。廣東則維持到第二年年底。抵制美貨運動有着重要的社會動員意義，再一次表現了中國人民中蘊藏着的反對帝國主義侵略的積極性，它不僅啟發了人民群眾進一步認識清政府的媚外政策，使其中一些激進分子走上了反清革命的道路，也迫使美國政府不敢與清政府續簽限制華工條約。

抵制美貨的運動剛剛停止，更大規模的收回利權的運動又在中國大地上廣泛展開。至1907年前後，遂形成全國性的高潮。

隨着西方資本主義在中國搶佔市場和資源，中國的利權尤其是鐵

---

1 《光緒朝東華錄》第五冊，總第5389頁。

路、礦山的建設權利嚴重喪失，越來越多的人逐步意識到，路礦利權的喪失不僅使中國喪失極大的經濟利益，而且將直接關係到整個中華民族的未來發展與生死存亡。同時，隨着中國民族資本的發展，民族資本在20世紀初已開始逐步擴大向鐵路、礦山等領域的投資，這便在經濟基礎方面為中國民族資產階級提出收回路礦利權提供了相當的物質條件。

拉開收回利權運動的序幕的，是1904年湖南、湖北、廣東三省提出向美國合興公司收回粵漢鐵路築造權案。至翌年 8 月，經過艱苦的談判，中美雙方終於就收回粵漢鐵路的修築權達成協議。這一勝利也極大地鼓舞了中國人民收回利權運動進一步高漲。接着，浙江、江蘇提出收回蘇杭甬鐵路的修築權，直隸、山東和江蘇三省也向清政府提出廢除中國同英國匯豐銀行、德國德華銀行簽訂的《津鎮鐵路草合同》，將路權收回，籌款自辦。

與收回鐵路修築權的同時，中國民族資產階級也開始着意收回礦山的開採權。1906年，山西各界不斷向清廷呼籲廢除與外國列強簽訂的開採山西礦產的協議，收回自辦，並在1908年終於取得了成功。與此同時，安徽收回銅官山等處礦權、山東收回德國在山東所佔的五處礦權等鬥爭，在經歷了漫長的時間之後，都不同程度地取得了勝利。

收回利權的鬥爭對當時的中國來說，並不僅僅具有經濟方面的意義，它既進一步激發了中國人民的愛國熱情，也使越來越多的人看清清政府的賣國本質，逐步對清廷表示失望，甚至有相當一部分人由此而逐步轉向革命。

# 「預備立憲」與
# 資產階級的立憲運動

　　從清廷來說，它的漸進求穩的政治改革方案未嘗沒有道理。政治情勢的發展往往並不按政治家的主觀設計。當清廷認同政治改革的必須性而宣佈「仿行立憲」的時候，它實際上在政治改革方面打開了一條通道，但是，政治改革的方向究竟通向哪裏，可能要越出政治家設計的範圍。在立憲派看來，清廷的穩妥政治改革方案，實際上是欺騙人民的緩兵之計，它的目的不是實行憲政體制，而是以空頭支票的方式給人民以虛幻的希望。立憲派對清廷的「仿行立憲」明顯地表示失望。他們一次又一次地舉行立憲請願活動，以此向清廷施加壓力，促使清廷在政治改革道路上前進。

　　在宣佈「仿行立憲」以後，活動在國內、國外的立憲派立即活躍起來。他們紛紛組織成為代表資產階級利益的政治團體。最著名的立憲政治團體有上海的預備立憲公會、政聞社（由梁啟超發起成立於東京，回國活動後不久解散）、憲政講習會（由楊度等發起成立於東京，後回國活動），地方性的立憲團體還有廣東的粵商自治會、湖北的憲政籌備會和貴州的憲政預備會等。立憲團體一般都在合法的範圍內活動，反對革命，這反映了他們要維護既得利益的心理狀態。不過，由於清廷沒有宣佈實行立憲的時期，更由於官制改革出現了滿人集中權力的趨勢，他們對清廷的「仿行立憲」明顯地表示失望。立憲派要求實行君主立憲，召開國會，是要限制君權，參與並分享政權。他們不滿意於「仿行立憲」給人民以虛幻的希望，決心用自己的行動去爭取。楊度認為，「立憲之

事不可依賴政府，而惟恃吾民自任之」[1]，他強調：「有強迫政府立憲之國民，無自行立憲之政府」，表示不能「坐待他人之以政權授我」[2]。憲政講習會首先發起了面向清廷的國會請願運動。他們向清廷發出了第一份要求速開國會的請願書，並且在報紙上公開發表。這一行動得到各地響應。上海、湖南積極推動國會請願運動。各省還派出代表進京請願，一時聲勢鬧得很大。清廷雖然藉故解散了政聞社，但也不得不做出某種讓步和承諾。

在這種政治壓力下，清廷於1908年7月批准公佈了《資政院章程》和《諮議局章程》，同意在中央設立資政院，以作議院基礎；在各省設立諮議局，要求諮議局在一年內設齊，資政院在1910年開會。8月27日頒佈《欽定憲法大綱》，核准了憲政編查館擬定的九年為期，逐年籌備憲政，期滿召開國會的方案。這一方面使憲政的執行有了一個比較具體的時限，另一方面也是對不斷高漲的國會請願活動的一種回應。無奈，政治改革的堤防一旦打開一個哪怕小小的決口，政治改革的潮流都將如洪水一樣地傾瀉而下。首先，立憲黨人對清廷九年立憲的承諾不甚滿意，以為那九年的道路實在太長，在他們的心目中，他們期望越快越好。而在清廷看來，之所以同意九年為限，主要還是因為國內不斷高漲的請願活動有可能危及國內的政治穩定，有害於清廷的有效統治。

當清廷同意九年為立憲之期後不數月，光緒皇帝及主持清廷實權達半個世紀之久的西太后於1908年11月14日及15日相繼去世，不足三周歲的小皇帝溥儀繼承了皇位，年號宣統。溥儀的父親載灃以監國攝政王主持朝政。清廷的政治改革日程表便不能不因這一重大人事變動而變動。

載灃監國攝政後，即發佈上諭，宣佈清廷必將遵守已經頒佈的《欽定憲法大綱》，恪守九年預備的既成決定，認真準備，屆時執行。然而

---

**1** 楊度：《中國新報敘》，《中國新報》第一號。
**2** 楊度：《東京中國憲政講習會意見書》，《時報》光緒三十三年七月四日。

在立憲派看來，西太后、光緒皇帝的相繼去世，是中國政治變動的最佳時機，中國要麼不立憲，要立憲就應該儘快地實行，他們不斷地向清廷施壓，推動立憲的準備機構各省諮議局的早日產生，並竭盡全力地去策動各省諮議局的選舉，力爭在各省諮議局中佔據相當的分量。終於用不到一年的時間，各省諮議局除新疆緩辦外都於1909年10月宣告開會。

按照清廷的既定想法，各省諮議局的設立原本是為了緩解國內不斷高漲的立憲壓力，但事情的結果卻給清廷原有的統治效力增加了新的麻煩。由於各省諮議局是合法的議政場所，這些議員便有可能在諮議局內肆無忌憚地議論朝政，甚至通過諮議局的合法性向清廷施壓。

1909年11月，共16個省的諮議局代表雲集北京，舉行「請願國會代表團談話會」，策劃如何組織國會請願活動。與此同時，梁啟超也在積極活動，一面鼓勵資政院、諮議局的議員發言，另一面運動要求清廷縮短立憲年限。翌年1月16日，「請願國會代表團」向都察院遞交請願書，要求清廷「期以一年之內」，「速開國會」，以定治本大計。對於這一次國會請願活動，清廷決策層並沒有給予善意的回應。10多天後，清廷的上諭斷然拒絕了請願代表的要求，堅持照原定九年的期限，循次籌備立憲事宜。

清廷的態度進一步激起立憲派的反感，他們在上諭發佈後不久，迅即組織第二次請願活動，並成立「請願即開國會同志會」作為領導機關，京師設總部，各省設分會，又創辦報紙進行鼓吹。到了1910年6月，遂有10餘個政治團體向都察院遞交了第二份要求清廷速開國會的請願書。這次請願書舉出「民窮財盡，外患鴟張，饑饉四告，革命黨又前仆後繼，如燎方揚」[1]，警告清政府早開國會，不要搞政治敷衍。

立憲派的第二份請願書依然沒有得到清廷的善意回應，清廷依然在固守住原先的承諾，堅持九年立憲的既定方案。清廷的做法，使原本與

---

1　《國會請願代表上攝政王書》，《時報》，宣統二年六月十五日。

清廷密切合作的立憲黨人大失所望，離心離德的傾向便越來越嚴重。梁啟超指出：「國民所以哀號迫切再三籲訴者，徒以現今之政治組織循而不改，不及五年，國必大亂以至於亡；而宣統八年召集國會，為將來歷史上所必無之事也。」[1] 8月15日，請願國會代表團召開評議會，議決10月再向清廷請願。

這年10月，國會請願書如約遞達清廷，請願書認真分析了當時中國所處的國際環境及國內危機，特別提出日、俄可能分割東北的危險。「東三省有變，全局瓦解，宗社人民，將置何地？雖欲從容立憲，不可得矣！」各省諮議局致電請願代表團，有的甚至表示政府如果堅持不開國會，資政院的民選議員應該全體辭職，各省諮議局應該解散。各省諮議局議長、副議長雲集北京。許多省還召開了要求速開國會的群眾集會。清廷御用的資政院也向清廷最高統治層建議應該考慮這些「民意代表」的建議，從速開國會。十七省督撫、將軍鑒於設立內閣可以限制中央集權，增加地方大員權力，也聯名奏請清廷充分考慮民意，縮短立憲期限，立即組織內閣，定期明年召開國會。

面對這種政治壓力，最高決策層決定接受這些督撫的建議，遂於11月4日發出上諭，宣佈預備立憲的期限由原定的九年縮短為五年，定於宣統五年開設議院，並明令規定此一「年限一經宣佈，萬不能再議更張」[2]，各省請願代表等應立即返回原籍，「各安職業，靜候朝廷詳定一切，次第施行」[3]。

應該說，清廷的這一政治決策，雖然是被迫的，但還是對國內日益高漲的立憲運動的善意回應。但是，立憲派仍不滿意。清廷的政治決策，畢竟是對先前九年立憲的讓步，這一讓步，在某種程度上更激勵各

---

**1** 《論政府阻擾國會之非》，《國風報》第一年，第十七號。

**2** 《著縮改於宣統五年實行開設議院諭》，載金毓黻編《大清宣統政紀》第二十八卷，遼海書社1934年版，第2頁。

**3** 《令民政部及各省督撫解散請開國會代表諭》，同上書。

立憲團體的政治激情。在清廷宣佈這一決定之後一個月左右，東三省的代表又一次來到京師，再遞請願書，要求清廷明年召開國會。據東三省總督錫良給朝廷的報告，東三省代表到京師以前，還在12月初連續數天，在東三省總督公署前集合「各界紳民萬餘人，手執請開國會旗幟，伏泣於公署之前，請為代奏」[1]。天津學界也在醞釀着新的政治行動。12月20日，天津學生聯合各界召開3,000餘人參加的群眾大會，隨後還不顧直隸總督的禁令，聯合各校學生，決定停課請願。清廷面臨的政治壓力越來越大，實際上處於一種兩難的處境。

對於這種兩難的政治處境，清廷沒有再猶豫。它命令軍警將東北請願代表押解回境，同時諭令有關督撫，對學生滋事予以彈壓，從而堅決地拒絕了再一次縮短立憲年限的要求。

---

**1** 《東三省總督錫良奏奉省紳民呈請明年即開國會摺》，載《清末籌備立憲檔案史料》下冊，第648頁。

## 第六節

# 革命派組織
# 的反清武裝起義

　　1905年中國同盟會成立後，孫中山為首的革命黨人在對清廷及康、梁等保皇派的改良主義理論進行思想批判的同時，更以旺盛的鬥志組織一波連一波的武裝起義，以期徹底推翻清王朝。

　　孫中山、黃興、章太炎等人在總結此前經驗教訓的基礎上，於1906年秋冬之間制定了一個重要文件——《革命方略》。《革命方略》是一個大題目，它還包括《軍政府宣言》《軍政府與各國民軍之條件》《招軍章程》《招降清朝兵勇條件》《略地規則》《對外宣言》《招降滿洲將士佈告》《掃除滿洲租稅釐捐佈告》等文件，以作為各地革命黨人組織武裝起義、推翻清朝進而建立中華民國的指導性文件和基本政策依據。「中華民國」的名稱就是在這個《革命方略》裏提出的。

　　同盟會制定的《革命方略》，規定了三民主義是民主革命的政治綱領，確立了武裝起義為推翻清王朝建立中華民國的基本方針，同時還制定了一系列關於內政外交的政策與措施，對於資產階級民主革命運動具有重要的指導意義。1906年以後，各地革命黨人正是以此為指導，接連不斷地舉行了十幾次反清武裝起義，將資產階級民主革命運動推向了新的高潮。

　　1906年12月4日同盟會參與領導的第一次起義即萍瀏醴起義爆發。同盟會會員劉道一、蔡紹南從日本回到湖南從事運動會黨與聯絡新軍的革命活動，組織與策劃了同盟會成立以後依靠會黨力量發動的第一次反清武裝起義。劉道一傳達了黃興對這次起義的指導意見。會黨領袖龔春台、蔡紹南領導的起義軍定名為「中華國民軍南軍革命先鋒隊」。起義

軍發佈《中華國民軍起義檄文》，歷數清廷十大罪狀，號召「且必破除數千年之專制政體，不使君主一人獨享特權於上。必建立共和民國與四萬萬同胞享平等之利益，獲自由之幸福。而社會問題，尤當研究新法，使地權與民平均，不至富者愈富，成不平等之社會」[1]。檄文反映了同盟會革命綱領三民主義的基本精神，充分表明了同盟會對這次起義的領導作用，使這次起義具有與舊式會黨起義完全不同的新特色。次年1月，起義失敗，劉道一等被捕死難。

1907—1908年，孫中山、黃興領導同盟會依靠會黨的力量在南方邊境地區連續舉行了六次武裝起義。這六次起義是：

第一，1907年5月22日廣東潮州黃岡起義。起義軍攻佔黃岡，成立軍政府，以陳湧波、余紀成為正、副司令，以「大明都督府孫」或「廣東國民軍大都督孫」的名義發佈安民告示。

第二，1907年6月2日廣東惠州七女湖起義。陳純等在惠州城外二十里的七女湖聚眾起義，發佈反清討滿檄文。起義軍直逼博羅縣城。

第三，1907年9月1日廣東欽州防城起義。廣西三合會首領王和順率200餘人在欽州王光山起義，以「中華國民軍南軍都督」的名義發佈《告粵省同胞書》及《招降滿洲將士佈告》，起義軍攻克防城，隊伍發展到3,000人。

第四，1907年12月2日廣西鎮南關起義。廣東會黨首領黃明堂率眾攻佔鎮南關炮台。孫中山與黃興、胡漢民等人登上炮台，鼓舞士氣。孫中山親自發炮轟擊清軍。他頗有感慨地說：「反對清政府二十餘年，此日始得親發炮擊清軍耳。」[2]

第五，1908年3月兩廣欽廉上思起義。孫中山任命黃興為總司令，

---

1 《中華國民軍起義檄文》，載中國史學會主編中國近代史資料叢刊《辛亥革命》第二冊，上海人民出版社1957年版，第477頁。

2 胡漢民：《胡漢民自傳》，中華書局2016年版，第39頁。

再次在欽廉地區發動起義。黃興組織雲南旅越僑民200餘人為「中華國民軍南路軍」，向欽州進發。起義軍連戰皆捷，更於4月2日在馬篤山大敗清軍郭人漳部，黃興威名大震，會黨紛紛投軍，隊伍擴大到600餘人。此後，這支隊伍在欽、廉、上思一帶轉戰40餘日，給清軍以沉重的打擊。

第六，1908年4月雲南河口起義。黃明堂率部起義，攻佔河口，成立雲貴都督府，並以「中華國民軍南軍都督」的名義發佈安民告示，宣佈軍律，同時發表對外宣言。5月7日，黃興受孫中山的委託，以「雲南國民軍總司令」的名義親自到河口督師。

以上六次起義都失敗了。在孫中山與黃興領導的同盟會致力於南方邊境起義的同時，光復會骨幹成員徐錫麟、秋瑾等也在安徽安慶和浙江紹興密謀發動反清武裝起義。1907年7月6日，安徽巡警學堂甲班學員舉行畢業典禮。巡撫恩銘等皖省大吏齊集學堂。徐錫麟藉行禮之機槍擊恩銘，恩銘身中七彈，死於撫署。徐錫麟與陳伯平、馬宗漢率部分學生攻佔軍械所，不久便被清軍包圍，雙方展開激戰，陳伯平戰死，徐錫麟、馬宗漢等人被俘，英勇就義。秋瑾得知安慶敗訊後，即掩埋軍械，焚燒黨人名冊，疏散學生，而自己決定留守大通，以身殉國。清兵包圍大通學堂，逮捕了秋瑾等人。15日，秋瑾就義於紹興軒亭口。

1908年11月安徽革命組織岳王會領導人熊成基發動安慶新軍起義。光緒皇帝與慈禧太后相繼去世的消息傳來，革命黨人群情激奮，認為這是發動起義的大好時機。熊成基、范傳甲等決定當晚舉行起義，由馬營率先發動，炮營響應，然後會攻安慶。熊成基被推為起義總指揮。當晚九時，起義按計劃發難。熊成基督率馬、炮、步各營會攻省城安慶。圍攻安慶一晝夜，沒有攻下，起義軍內外受敵，只好突圍出走。在清軍的追擊下，熊成基率部退至廬州，起義失敗。熊成基逃往日本，加入同盟會，後潛赴東北活動。1910年1月30日，熊成基在哈爾濱被捕入獄。他在供詞中慷慨宣傳革命宗旨，聲稱：「我今早死一日，我們之自由樹早得一日鮮血，早得血一日，則早茂盛一日，花方早放一日。故我現望速死

也。」[1] 2月27日，熊成基在吉林遇難。

1910年2月，同盟會會員倪映典等人在廣州策反新軍舉行反清武裝起義。倪映典任廣州新軍炮兵排長，在新軍中運動發展革命力量。黃興與倪映典、趙聲等決定提前到2月15日舉行起義。10日，部分新軍搗毀了巡警局，兩廣總督袁樹勛懷疑有革命黨人從中煽動，下令加強戒備，部分新軍的槍械被收繳，水師提督李準所部已經全副武裝，嚴密佈防。倪映典當機立斷，於12日晨持槍衝入炮隊一營，當場擊斃管帶齊汝漢，振臂高呼：「齊管帶反對革命，我已殺之矣！凡我同志，與及贊成革命者，請集隊隨我來！」[2] 起義正式發動。倪映典率起義軍進攻廣州城，在東門外遭遇清軍李準、吳宗禹部。吳部管帶李景濂、唐維炯、童常標以商談反正條件為由誘倪映典入營中，在倪退出時被清軍機槍亂射擊斃。倪映典犧牲後，起義軍在失去統帥的情況下仍然與清軍激戰，於次日失敗。

有一點可以總結的教訓是，孫中山、黃興等人始終把武裝起義的地點放在廣東、廣西、雲南等邊遠地區，而沒有考慮在長江流域某地選擇起義地點。這從起義戰略的角度看，是不夠周密的。黃興最初提出的起義方略是「雄踞一省，與各省紛起之法」，這是很好的思路。一開始把起義地點選在邊遠地區，作為一種探索也是無可厚非的。但是，在邊遠地區起義多次失敗之後，應該總結經驗教訓，在華中地區、長江流域選擇起義地點。湖北的革命黨人正是從這一點出發，在武昌着手進行紮紮實實的武裝起義的準備工作。[3]

1　《熊烈士供詞》，載中國史學會主編中國近代史資料叢刊《辛亥革命》第三冊，第241頁。

2　潘林雄：《廣東陸軍首義經過》，載仇江編《廣東新軍庚戌起義資料彙編》，中山大學出版社1990年版，第120頁。

3　參見張海鵬《論黃興對武昌首義的態度》，載胡春惠、張哲朗主編《黃興與近代中國學術討論會論文集》，台北，1993年；又載張海鵬《追求集》，第254—278頁。

第六章

# 辛亥革命的成功
# 和失败

# 清政府的統治危機

清朝的統治危機，首先表現在風起雲湧的人民反抗上。

《辛丑條約》簽訂以後，帝國主義列強更加緊了對中國的壓迫與掠奪，封建統治者更加強了統治和壓迫。群眾自發鬥爭的頻繁，是由於他們實在受不了清王朝統治末期的黑暗政治，尤其是各級官吏的貪墨暴虐、草菅人命的暴政，造成中國歷史上最為典型的「官逼民反」的時期。《馬關條約》《辛丑條約》兩次賠款，僅字面上的規定，約 6.8 億兩白銀，都要按省按縣攤派到各地。《辛丑條約》賠款本息每年 1,800 萬兩白銀，也要攤派到各省。攤派賠款最多的江蘇省，每年要負擔 250 萬兩，四川省要攤派 220 萬兩，最少的省也要攤派 10 萬兩。清政府實行新政，要花費大量金錢，其中僅練新軍一項，全國各地要撥解新軍軍餉 1,600 多萬兩，各省都要攤派數十萬兩不等。還有其他種種名目，不在其列。加上漕糧正稅，苛捐雜稅，人民群眾實在喘不過氣來了。

辛亥革命前十年間，全國各地水旱災害連年不斷。1902年四川發生壬寅大旱，受災範圍達115州縣，每縣災民多達20餘萬人，少則10餘萬人；1904年四川再次發生大旱，受災面積59州縣，災民200萬人；1906年長江、淮河流域發生大水災，蘇北有饑民200餘萬人；1909年長江、淮河流域又連雨成災，湖北有災民約400萬人；1910年又是大水災，以江蘇、安徽、貴州等省最為嚴重；1911年大水災幾乎遍及全國，安徽有饑民200萬人。天災人禍，老百姓實在活不下去了。他們不得不鋌而走險，發起各種各樣的反抗鬥爭。其表現形式，大體有抗租抗糧、搶米風潮、抗捐抗稅暴動、祕密會社起義、反洋教鬥爭以及周邊少數民族起事等形式。

據統計，1906—1911年的 6 年間，全國共發生各類民變事件989次，

年均約165次[1]，無論是總的數量還是發生的頻率，都遠遠超過1905年以前的情況。時論以為：「二十行省之中，亂機遍伏⋯⋯變亂四起。」[2] 如此頻繁的民眾反抗鬥爭，與革命黨人的武裝起義相互激盪，推動了全國革命高潮的到來。

從風起雲湧的人民群眾的反抗鬥爭，可以看出：

第一，清王朝的「末日景象」日趨嚴重，人民已越來越不能甘心於苛政暴政，統治者也越來越不能按照舊有的模式統治下去，「官逼民反」已成為當時所有社會動盪不安的根本原因，也是較為普遍的現象。

第二，就反抗的形式與內容而言，當時最先集中在抗糧、抗租、抗捐、抗稅及搶米風潮方面，這既是中國農民反抗封建壓迫的傳統形式與傳統內容，也是當時社會危機與社會困境比較集中的反應。當人民處在死亡的邊緣上，「民不畏死，奈何以死懼之」？政府不能解決他們最起碼的生存問題，他們便自己起來解決問題。於是搶糧吃大戶的現象便時有發生，並最終由此演成震撼清王朝統治根基的較大規模的反抗鬥爭。

第三，隨着人民生活狀況日趨惡化，祕密會社和革命黨人的活動日趨加強，祕密會社的起事與革命黨人組織的起義在這種背景下越演越烈，並最終匯為一體，構成推翻清王朝的基本力量，為辛亥武昌起義的成功作了充分的組織準備。

第四，這一時期的人民群眾的反抗鬥爭除了將矛頭對準國內的腐朽勢力外，更具有較為明確的反帝意識。所謂民教衝突，說到底，就是反對外國勢力對中國主權的侵害。

與此同時，一些少數民族在漢族人民反帝反封建鬥爭精神的激勵

---

**1** 據張振鶴、丁原英《清末民變年表（上、下）》（《近代史資料》總第49、50號）統計，其中1906年190次，1907年185次，1908年107次，1909年141次，1910年247次，1911年119次。

**2** 長興：《論萊陽民變事》，載張枬、王忍之編《辛亥革命前十年間時論選集》第三卷，生活 · 讀書 · 新知三聯書店1960年版，第653頁。

下，反抗清政府及外國侵略者的鬥爭也較過去頻繁，鬥爭的規模也比過去更大，清政府已實在無法照舊統治下去了。

清朝統治階級的內部矛盾和滿漢官僚之間對立情緒的擴大，漢族官僚與清政府的離心離德，是清政府發生統治危機的另一個重要標誌。西太后和光緒皇帝的相繼去世，使清廷的政治權力中樞的平衡發生了顯著的變化。年幼的小皇帝溥儀只是一個權力象徵，監國攝政王載灃由於天性懦弱，也不足以成事。在西太后那拉氏主政的那些年裏成長起來的袁世凱，卻權傾九鼎，引起清廷統治集團內部尤其是滿洲貴族的高度恐慌。於是，統治集團內部的權力鬥爭便日甚一日。

袁世凱生於1859年，河南項城人。少年科舉失利，投身軍營，曾隨淮軍提督吳長慶入朝鮮，任前敵營務。因功得李鴻章保舉為駐朝鮮總理通商大臣。甲午戰爭時回國，後被派往天津小站督練「新建陸軍」，那時他還只有道員的銜頭，並不甚引人注意。清朝的經制兵本是八旗、綠營，但早已腐敗，在鎮壓太平天國中崛起了湘軍和淮軍。甲午一戰，證明湘淮軍也已腐敗，不能打仗。因此清朝政府決定仿德國和日本軍制，編練新軍。那時候，懂得西方新軍制的人很少，袁世凱請了德國人為軍事教練，按照湘淮軍「兵為將有」的舊制，以自己為全軍統帥，用封建忠君思想，加上西洋軍事操典，把清末新軍的訓練提到了一個新的高度。戊戌政變後，他由於出賣了康有為、梁啟超等維新派，得到慈禧太后的近臣榮祿和慈禧太后本人的寵信，開始在政治上嶄露頭角。這時候，他所部新建陸軍被收編為榮祿統轄的武衛右軍，他自己也由道員提升為候補侍郎。1899年義和團起山東，袁世凱率武衛右軍駐防山東，旋被任命為代理山東巡撫，次年 2 月正式擔任山東巡撫。由於袁世凱鎮壓義和團有功，《辛丑條約》簽訂後不久，李鴻章在臨死前推薦袁世凱代替他為直隸總督兼北洋大臣。袁世凱由於編練並掌握了一支新式武裝，又由於鎮壓義和團立了大功，迅速上升為一顆政治新星，成為朝廷以外地方督撫中第一等大臣，兼有北洋大臣身份，還有對外交涉的權力。

　　1902年底，清廷正式向全國推廣北洋袁世凱、湖北張之洞的練兵經驗。1903年，清政府抓緊全國新軍的訓練，在中央成立練兵處，隨時考察各省督練新軍的進展情況。練兵處以慶親王奕劻為總理練兵事務大臣，以袁世凱為會辦大臣，以戶部右侍郎鐵良襄同辦理。這樣，在朝中大臣李鴻章、榮祿死後，袁世凱又巴結上了比他們更有權力和地位的慶親王。1905年，袁世凱宣佈完成六鎮新軍的編練。練兵處統一全國新軍的番號，把袁世凱統帥的六鎮，按順序編為第一至第六鎮，這就是所謂北洋六鎮。六鎮是一支差不多有10萬人的近代新式武裝力量，它成為清政府軍事力量的骨幹和中堅。

　　北洋六鎮新軍基本上可以說是袁世凱的私人武裝。除第一鎮為旗兵，不能完全控制外，其餘五鎮都在袁世凱的絕對掌握之中。六鎮的各級重要軍官大都是袁世凱小站練兵時的部下，或者是他創辦的軍事學堂畢業的學生，都是袁世凱的親信。袁世凱正是依靠北洋六鎮的武裝力量，操縱控制朝政大權，成為清末權傾朝野的重臣。在清王朝覆亡以後，對近代中國政治發展有着重大影響的北洋軍閥，就是以北洋六鎮為基本班底的。

　　袁世凱不僅在軍事上掌握了很大的權力，在政治上也有積極的表現。清廷在西安頒佈「新政」上諭後，袁世凱立即跟進，上奏摺建議變法，並在山東加以實施。1905年在新政方面的幾大建議，使他聲名鵲起。一是與張之洞等大臣聯名上奏建議朝廷派親貴大臣出洋考察政治，預備仿行憲政。朝廷接受了這一建議，才有五大臣的出洋。二是建議設立巡警部。五大臣出洋時在北京火車站被革命黨人炸傷，袁世凱立即派他在天津設置的巡警力量來京師協助緝捕，同時建議設置巡警部，被朝廷採納。袁世凱推薦在天津負責警察事務的趙秉鈞擔任巡警部尚書，等於替袁世凱掌握了京師警務。三是與張之洞聯名上奏建議廢除科舉，為朝廷採納。袁世凱的政治、軍事地位的上升，招致了一些滿洲親貴大臣的猜忌。1906年他奉命加入憲政編察館，參與設計官制，主張廢除軍機

處，建立責任內閣。他已經看到自己的地位還可能上升，建立責任內閣，他正覬覦其中的首揆職位，好更加發達自己。這是一些保守的滿洲親貴所堅決反對的。11月，慈禧太后否決了建立責任內閣、廢除軍機處的官制改革方案，並且任命鐵良擔任陸軍部尚書。這不啻是對袁世凱的一個沉重打擊。陸軍部宣佈收回全國兵權，袁世凱的北洋六鎮被收走了四鎮，自己勉強暫時保留兩鎮的指揮權。

1907年，京師發生了所謂「丁未政潮」（1907年是光緒三十三年，丁未年）。軍機大臣瞿鴻禨和新任郵傳部尚書岑春煊發難，攻擊奕劻和袁世凱保薦的官員「聲名狼藉，操守平常」[1]，又揭發署黑龍江巡撫段芝貴從天津借得10萬金為壽禮向奕劻行賄，並花了1.2萬金買了天津歌妓奉獻給奕劻的兒子載振，才得到了巡撫的位置。揭發的言官說，這種事「人言藉藉，道路宣傳」，無人不曉，「京師士大夫晤談，未有不首先及段芝貴而交口鄙之者」。還說段芝貴「人本猥賤」，原來在袁世凱署中聽差，「為時未久，百計夤緣，不數年間，由佐雜至道員」，只是由於「善於迎合，無微不至」[2]，才博得了袁世凱的喜歡。這一揭發，使奕劻和袁世凱受到很大打擊。不僅段芝貴的署巡撫任命被撤銷，還批准了農工商部尚書載振的辭職。[3] 奕劻和袁世凱立即反擊。他們藉故讓岑春煊外放兩廣，又攻擊岑春煊暗結康、梁，岑被罷官。接着，他們揭發瞿鴻禨暗通報館，陰結外援，並且圖謀推翻戊戌成案，想讓慈禧太后「歸政」。這一下刺痛了西太后的難言之隱，瞿鴻禨也被罷官。這是統治階級內部的鬥爭，也反映了滿漢之間的矛盾。瞿鴻禨和岑春煊被罷官，保

---

1 據上諭，見《光緒朝東華錄》第五冊，總第5654頁。
2 御史趙啟霖奏，見《光緒朝東華錄》第五冊，總第5660—5661頁。
3 據《光緒朝東華錄》第五冊所載載灃、孫家鼐奏，經過派員到天津調查，認為買天津歌妓和從天津借錢行賄事都不是事實。此後，載振上摺請求辭去御前大臣和農工商部尚書，仍然得到了西太后的批准。可見調查雖然否認了行賄的事實，西太后還是相信的。見《光緒朝東華錄》第五冊，總第5665—5666頁。

護了慶親王奕劻，削弱了漢族大臣在朝中的權力，滿洲親貴是高興的。「丁未政潮」剛過去，清朝廷又採取了一個重要措施，把兩個最重要的地方督臣袁世凱和張之洞調到了北京。袁世凱被任命為軍機處大臣和外務部尚書。張之洞被任命為軍機大臣、大學士。兩個督臣分駐於京畿的天津和華中的武漢，實力很大，權傾一時，調進北京，放在朝廷的直接控制之下，承旨辦事，名義大了，權力小了，這叫作明升暗降，這是君主的駕馭之道，也是滿漢矛盾呈現激化趨勢的反映。果然，袁世凱、張之洞進京後，難有大的施展，張之洞不久去世。袁世凱還想折騰一番，隨着光緒皇帝和慈禧太后先後死去，政局為之一變。

宣統繼位，宣統的父親載灃是光緒皇帝載湉的弟弟，他一向對漢族大臣當權有很大疑忌，對袁世凱的飛揚跋扈早有不滿。他現在是攝政王，怎能容忍袁世凱繼續盤踞要津？按照載灃等人的本意，是想殺掉袁世凱以除後患，在徵求王大臣和北洋系將領意見後，他們顧慮殺掉袁會引起北洋系的反叛，進一步導致清廷的統治危機。於是接受了張之洞的建議，褫奪袁世凱的權力，使他無用武之地。1909年1月9日，清廷發佈上諭，稱袁世凱「正以其才可用，俾效馳驅」，「不意袁世凱現患足疾，步履維艱，難勝職任」，「著即開缺回籍養痾，以示體恤之至意」[1]。「患足疾」是袁世凱自己提出辭職的理由，攝政王藉着宣統皇帝的口，順水推舟，名正言順地剝奪了袁世凱的權力，也給袁世凱一定的面子，以免北洋系軍人的反叛以及外國勢力的干涉。

免除袁世凱之後，清廷的權力進一步集中在滿洲貴族的手中。載灃代替小皇帝溥儀出任全國陸海軍元帥，不久他的弟弟載洵出任籌辦海軍大臣，他的另一弟弟載濤及宗室貝勒毓朗為管理軍諮處事務大臣，皇族已明顯地控制了全國的軍權。這還不算，在朝廷12個部的尚書加上外務部另置總理大臣、會辦大臣的14人中，滿洲貴族佔據9人，蒙古貴族佔1

---

1 《大清宣統政紀》第四卷，第12頁。

人，其中皇族竟佔7人之多。

由於宣統朝廷在新政改革方面倒行逆施，清朝統治階級的政治危機已經迫在眉睫。正在河南彰德洹上村「養足疾」的袁世凱，一面韜光養晦，另一面密切關注着形勢的發展。他在洹上村的住所，與朝野各界保持着密切的聯繫，有人說，在一定的意義上，洹上村「儼然成為當時政治、軍事、外交的一個中心」[1]。

與此同時，清廷還在加緊權力的集中與控制，將國家政治的主導權，進一步集中在滿洲貴族尤其是皇族的手中。1911年5月，清廷宣佈實行責任內閣，仿日本、德國體制，總理大臣只對君主負責，不對議會負責，議會雖有彈劾之權，卻不能干涉內閣大臣的升貶。清廷任命奕劻為內閣總理大臣，那桐、徐世昌為內閣協理大臣，同時還任命梁敦彥為外務大臣、善耆為民政大臣、載澤為度支大臣、唐景崇為學務大臣、蔭昌為陸軍大臣、載洵為海軍大臣、紹昌為司法大臣、溥倫為農工商大臣、盛宣懷為郵傳大臣、壽耆為理藩大臣，所有內閣協理大臣和各部大臣均為國務大臣。在這個13人的內閣中，皇族成員為責任內閣的基本構成，其中，皇族佔 7 人，另有滿族 2 人，而漢族只有 4 人。內閣權力集中於皇族的傾向實在過於明顯。這就是史稱「皇族內閣」。

皇族內閣的名單一經宣佈，立即引起舉國嘩然。漢族官僚的失望是明顯的。原先對清廷寄予厚望的立憲黨人除了失望，就是氣憤。他們除了繼續通過正常的渠道向清廷表達他們的不滿外，實際上已經開始與清廷離心離德，甚或有一部分人逐步轉向支持革命或變成革命者。清廷得罪了立憲派，這是清朝政府在孫中山為首的革命派進攻下，因為得不到立憲派支持而迅速垮台的重要原因。

清廷雖然實行中央集權，由於統治階級內部矛盾以及滿漢官僚之間的矛盾，中央集權效果不彰，形成了「內外皆輕」的權力格局。所謂

---

**1** 張國淦：《孫中山與袁世凱的鬥爭》，《近代史資料》1955年第4期。

「內外皆輕」，指中央無法控制地方，地方無力效忠中央。這個權力格局的形成，使清廷中央和地方均不能有效應對革命勢力的進展，導致清王朝走向覆亡之路。[1]

---

**1** 「內外皆輕」之説，參見李細珠《地方督撫與清末新政——晚清權力格局再研究》，社會科學文獻出版社2012年版，第399—411頁。又，1911年清人也有類似討論，參見佛掌《中央集權發微》，張枏、王忍之編《辛亥革命前十年間時論選集》第三卷，生活‧讀書‧新知三聯書店1977年版，第843—846頁。

## 第二節

# 黃花崗起義
# 與四川保路運動

　　在同盟會領導的眾多武裝起義中，最具有典型意義，也是影響最大的就是1911年在廣東爆發的黃花崗起義。

　　廣東是孫中山的故鄉，也是他聯繫最多、革命基礎較好的地方之一。自從他早期投入革命活動開始，他就對廣東寄予很大的希望，一直期盼着能在廣東爆發真正意義上的武裝起義，並能由此開始完成奪取全國政權的任務。1910年11月13日，孫中山、黃興、趙聲、胡漢民等同盟會的重要骨幹，在馬來亞的檳榔嶼與南洋及國內東南各省的代表舉行祕密會議，部署廣州起義的工作。計劃在起義軍佔領廣州後，由黃興率一軍出湖南趨湖北，由趙聲率一軍出江西趨南京；長江流域各省由譚人鳳、焦達峰等率兵響應，會師南京，即行北伐，一舉奪取全國政權。

　　經過幾個月緊張準備，同盟會在廣州設立的祕密據點已達38處，省城內外及各省革命力量也已聯絡就緒，經過認真篩選的800人「敢死隊」（當時稱選鋒隊）也逐步到達香港集中。萬事俱備，只待一聲令下。1911年1月底，黃興在香港成立起義的統一領導機構統籌部，黃興為部長，趙聲為副部長。總機關設立後，立即開展各項準備工作，主要是籌款、購械、選派起義人員。4月8日，黃興在香港統籌部召開發難會議，與會者數十人。會議決定分十路進攻。4月23，黃興先行潛入廣州，在小東營五號設立起義總指揮部，並最後確定起義日期。4月27日下午，黃興如期起義，親率選鋒百餘人進攻總督衙門。「死士多人以攻入督署，

空洞無一人。觀其情形，有如二、三日前去者。」[1] 黃興等人從督署撤出時正與李準和張鳴岐的衛隊相遇，激戰中黨人死傷多人，黃興的右手也被打斷兩指。黃興且戰且前，直到最後剩下自己一人，才避入一家小店改裝出城。這次起義只有黃興率100多選鋒在城中左衝右突，孤軍奮戰，終因寡不敵眾而失敗。革命黨人在這次起義中表現得非常英勇壯烈，可歌可泣。喻培倫「一人當先，拋擲炸彈，防勇為之披靡，後失手遇害」；李文甫「先攻督署時，非常猛烈，既出，傷其足，後為虜俘，從容談笑以死」；朱執信「攻督署時，奮勇當先，迥非平日文弱之態」；林文、林覺民等福建同志「多在東畢業專門學校者，年少俊才，傷心俱燼」[2]。據統計，這次起義犧牲的革命黨人有姓名可考者共86人，其中有72人的遺骸後來被黨人潘達微收葬於廣州東郊白雲山麓的黃花崗，此即著名的「黃花崗七十二烈士」。因此，這次起義也被史家稱為黃花崗起義或黃花崗之役。又因起義那天為農曆三月二十九，這次起義又被稱為廣州「三二九」之役。

起義沉重地打擊了清朝統治者。烈士們用鮮血與生命激起了革命黨人與全國人民的反清革命怒潮，「是役也，碧血橫飛，浩氣四塞，草木為之含悲，風雲因而變色，全國久蟄之人心，乃大興奮，怨憤所積，如怒濤排壑，不可遏抑，不半載而武昌之大革命以成，則斯役之價值，直可驚天地、泣鬼神，與武昌革命之役並壽。」[3] 可以說，正是革命黨人堅持不懈的努力，才有武昌起義的成功。

接着黃花崗起義發生的是大規模的保路運動。皇族內閣成立第二天即發佈上諭，公佈了鐵道幹路國有化的政策，極其嚴重地侵害了立憲黨

1　黃興：《致海外同志書》，載湖南社會科學院編《黃興集》，中華書局1981年版，第41頁。
2　黃興：《與胡漢民致譚德棟等書》，載湖南省社會科學院編《黃興集》，第52—53頁。
3　孫中山：《〈黃花崗烈士事略〉序》（1921年12月），《孫中山全集》第六卷，第50頁。

人的經濟利益，引發規模浩大的保路運動。

鐵道幹路國有化的上諭明確規定：「幹路均歸國有，定為政策。所有宣統三年以前各省分設公司集股商辦之幹路，延誤已久，應即由國家收回，趕緊興築，除枝路仍准商民量力酌行外，其從前批准幹路各案，一律取銷。」「如有不顧大局，故意擾亂路政，煽惑抵抗，即照違制論。」[1] 5月18日，清廷任命端方為督辦粵漢、川漢鐵路大臣，強行將鄂、粵、川、湘四省鐵路收歸國有。20日，清廷批准郵傳大臣盛宣懷與德、英、法、美四國銀行團簽訂《湖北湖南兩省境內粵漢鐵路、湖北省境內川漢鐵路借款合同》，借款總額為600萬英鎊，年息 5 釐，以兩湖釐金、鹽稅作擔保，四國銀行享有兩湖境內粵漢、川漢鐵路的修築權，以及該路在延長時繼續投資的優先權。這個合同實際上將四省境內的鐵路權益完全拍賣了。

鐵路幹線國有政策出籠與粵漢川漢鐵路借款合同簽訂，使清政府賣國面目昭然若揭。時人以為：「果政府有錢，政府自造，不以路權抵借外款，不受外人干涉，真正是國家全力經營，又何嘗不好？無如此次以路抵款，是政府以全力奪自百姓而送與外人。」[2] 國家借款修築鐵路，未嘗不是發展交通事業的一個辦法。但是此前興起民辦鐵路，確是抵制列強侵略、收回路權運動的產物。突然宣佈鐵路國有，這就以法律的形式剝奪了先前數年各省民族資本的利益，是對數年來民族資本收回路權、礦權運動的反動。而中國民族資本是立憲黨人的社會基礎。清政府為了借款而出賣國家利益的行為，不僅極大地傷害了中國民族資產階級的利益和積極性，而且實際上將立憲黨人推到了自己的政治對立面。

對於清政府的這一舉動，湖南首先起來反對，在長江中游掀起了一

---

**1** 中國第一歷史檔案館：《宣統朝上諭檔》第三十七冊，廣西師範大學出版社2009年版，第92—93頁。

**2** 《郵傳部奏覆鐵路幹線宜收歸國有摺（附：保路同志會隨文駁斥意見）》，載戴執禮編《四川保路運動史料》，科學出版社1959年版，第115頁。

場規模浩大的群眾性的抵抗鬥爭，這就是「保路運動」。保路運動的發起者通過各種手段和方法強烈要求清廷收回成命。長沙各界群眾連日集會，反對鐵路國有，要求堅持商辦。一些廣泛傳播的傳單，高聲疾呼：「部派督辦來湘，強事修築，湘人必集合全體，共謀地址，無論釀成如何巨案，在所不顧。」[1]「有誰來用強迫手段壓制我們，那時我們做百姓的，橫直是一條死路，大家把這條性命，與他拚一場，在學堂的人，大家散學，做生意的人，大家閉市，湖南全省的糧餉，大家是不肯完的，看他把我們湖南的百姓怎麼辦法呢？」[2] 從這些傳單可以看出湖南堅決抵制鐵路國有的決心。

與此同時，湖北、廣東各界也對鐵路國有化的政策進行了抵制。在廣州，廣東粵漢鐵路公司舉行股東大會，商討對策，要求保全商辦，並且以大會名義致電郵傳部，要求「撤銷國有令」；同時致電湘、鄂、川三省，呼籲三省「唇齒相依，希予支持」。由於廣東當局的鎮壓，保路團體的領導人和許多公司股東跑到香港，在香港成立廣東保路會，要求聯合湘、鄂、川三省，一致進行，維持商辦。

保路運動在四川興起雖然晚了一點，但運動的聲勢和採取的手段最為激烈，四川保路運動更加聲勢浩大、鬥爭激烈、影響深遠。

四川為了籌辦川漢鐵路，在成都成立了四川川漢鐵路總公司，在湖北宜昌成立了川漢鐵路分公司，已徵集鐵路股款1,400萬兩，其中實收租股950萬兩，官民購股260萬兩，土藥鹽茶商共認股120萬兩。可見，路股中的大部分是從四川全省包括農民在內的土地所有者徵收得來的，因此，路股的絕大部分都轉嫁到全省農民頭上。反過來說，修築鐵路，與全省人民的實際利益聯繫了起來。巨紳大賈更把修築鐵路的成敗，看作

**1** 《湖南人民訂立自救保路辦法傳單》，載中國第二歷史檔案館編《中華民國史檔案資料彙編》第一輯，江蘇人民出版社1979年版，第165頁。

**2** 《湖南人民反對借外債包辦鐵路傳單》，載中國第二歷史檔案館編《中華民國史檔案資料彙編》第一輯，第163頁。

自己的身家性命一樣。由於掌握鐵路公司經濟大權的紳商們貪污浪費，鐵路修築進展不大，已經引起人民群眾不滿。6月1日，清朝中央政府郵傳部大臣（相當於交通部部長）盛宣懷，會同粵漢川漢鐵路大臣端方，向四川發出專電，要將川漢鐵路公司現存、已用之款全部提走，只發給股票，並且威脅說，如果四川省一定要籌還路款，清政府必定要大借外債，並以四川財政收入作抵。這表明，清政府赤裸裸地向四川人民劫奪全部路款了。這使四川立憲派失望之餘，簡直沒有迴旋的餘地。連原來不一定反對國有政策的立憲派領袖也公開著文，痛斥「賣國郵傳部！賣國盛宣懷！」

控制四川諮議局的資產階級立憲派眼看路款不保，便於6月17日發動成都各團體數千人成立「四川保路同志會」，以「拒借洋款，廢約保路，力圖進行」為宗旨。[1] 保路同志會以立憲派領袖蒲殿俊、羅綸為正、副會長，下設總務、講演、文牘、交涉四部，各司其職，並刊發《四川保路同志會報告》為言論機關刊物。保路同志會還發佈《宣言書》，直斥剛上台就頒佈鐵路幹線國有政策的新內閣（即「皇族內閣」）「蠻野專橫，實貫古今中外而莫斯為甚」，深刻地揭露了湖廣鐵路借款合同的賣國實質，「政府鐵路借款合同，實葬送人民死地之合同也。……實將三省三千六百里路政全權，完全授與外人」，強烈呼籲，國人「惟據死力爭」，「不拒則可永永不再言立憲，不再言國會，不再開諮議局、資政院」[2]。隨後，重慶以及全省各府州縣紛紛成立保路同志分會。成都、重慶兩地，群情洶洶，每次群眾集會，會上發言痛詆政府借款賣路的罪惡，參加者必有萬人以上。

8月初，成都召開了全川特別股東大會，會後聽到了清政府強行接

---

1　三餘書社主人編：《四川血‧四川保路同志會簡章》，《辛亥革命》第四冊，第403頁。

2　《四川保路同志會宣言書》，載戴執禮編《四川保路運動史料》，第183—184頁。

收川漢鐵路宜夔段（宜昌至奉節），並以川款繼續修路的消息。群眾的憤怒再也不能遏止了。8月下旬，成都各界開始罷市罷課，接着全川各地數十座城鎮捲入罷市熱潮，9月初，人民群眾進一步實行抗糧抗捐。9月7日，新到任的四川總督趙爾豐將四川立憲派領導人、四川諮議局正副議長蒲殿俊、羅倫及川漢鐵路股東會負責人張瀾等騙至總督署辦公處，加以拘禁，並封閉了鐵路公司。成都數萬人民前往督署請願，遭到軍警開槍鎮壓，當場打死數十人，傷者無數。整個四川因此沸騰起來，終於爆發了全省規模的人民大起義。

群眾的介入，使保路運動的發展增加了許多未知的變數，立憲黨人雖然強調要防止暴動，「文明爭路」，但在成都血案以後，基本上失去對運動本身的控制力，自發的人民群眾已不再聽命於他們的指揮棒。剛剛從日本回國不久的同盟會員龍鳴劍，本是四川省諮議局議員。他深知要取得保路運動的勝利，絕非一紙文電所能成功，同時認識到立憲派人士也是不可靠的，決心發動武裝起義，以爭取保路運動的根本勝利。在龍鳴劍等革命黨人的策動下，8月初，在資中縣羅泉井召開了哥老會各地頭領會議，決心變和平爭路為推翻清朝統治的武裝鬥爭。於是在9月初，四川爆發了以哥老會群眾為主的保路同志軍的起義，數十萬人揭竿而起，雲集省城周邊，清廷在四川的統治已岌岌可危。四川保路同志軍的起義，為武昌起義的成功，點燃了導火線。

# 武昌起義
# 各省獨立與南京之役

　　保路同志軍在成都發動的起義危及清政府的統治，清廷急調湖北地區的部分新軍入川鎮壓，武昌遂成為清政府統治較為薄弱的地方。

　　武昌一直是革命黨人活動的重點地區。1904 年華興會在長沙的起事失敗後，湖北的革命活動一直在積極進行中，那裏有着從事革命活動的深厚群眾基礎。張之洞在武昌訓練的新軍，是北洋新軍之外最有力量的一支軍隊。因為科舉廢止，一些小知識分子紛紛投軍，以便尋找出路。所以，武昌新軍中有一些有一定文化水平的士兵。《革命軍》以及《民報》等革命刊物一直在武昌新軍中流傳。武昌新軍成為革命黨人活動的土壤。1907 年以後，武昌出現了眾多的革命小團體，大多數小團體都在新軍中活動。比較著名的有 1911 年 1 月成立的文學社。文學社是在軍隊同盟會、群治學社、振武學社的基礎上發展而來的。其成員在新軍各部隊中都有分佈。其負責人是肄業於上海中國公學的新軍士兵蔣翊武。另一個比較著名的小團體是湖北共進會。1908 年，孫武自日本歸來，在武昌發起成立湖北共進會。起先，它主要在會黨中發展組織，後來把眼光逐漸轉向新軍。蔣翊武、孫武都是同盟會會員。文學社、共進會與在上海的中部同盟會有着非常密切的關係。1911 年 5 月，文學社、共進會決定在反清鬥爭中聯合起來。7 月，保路運動起來，為革命黨人掌握的《大江報》連續發表《亡中國者和平》《大亂者，救中國之妙藥》的時評，實際上等於公開號召武裝起義。報紙被封，報館主筆詹大悲被捕。

　　9月，湖北新軍一部調往四川。武漢革命黨人敏銳地注意到這個行動將會造成四川和湖北的緊張局勢。他們認識到，革命形勢快要成熟了。9

月14日，文學社、共進會的領導人召開聯席會議，商討兩團體如何利用有利時機，在武昌發難起義問題。會議決定建立統一指揮系統，協調行動，軍事上由蔣翊武任總指揮，王憲章任副指揮，孫武任參謀長；政治上，由劉公任總理，孫武任常駐政治籌備員，下設若干政治籌備員，負責文告、印信、旗幟、符號以及製造炸彈等事宜。鑒於武昌新軍中的革命者沒有同盟會領袖人物，會議決定派員赴香港、上海邀請黃興、宋教仁、譚人鳳等人來漢主持大計。24日，兩會再次舉行聯席會議，經過周密的討論定於中秋節即10月6日舉行起義，推舉蔣翊武為臨時總司令，孫武為參謀長，並對各標、營和軍事學堂的任務及進攻路線作了部署。各方面在會後都積極進行準備，只待時機進一步成熟。中秋節那天，湖北當局有所風聞，收繳了新軍士兵的子彈，決定中秋節戒嚴。武昌起義的領導者未能按預定的日期發動起義。

出人意料的是，10月9日午後3時，孫武等在漢口俄租界寶善里14號的祕密機關部配制炸彈時，不慎引起爆炸。[1] 俄租界巡捕查抄了室內所存為起義準備的旗幟、符號、文告、印信、鈔票等物品及革命黨人名冊，並逮捕了在場數人。在清朝官府嚴刑逼供下，有人泄露了革命黨人武裝起義的祕密情況。湖廣總督瑞澂下令武漢全城戒嚴，軍警四出，大肆搜捕革命黨人。積蓄多時的起義計劃有可能在此次事件中化為泡影。蔣翊武、劉復基等在武昌小朝街85號起義總指揮部獲悉漢口失事，考慮到「與其坐而被捕，不如及時舉義」[2]，決定按9月24日擬訂的行動計劃，於當晚12時發動起義。但是深夜裏，軍警突然破門闖進起義總指揮部，正在那裏等待起義消息的指揮部負責人蔣翊武、劉復基、彭楚藩等多人來不及躲避，除蔣翊武穿着長袍馬褂不被軍警注意而逃逸外，均被逮

---

1 有關寶善里事件時間，當事人有不同記載，有些人記在10月8日，多數人記在10月9日。詳細考證參見張海鵬《寶善里炸藥爆發時間考實》，《追求集》，第223—233頁。

2 李廉方：《辛亥武昌首義記》，第75頁。

捕。此前，楊宏勝因運送炸彈不慎，被逮捕。經過簡單審訊，彭楚藩、劉復基、楊宏勝三人於10月10日凌晨被處決。

隨着三烈士的犧牲，以及軍警繼續按圖索驥搜捕革命人士，武漢的形勢更緊張了。起義總指揮部前晚決定起義的命令，因城門封閉，未能送到。這時候，預定的起義領導人蔣翊武、孫武都不在現場，黃興、宋教仁遠在香港、上海，對於革命黨人來說，形勢千鈞一髮，機會稍縱即逝。由於武漢革命黨人革命意識強烈，平時的組織工作到位，在失去領導的萬分危急的時刻，在新軍各標營內待命起義的黨人發揮革命主動精神，決定破釜沉舟，立即在當晚實施起義計劃。

10月10日晚7時左右，武昌城西北塘角的新軍輜重營火起，長亙數十丈，烈焰沖天，炮聲隆隆，炮隊隨即向城內進發。在城內，工程八營在熊秉坤指揮下，打響第一槍，旋即集合革命士兵奔向楚望台軍械庫。改變中國歷史進程的武昌起義終於爆發了。

工程營士兵400人很快佔據了楚望台軍械庫。會聚到楚望台的革命士兵越來越多，指揮混亂。工程營左隊隊官吳兆麟軍事知識豐富，在士兵中有威信，以前曾加入過革命團體日知會，被士兵推舉出來，擔任臨時總指揮，負責指揮進攻總督署。這時，參加起義的新軍士兵約有4,000人，湖廣總督能夠調動來保衛總督署的清軍，加上分佈在全城各地的武裝警察、旗營不過5,000人。革命軍先後三次向總督署發起進攻，於11日黎明前佔領了總督署旁的新軍第八鎮司令部，包圍了總督署。湖廣總督瑞澂破牆而出，躲進了停在長江邊的楚豫兵艦。第八鎮鎮統張彪見總督瑞澂跑了，自己也逃往漢口劉家廟。天亮時，革命軍佔領了總督署。經過兩天的激烈戰鬥，武漢三鎮基本上已控制在革命黨人的手裏了。

武昌起義爆發之後，新政府的成立已迫在眉睫。11日，武昌城裏的戰鬥剛剛結束，革命黨人聚集在武昌閱馬廠原湖北諮議局開會，商討建立湖北軍政府問題。在商討軍政府都督人選時，從前線下來的各革命軍領袖均以資望淺，相互謙讓，不能成議。於是邀請湖北諮議局議長、副

議長以及議員若干人前來參與討論。議長湯化龍等一夜驚魂未定，對革命是否能成功尚無把握，遂藉口現在是軍事時期，自己非軍人，不知用兵，不能幫忙。有人提議推新軍協統黎元洪擔任都督。黎元洪素有「知兵」、「愛兵」的美譽。保路運動中，黎元洪還以軍界代表的身份參加湖北各界保路團體「鐵路協會」，並積極支持進京請願，表現出較為開明的形象。因此，黎元洪是革命黨人與立憲派等各方面都能接受的合適人選。由於革命黨人原先所請的黃興、宋教仁等有聲望的領導者遲遲不能到鄂，於是自然傾向於擁戴黎元洪出來領導，即使發生最壞的情況，也可以用黎元洪的空名以鎮定人心，收拾局面。於是便發生逼黎元洪「革命」的事件。出現這種局面，與湖北革命黨人長期從事基層實際的鬥爭，缺乏有威望的公認的領袖有關，也與同盟會領袖孫中山、黃興、宋教仁等對武昌革命的準備工作缺乏認識和直接指導有關。

黎元洪作為清朝任命的一員新軍協統，在對起義形勢估計並不樂觀的情況下，他不願意做出任何冒險行動。他被請到軍政府，大喊「莫害我，莫害我！」拒絕出任湖北軍政府任何職務。因此，在湖北軍政府成立之初，所發佈的命令與文件，基本上與黎元洪個人無關，而是革命黨人和立憲黨人用黎元洪的名義在進行工作，黎元洪則被革命黨的士兵嚴加看守，並不曾作任何實際的事務。直至13日大局將定的情況下，黎元洪才開始表示傾向於革命。

湖北軍政府以都督黎元洪的名義發佈第一張《佈告》，公開宣告要推翻封建專制，建立中華民國，這是非常鼓舞人心的。「黎之佈告出，往觀者途為之塞，白髮老翁亦以先睹為快，旅漢外籍人士聞之驚異，皆曰：『想不到黎協統也是革命黨。』」[1] 無論如何，黎元洪最終附從革命，不僅及時填補了革命黨人群龍無首的權力真空，而且也在一定程度上穩定了革命局勢，其積極作用是不必否認的。

---

1 胡贅：《辛亥史話》，載《辛亥首義回憶錄》第一輯，第211頁。

**武昌起義後的湖北革命軍**

　　10月16日，首義革命者在閱馬場設壇，安排請都督誓師的儀式，由譚人鳳向黎元洪授旗授劍，居正宣講革命精神，黎元洪祭拜天地與黃帝，並宣誓、閱兵，正式就任軍政府都督。[1] 都督人選確定後，接着組建軍政府組織機構。軍政府下成立的主要組織機關如下：（1）參謀部；（2）交通部；（3）軍需部；（4）書記部；（5）民政部；（6）測量部；（7）稽查部；（8）外交部。另外，還特設執法處、偵探處、間諜

---

1　居正：《辛亥札記》，載《辛亥革命在湖北史料選輯》，第154頁。

處、招納處。[1]

10月17日，正式頒佈《中華民國軍政府暫行條例》。從人事安排來看，湖北軍政府顯然是一個由舊官僚、立憲派與革命黨人多種政治勢力組成的聯合體，其中，以湯化龍為首的立憲派明顯地佔有優勢。這是革命黨人無法接受的。10月25日，在孫武、劉公、張振武等人的提議下，軍政府再次開會，修改了原訂組織條例。最重要的變動是取消了包攬大權的政事部，將原政事部下屬七局中除文書局以外的六局升為部，與原有軍令、軍務、參謀三部，直屬都督，組成軍政府。新的人事安排，大大增強了革命黨人的力量，相應地削弱了立憲派的力量。新的軍政府雖然仍由舊官僚、立憲派與革命黨人多種政治勢力組成，但其實權已基本上控制在革命黨人的手中。

湖北軍政府組成，便立刻採取如下革命措施，以鞏固新生的革命政權：第一，發佈通電、文告，宣佈革命宗旨；第二，整頓內政，穩定社會秩序；第三，照會各國駐漢口領事，謀求對外交涉；第四，制定和頒佈《鄂州約法》。

《鄂州約法》對鄂州政府的組織原則與人民的民主權利進行了明確的規定。它以西方資產階級三權分立原則構建了近代中國第一個民主共和制政權，是中國歷史上第一部具有憲法性質的地區性資產階級民主立法，為以後南京臨時政府制定和頒佈《中華民國臨時約法》提供了範本。以上舉措，充分顯示了湖北軍政府的資產階級革命政權的性質。這

---

1 長期以來，學術界普遍認為，當時革命黨人成立了一個以新軍排長蔡濟民為首的15人組成的「謀略處」，作為決策機關，實際主持軍政府工作。胡繩《從鴉片戰爭到五四運動》第23章用了一節根據回憶錄詳細描述了「謀略處」的領導及其演變。見該書下冊，人民出版社1981年版，第802—810頁；又見《胡繩全書》第六卷（下），人民出版社1998年版，第789—796頁。據考證，所謂的「謀略處」其實是根本不存在的。在軍政府初期各部處機構中，未見「謀略處」的存在，所謂「謀略處」是長期以來對參謀部的誤記。詳細考證參見張海鵬《湖北軍政府「謀略處」考異》，原載《歷史研究》1987年第4期，又見《追求集——近代中國歷史進程的探索》，第234—253頁。關於「謀略處」的考證另可參考吳劍傑《謀略處考》，《近代史研究》1987年第2期。

對以後相繼獨立的各省軍政府的組建，甚至南京臨時政府的建設，都有相當程度的指標意義。

武昌起義成功，清廷異常震驚，急令陸軍大臣蔭昌統第一軍、軍咨使馮國璋統第二軍、海軍司令薩鎮冰統海軍艦隻前往湖北鎮壓。不過10天時間，清援軍陸續到達武漢戰地。湖北軍政府決定首先掃蕩漢口敵軍，然後向北推進，阻止清軍南下。10月18日，革命軍出戰漢口，在劉家廟痛擊敵軍，然後，在三道橋與清軍對峙。27日以後，清軍大量援軍抵達，戰線向漢口市區緊逼。革命軍形勢逆轉，損失很大。30日清軍第一軍總統馮國璋抵漢口，令清軍在漢口舉火焚燒，大火三天三夜不熄，漢口十里繁華市區，頓成焦土。就在漢口戰事緊張的時刻，革命黨人久已盼望的領袖黃興來到漢口，組織革命軍反攻，大大鼓舞了士氣。但是由於敵強我弱，反攻計劃未能成功。11月2日，革命軍撤出漢口，退保漢陽。

這時候，黎元洪已出而視事。湖北軍政府便以都督黎元洪名義，拜黃興為戰時總司令。黃興作為革命黨的領袖，由於對武昌起義的緊迫性認識不夠，在面對武昌來人求援時，猶豫不定，遲疑不決，喪失了瞬息萬變的時機，來到武昌時，已經不能扭轉黎元洪出任湖北軍政府都督的事實，而只能拜在被強迫出來「革命」的清軍將領的腳下。人謀不臧，造成了這樣的歷史誤會。歷史進程是客觀和主觀條件的辯證統一。所謂「時勢造英雄，英雄造時勢」就是這種辯證統一的形象說法。一場社會大革命也是這樣。只有客觀形勢的成熟，主觀努力沒有跟上，未必能夠贏得革命的成功。中國同盟會成立以來的國內形勢，革命黨人武裝起義成敗的經驗積累，造成了武昌首義的極好的客觀形勢。但是同盟會的主要領導人孫中山、黃興、宋教仁等卻對這種形勢缺乏認識，他們只把首義的發生地放在沿海和長江下游一帶。這就造成了武昌地區革命領袖真空的局面。

在湖北從事革命的組織領導工作的是蔣翊武、孫武、彭楚藩、詹

武昌起義後成立的鄂軍都督府

大悲、劉復基、劉公（仲文）、蔡濟民、楊玉如、張振武、李春萱、鄧玉麟等人，拿這些人的名字（加上胡經武），與馮自由、田桐、鄒魯所開列的中國同盟會幹部名單[1] 相對照，只有胡經武是中國同盟會本部評議部的成員，其他諸人均名不見經傳，不是同盟會領導圈子以內的人，甚至也不是同盟會的分支機構——中部同盟會領導圈子以內的人。胡經武（名瑛）雖然一直在武昌、漢口從事軍運工作，但自1907年以來一直在武昌獄中，他雖然同黨人保持着密切聯繫，所做實際工作畢竟很少，且他一向是反對武昌首先起義的。這說明了作為辛亥革命勝利標誌之一的武昌首義是未經同盟會討論決策、沒有同盟會領導成員參與領導指揮，而是由一些中下層的同盟會成員和其他革命黨成員，在孫中山的旗幟下

---

[1] 參見中國國民黨中央黨史史料編纂委員會編《革命文獻》第2輯，另見鄒魯《中國國民黨史稿》第一編，第二章。

經過艱苦卓絕的工作後獨立發動、指揮的。這是一個最基本的事實。

這個事實所包含的優點和缺點是同樣明顯的。優點在於由於基本群眾組織發動起來了，在脫離領導的情況下，起義終於能夠掀起。缺點在於起義士兵面臨沒有眾望所歸的領導人的苦惱，他們不僅找不到早已期望來漢的黃興、宋教仁等高層領導人，也找不到起義前確定的臨時總司令蔣翊武和參謀長孫武。在戰火紛飛中，起義士兵找到一個久已脫離革命行列的下級軍官作臨時指揮，而在攻下督署後，請出一個清軍協統做了革命軍的總首領。如果黃興、宋教仁在起義現場，或者蔣翊武、孫武能冒險挺身出而指揮，武昌起義的前景要輝煌得多，其結局將是另一個模樣。[1]

這樣，當黎元洪任命黃興以後，黃興便不能作為一個革命戰略家、一個革命領導人去為革命的未來發展規劃一切，而只得作為一名前敵將領，率參謀長李書城一行赴漢陽部署防務。在漢陽三眼橋、仙女山一帶，革命軍與清軍反覆征戰，戰況空前激烈。但是，由於袁世凱指揮的北洋大軍的猛烈進攻，11月27日，漢陽府城被清軍攻陷。漢陽失守後，黃興主張放棄武昌、專務南京，而受到武昌首義將領們的指責，他的革命領導人的光環在他們眼裏已經所剩無幾了。這對此後中華民國初期的政治局勢都有不少影響。

陽夏戰爭[2] 雖然失敗了，但革命黨人為保衛辛亥革命中的第一個共和政權而英勇戰鬥、可歌可泣的精神，大大鼓舞了全國各地的革命黨人，有力地支持了他們為爭取各省獨立而進行的鬥爭。

在湖北軍政府的號召下，湖北在差不多一個半月的時間裏，省屬各府州縣已先後脫離清廷的統治，宣佈反正，全省實現「獨立」。

---

1 關於黃興、孫中山等人對武昌首義的認識，參見張海鵬《論黃興對武昌首義的態度》，載胡春惠、張哲郎主編《黃興與近代中國學術討論會論文集》，（台北）政治大學歷史研究所1993年版。
2 陽即漢陽，夏即夏口，漢口在行政建制上原名夏口廳。

其他各省在武昌起義勝利進軍的鼓舞下，革命形勢發展也很快。僅在10月份，就有湖南、陝西、山西、雲南、江西等省宣佈獨立；11月，上海、貴州、浙江、江蘇、廣西、安徽、福建、廣東、四川先後宣告獨立。在前後50天的時間裏，共有14個省和對全國政治經濟有着重大影響的上海一地脫離了清朝的統治，清王朝所剩下的日子已屈指可數了。

上海、江蘇的獨立，不僅對清廷是一個重大的打擊，而且對革命黨人來說，也是至關重要的勝利。南京是江蘇的省會，是江南的政治中心，早在武昌起義爆發之初，在上海的同盟會中部領導人宋教仁等，即策劃集中力量奪取這一重鎮。他們派員到駐防南京及其周邊地區的新軍進行策反和聯絡工作，並制定奪取南京的軍事方略。上海革命黨人和滬、蘇、浙軍政府決定組織江浙聯軍，以原新軍第九鎮統制徐紹楨為總司令。11月11日，在鎮江組織攻取南京的江浙聯軍總司令部，以期一舉佔領這一江南重鎮。進攻南京的戰役全面展開。經過激烈戰鬥，11月30日夜佔領南京城外制高點天堡城，開始在山上使用大炮向南京城裏進行轟擊。革命軍所屬各部士氣高昂，冒雨行進，城郊人民對革命軍的到來也持熱烈歡迎的態度，或為革命軍領路，或替革命軍運送各種軍用物資，或為革命軍送水送飯。至此，清軍的守城部隊已基本上都退居到城裏面去了，守城部隊的指揮所也在革命軍的炮火控制之下。12月1日，美國領事出面約停戰一日，並代守城清軍將領乞降。

12月2日，鎮軍首先從太平門進入南京，各部革命軍在一片歡呼聲中順利地開進南京城裏。南京，這一江南最為重要的政治中心遂落入革命黨人的控制之中，並為全國性的革命勝利進一步地準備了條件，為即將成立的中華民國臨時政府設立於南京奠定了基礎。

革命軍攻佔南京後，中國的政治形勢進一步朝着有利於革命軍方面發展。當此時，中國同盟會已開始構想在南京建立全國性的革命政權問題。

中國同盟會擬在革命成功之後建立全國統一的新政權的想法由來已久。幾年前發佈的《軍政府宣言》，即已充分表達了他們的設想。但武

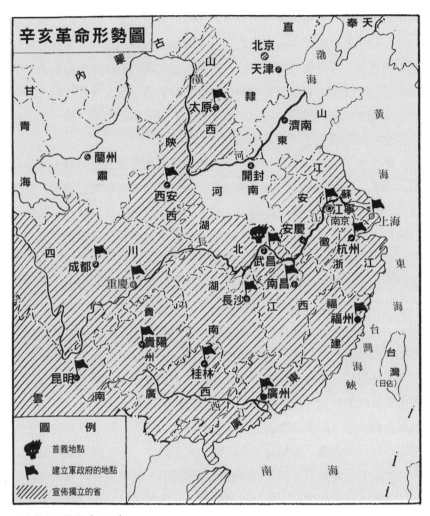

辛亥革命形勢圖（1911）

昌起義畢竟來得太快，使他們並沒有很快地適應過來。當武昌起義爆發之際，最孚眾望的孫中山尚在海外為中國革命籌款，黃興、宋教仁等領袖人物也不在武昌起義的第一線，且當武昌起義的組織者派員赴滬赴港邀請他們來鄂主持大計時，他們也沒能及時到鄂，這在某種程度上，使革命黨人在新政權的建設問題上連連失分。湖北軍政府建立後，革命黨人未能掌握大權，便是一個最明顯的例證。

革命黨人希望彌補這種失誤。當醞釀組織中央政府的時候，鬥爭便產生了。11月7日，湖北軍政府都督黎元洪向各省軍政府發出通電，要求各省派出代表到武昌籌組臨時中央政府。與此同時，革命黨人、滬軍都督陳其美也通電各省派代表到上海開會。結果，一部分代表到了武昌，另一部分代表則到了上海。在上海集會的代表組成了「各省都督府代表聯合會」。上海方面提出湖北軍政府可以臨時擔任「中華民國中央軍政府」的責任，但組織中央臨時政府的代表會議應當在上海召開；同時主張，中央政府應當按照孫中山的理想，仿照美國制度，組建資產階級共和國。武昌方面同意按照上海方面的意見組建政府，但認為代表會議應當在武昌召開。爭論結果，上海方面的代表同意到武昌集會。當各省代表來到武昌的時候，剛好漢陽失守，再過幾天，革命軍又攻佔了南京。形勢急轉直下，許多代表認為應當到南京開會。這時候，陳其美在上海召集一些代表會議，選舉黃興為「假定大元帥」、黎元洪為副元帥，以大元帥組織臨時政府。黎元洪不滿意這種選舉，通電要求取消。12月中旬，各省代表齊集南京，由於局勢混亂，討論無定見，一時選黃興為大元帥，黎元洪為副；一時又選黎元洪為大元帥，黃興為副。結果，黎元洪不到南京就職，黃興因等待孫中山回來，也拒絕就職。

12月21日，孫中山自美國返抵香港，與廖仲愷、胡漢民等人商討革命大計。他認為，當時中國之大患全在無政府，如能迅速組建全國統一的新政府，則清政府必將迅速垮台，外國列強也無力強行干涉中國的內部事務。基於此種認識，孫中山自覺地擔當起組建新政府的大任，於25

日抵達當時中國新政治實力的中心上海，開始籌建新政府的艱難工作。

經過一番緊張的工作，孫中山很快確立了組建新政府的基本原則，尤其是在贏得了黃興等領袖人物的堅定支持之後，他對新政府的構想更趨於完整與成熟。26日，孫中山在上海的寓所召開同盟會領導人會議，重點研究組建新政府的一些基本原則問題，尤其是總統制與內閣制的取捨問題。

按理說，不論是總統制還是內閣制，其實質都是資產階級政權的一種組織形式，其間並沒有多少原則性的差異。但在當時同盟會人事結構的特殊條件下，這兩種政權形式的選擇卻具有不同尋常的意義。孫中山在當時明確主張實行總統制，宋教仁等人則竭力主張採用內閣制。宋的主張的真實意義在於他確實想當內閣總理，但這樣一來則勢必將即將成為臨時大總統的孫中山的權力予以削弱甚者可以架空。因此，對宋的主張，孫中山堅決反對，據胡漢民回憶，孫中山曾在這次會議上反覆強調的理論是：「內閣制乃平時不使元首當政治之衝，故以總理對國會負責，斷非此非常時代所宜。吾人不能對於惟一置信推舉之人，而復設防制之法度。余亦不肯徇諸人之意見，自居於神聖贅疣，以誤革命之大計。」[1]在黃興的堅定支持下，孫中山的總統制建議終於在同盟會內部獲得了通過。

12月29日上午 9 時，17個省的50名代表在南京舉行臨時大總統選舉，每省一票，孫中山以16票被推舉為中華民國臨時大總統。

---

1 胡漢民：《胡漢民自傳》，中華書局2016年版，第95頁。

# 第四節

# 孫中山就任
# 南京臨時政府大總統

　　1912 年 1 月 1 日夜 11 時，孫中山在南京總統府舉行就職典禮，孫中山宣讀就職誓詞：「傾覆滿洲專制政府，鞏固中華民國，圖謀民生幸福，此國民之公意，文實遵之，以忠於國，為眾服務。至專制政府既倒，國內無變亂，民國卓立於世界，為列邦公認，斯時文當解臨時大總統之職。謹以此誓於國民。」[1] 同時，宣佈《臨時大總統宣言書》和《告全國同胞書》，提出對內對外方針：對內謀求「民族之統一」、「領土之統一」、「軍政之統一」、「內治之統一」、「財政之統一」。對外主張「滿清時代辱國之舉措與排外之心理，務一洗而去之；與我友邦益增睦誼，持平和主義，將使中國見重於國際社會，且將使世界漸趨於大同」[2]。接着，臨時大總統孫中山下令定國號為中華民國，紀年改用陽曆，以 1912 年 1 月 1 日為中華民國建元的開始。至此，中華民國正式建立，中國五千年的歷史終於掀開了新的一頁。

　　應當指出，中華民國南京臨時政府的組建並不是完全依照革命黨人的意願，在某種程度上甚至可以說，是革命黨人與立憲派舊官僚不得不調和、妥協的產物。因此，在新政府的人事構成上，我們可以清楚地看到，革命的力量遠遠不能抵消或掩蓋舊的官僚面孔。

　　1月3日，各省代表會選舉黎元洪為副總統。孫中山以大總統名義

---

1 孫中山：《臨時大總統誓詞》（1912年1月1日），載《孫中山全集》第二卷，第1頁。
2 孫中山：《臨時大總統宣言書》（1912年1月1日），載《孫中山全集》第二卷，第2頁。

向代表會提出國務員九部人選：陸軍總長黃興、海軍總長黃鍾瑛、外交總長王寵惠、司法總長伍廷芳、財政總長陳錦濤、內務總長宋教仁、教育總長章炳麟、實業總長張謇、交通總長湯壽潛。這個名單雖然重要各部都由革命黨人任總長，但也明顯給立憲派及舊官僚留下不少的席位。然而它並沒有滿足立憲派和舊官僚，於是孫中山只好接受黃興的建議，以「總長取名，次長取實」的原則，重新提出一套新的國務員名單：陸軍總長黃興，次長蔣作賓；海軍總長黃鍾瑛，次長湯薌銘；外交總長王寵惠，次長魏宸組；司法總長伍廷芳，次長呂志伊；財政總長陳錦濤，次長王鴻猷；內務總長程德全，次長居正；教育總長蔡元培，次長景耀月；實業總長張謇，次長馬君武；交通總長湯壽潛，次長于右任。這個具有妥協特徵的名單獲得通過，南京臨時政府於是宣告成立。臨時大總統孫中山還任命了胡漢民為總統府祕書長，黃興為參謀總長。月底，臨時參議院成立，以各省推選出的代表為參議員。

南京臨時政府成立後，儘管有立憲派和舊官僚干擾與影響，但他們依然盡力制定和推行力圖能夠貫徹同盟會三民主義綱領的許多政策和措施，比較集中地反映了中國資產階級的意願和利益，其政策和措施大致如下。

第一，維護國家主權和領土完整、民族統一，反對民族壓迫和民族分裂。

第二，改革舊的官僚習氣，廢除官僚式的繁文縟節，官階無論大小一律着制服，一律實行低薪，一律都是「人民公僕」，絕非「特殊之階級」。

第三，改良社會，禁止種植罌粟和吸食鴉片，禁止賭博，禁止迎神賽會，勸禁纏足，規定在一定的時間內剪除髮辮。

第四，以自由、平等、博愛相號召，保護人權（破天荒地宣佈賦予幾千年來備受歧視的中國婦女以參加各類政治的基本權利），禁止刑訊、體罰等非人道的行為，禁止奴婢買賣，禁止蓄娼，「以重人權而彰

公理」，禁止買賣人口，保護華僑。

第五，振興實業，以為富國裕民之大計，先後制定一系列保護中國民族工商業發展的章程、則例等，對於中國資本主義的發展起過明顯的促進作用。

第六，宣佈保護一切私有財產。

第七，改革教育，用新的資產階級教育制度取代中國傳統的以專制主義為特徵的舊教育，明令廢止小學讀經和跪拜孔子之禮，禁用前清學部頒行的各種教科書，積極組織編寫合乎共和民國宗旨的新教材，一律改舊時學堂為學校，鼓勵男女同校，縮短小學、中學學習年限，增加實業、自然科學及實用知識方面教育內容，以培養合乎共和民主社會條件下的新國民。

總之，在南京臨時政府存在並不太長的時間裏，他們最大限度地對中國社會的各個方面進行了改革，進行新的嘗試，取得相當明顯的社會效果。

中華民國的成立，確實是中國五千年歷史上的重大事件，它的意義不僅在於推翻了皇帝的統治，結束了中國的封建專制主義制度，而且在於開闢了未來，為中國的現代化的進一步發展提供了可能的條件，打開了閘門。

但是，繈褓中的中華民國臨時政府，面臨着許多嚴重的困難，也面臨着夭折的危險。首先是財政極為困難。政府剛成立，北方還沒有統一，還不能建立有效的財政稅收制度，沒有財稅來源；海關被帝國主義控制，不能從海關取得繳納賠款以後的「關餘」。因此，臨時政府只能靠向國內外借債生活，債台高築，難以持久。這是其一。臨時政府對帝國主義存有幻想，不敢以獨立國家姿態稍微施加顏色。臨時大總統發佈對外宣言，對於革命以前清政府與列強簽訂的所有不平等條約，均認為有效；對於革命以前清政府所承擔的一切借款與賠款，均繼續償還；對於革命以前清政府讓與各國的一切特權，均照舊尊重。臨時政府企圖以

這種宣佈，邀得列強支持和承認。但是，列強並不領這個情，直到南京臨時政府解散，列強都不承認這個襁褓中的中華民國臨時政府！這是其二。更為重要的是，臨時政府成立後，革命黨內部日漸渙散，矛盾增加，不能將革命進行到底，反而對正在覬覦臨時政府革命成果的袁世凱，不斷給予讓步，終於造成了臨時政府夭折的內部條件。這是其三。在這種內外條件的作用下，臨時政府不過只存在了三個月，就夭折了。

歷史發展不是逕情直序的。20世紀初的歷史本來給中國的革命派提供了一個使用大手筆的機遇，到這裏，卻轉了一個彎，步入了佈滿荊棘的路。

# 第五節

# 宣統皇帝退位
# 袁世凱竊取革命果實

　　武昌起義的槍炮聲震驚了清朝廷，但從這一事件中獲得最大好處的則是袁世凱。袁世凱本已被攝政王載灃以皇帝名義罷官為民，蟄居故鄉「養足疾」。但當武昌起義剛剛爆發的時候，不論國外還是國內，都期望袁世凱再度出山收拾局面，外國列強向清政府表達了這一要求，袁世凱的黨徒和爪牙也竭力散佈這一要求。10月11日，清廷皇族內閣舉行會議，因無力收拾殘局，只得起用袁世凱。14日，清廷下詔任命袁世凱為湖廣總督，負責「剿撫」事宜。

　　正在清廷與袁世凱之間討價還價的時候，湖北革命黨人相繼舉兵，佔有湖北全省，清軍在武漢前線節節敗退；湖南、陝西、江西等省則又相繼宣佈獨立，清廷的政治統治形勢更趨惡化。正是在這種情況下，皇族內閣被迫辭職，清廷任命袁世凱為內閣總理大臣，並授權由他來組織「責任內閣」。這時候，對於南方的革命黨來說，他們雖然取得重大勝利，控制南方大部分省區，但是，北方以及京畿各地區仍在清廷控制下，清王朝雖然已呈現瓦解趨勢，但其在全國的統治象徵——皇帝的權威依然存在，一些外國政府仍然表面上宣佈中立，在等待觀望事態的發展，並未表現出支持革命黨的跡象。整個形勢對革命黨人來說依然非常嚴峻。對於袁世凱來說，他雖然取得了組織責任內閣、擔任內閣總理大臣並全權指揮前線各部隊的權力，但南方革命黨勢力太大，他沒有十足把握平息起義，弄得不好，剛剛到手的總理大臣的權力還可能失去。

　　袁世凱就職後，對武漢前線的戰事一方面採取軍事強攻的手段，迫使湖北軍政府讓步，另一方面則採取誘降的和平手段，控制局面。他

致書黎元洪，並且派人到武昌進行誘和談判。這時候，湖北軍政府以及革命黨的著名領導人，都沒能識破袁世凱的兩面手法，他們想利用滿漢矛盾，動員袁世凱的力量去對付清王朝，在這方面對袁世凱抱有不小期望。黃興甚至致函袁世凱：「明公之才能，高出興等萬萬。以拿破崙、華盛頓之資格，出而建拿破崙、華盛頓之事功，直搗黃龍，滅此虜而朝食，非但湘、鄂人民戴明公為拿破崙、華盛頓，即南北各省當亦無不拱手聽命者。」[1] 對袁世凱期望何等殷切！黃興還勸袁世凱不要失掉這一千載難逢的機會。宋教仁也表示，只要袁世凱把清皇帝趕跑，「將來自可被舉為大統領」[2]。這些意見明顯表現了自信心的不足，表現了對北方尚殘存的清政權及其代表袁世凱的某種恐懼。與清政權及其代表袁世凱之間的武裝鬥爭剛剛拉開架勢，就過早表現自信心的缺乏，使袁世凱準確掌握了革命黨人的心理狀態。這就為袁世凱輕而易舉地主動運用武裝鎮壓和和平談判兩手策略提供了適當空間。

　　清軍攻下漢陽，炮擊武昌，逼湖北軍政府和談，就是袁世凱使出的這種兩手策略。他對南方獨立各省的鬥爭，也採取了兩面手法。一手是鎮壓，另一手是談判。談談打打，意在製造有利於自己的政治局面。12月18日，南北和談在英、美、俄、日、德、法等國駐滬總領事的干預下，在上海英租界市政廳正式開議。袁世凱任命唐紹儀為他的全權代表，偕同參贊楊士琦及各省在京官紳代表許鼎霖、嚴復、張國淦等人南下議和。9日，南方各省也接受蘇、浙、滬都督府的推薦，確定以舊官僚伍廷芳為南方議和全權代表。南北和談正式開場。至12月31日，會談共進行了五次。第一次的議題主要是討論停戰問題。第二次主要討論所謂「國體問題」。後三次集中討論所謂「國民會議」的召開問題。至12月30日，袁世凱看到南方正在組織政府，選舉大總統，以為革命派原先答

---

1 黃興：《致袁世凱書》，載湖南社會科學院編《黃興集》，第82頁。
2 參見《武昌專函》，《民立報》1911年11月20日。

應以袁世凱為大總統的說法要落空，便藉口不接受南北和談中雙方商定的國民會議召集辦法，以及唐紹儀逾越權限，辯稱「南北協約，以君主立憲為前提，而唐、伍兩全權擅用共和政體，逾其職權；且協約未決，南人先組織政府，公舉大總統，有悖協約本旨」[1]，使談判走向破裂。袁世凱要利用談判破裂來壓南方就範。在這種情況下，孫中山和同盟會領導人決計成立自己的革命政府，迫使袁世凱接受共和的條件。

當時的形勢是：革命派以為只有袁世凱能夠推翻清政府，清政府也以為，只有袁世凱才能剿平革命派。袁世凱正好上下其手，用民主共和壓清政府，用君主立憲壓革命派。革命派在武昌起義開始，便對袁世凱寄予期望，想利用他來推翻清政府。所以一上手談判，就是停戰問題。停停打打，虛耗了許多光陰。中華民國南京臨時政府成立後，南北和談形式上破裂了，實際上並未終止。袁世凱利用他與外國列強及立憲黨人的關係，竭力在政治、經濟、軍事上封鎖南方政權，企圖使南京臨時政府不戰而敗。南京臨時政府，則由於革命黨人的內部分化以及立憲黨人的破壞，特別是由於缺少掌握政權的經驗，財政狀況日趨惡化，臨時政府還得不到各國承認，整個形勢越來越不利。正是基於這樣一種判斷，孫中山在就職臨時大總統之際並沒有關閉與袁世凱和解的大門，而申明只要袁世凱能讓清帝退位，他就將職位讓給袁世凱。1912年1月2日，袁世凱致電孫中山說：「君主、共和問題，現方付之國民公決，所決如何，無從預揣。臨時政府之說，未敢與問。」[2]對此，孫中山覆電表示：「文不忍南北戰爭，生靈塗炭，故於議和之舉，並不反對。雖然民主、君主不待再計，而君之苦心，自有人諒之。倘由君之力，不勞戰爭，達國民之志願，保民族之調和，清室亦得安樂，一舉數善，推功讓能，自

1 白蕉：《袁世凱與中華民國》，載《辛亥革命》第八冊，第130頁。
2 袁世凱：《袁世凱致孫中山電》（1912年1月2日），載桑兵主編《各方致孫中山函電彙編》第一卷，社會科學文獻出版社2012年版，第103頁。

是公論。文承各省推舉，誓詞俱在，區區之心，天日鑒之。若以文為有誘致之意，則誤會矣。」[1] 1月15日，孫中山再次表示：「如清帝實行退位，宣佈共和，則臨時政府決不食言，文即可正式宣佈解職，以功以能，首推袁氏。」[2]本來，集南方已經獨立14省之力，一舉北伐，犁庭掃穴，飲酒黃龍，並非沒有可能。南方革命派中不少人有這種主張。孫中山也曾主張大力北伐。1月11日，孫中山自任北伐總司令，以陸軍部長黃興為陸軍總參謀長，將北伐軍總部從上海移師南京，制訂了六路北伐的計劃，準備談判一旦破裂，立即揮師北上；部分北伐軍已經行動，清軍節節後退，形勢不錯。但是，由於臨時政府一開始就制定了爭取袁世凱、舉袁世凱為大總統、對袁世凱讓步的總策略，也由於臨時政府內部意見不一致和帝國主義的干擾，六路北伐的計劃沒有得到真正執行，並且終於流產。南方的北伐與袁世凱的強硬，都只不過是作為議和的砝碼在交換而已。

得到了孫中山決不食言的承諾，袁世凱開始對清帝展開「逼宮」行動。清皇室在走投無路的情況下，在談妥了優待條件以後，1912年2月12日宣佈宣統皇帝退位。中國歷史上的最後一個王朝便這樣成為歷史的陳跡。

清帝退位後，袁世凱致電南京臨時政府，表明政治態度：「共和為最良國體，世界之公認，今由弊政一躍而躋及之，實諸公累年之心血，亦國民無窮之幸福。大清皇帝即明詔辭位，業經世凱署名，則宣佈之日，為帝政之終結，即民國之始基，從此努力進行，務令達到圓滿地位，永不使君主政體再行於中國。」[3]這個表態，把帝政之終結說成是民國之始基，完全忽略了革命黨人武昌首義、14省區響應所造成的革命大

---

**1** 孫中山：《覆袁世凱電》（1912年1月2日），載《孫中山全集》第二卷，第5頁。
**2** 孫中山：《覆伍廷芳電》（1912年1月15日），載《孫中山全集》第二卷，第23頁。
**3** 《臨時政府公報・電報》，1912年2月14日。

局，為此後袁世凱奪取中華民國的大權埋下了重要的伏筆。

袁世凱代表清政府勢力與南方革命政府之間的鬥爭，取得了初步勝利。孫中山希望固守陣地，袁世凱希望擴大戰果。

2月12日發佈的清帝退位詔書說，「外觀大勢，內審輿情」，特「將統治權公諸全國，定為共和立憲國體」。據說，這句話後面還有一句話是袁世凱加上的：「袁世凱前經資政院選舉為總理大臣，當茲新舊代謝之際，宜有南北統一之方，即由袁世凱以全權組織臨時共和政府，與民軍協商統一辦法。」[1] 這句話，就是袁世凱致南京臨時政府電報中所謂「大清皇帝即明詔辭位，業經世凱署名，則宣佈之日，為帝政之終結，即民國之始基」的根據。它沒有把南京的中華民國臨時政府放在眼裏。在袁世凱看來，由他出面組織中華民國臨時共和政府，是得自清帝的授權，他要以這個資格去與「民軍」協商統一辦法。而他得到這授權，又是因為他是清帝國的總理大臣。照這個詔書，袁世凱獲得的新權力與南方革命政府沒有關係。

南方革命黨人對清帝退位、贊成共和、承認中華民國表示欣慰。孫中山信守諾言，13日即向南京臨時參議院提出辭職咨文，並推薦袁世凱作為繼任臨時大總統人選，同時，針對退位詔書所說「即由袁世凱以全權組織臨時共和政府，與民軍協商同意辦法」，以及袁世凱電「帝政之終結，即民國之始基」的說法，在辭職咨文中，特別提出臨時政府地點設於南京不能更改、新總統到南京就職時大總統及全體國務員方解職以及必須遵守南京臨時政府頒佈的《臨時約法》三項條件，來約束袁世凱的行動。但是沒有用明確的詞句駁斥退位詔書和袁世凱電報的謬論。革命黨人希望通過這種辦法使袁世凱脫離北京巢臼，在革命黨人的包圍和輔佐下，按照革命黨人的意願建設中華民國。革命黨人中雖然也有反對孫中山辭讓總統、堅決主張北伐的，但是，主流的意見是要用積極的態

---

1　《關於南北議和的清方檔案》，載《辛亥革命》第八冊，第183頁。

度影響袁世凱，黃興是這樣，孫中山也是這樣。孫中山在做譚人鳳的思想工作時說：「清帝退位，民國統一，繼此建設之事，自宜讓熟有政治經驗之人。項城（案指袁世凱）以和平手段達到目的，功績如是，何不可推誠？且總統不過國民公僕，當守憲法，從輿論。文前茲所誓忠於國民者，項城亦不能改。」[1] 這個電報說明孫中山這個以終生之力推動並領導推翻封建朝廷的革命事業的人，卻對革命後執掌政權體現出十分幼稚的觀點。所謂「項城亦不能改」的說法，完全是一己之願。

15日，南京臨時參議院舉行大總統選舉，袁世凱以17張滿票當選，黎元洪當選為副總統；同日，南京總統府舉行南北統一慶典。孫中山電告袁世凱，對袁世凱的當選表示祝賀，指出：「今日三點鐘由參議院舉公為臨時大總統，臨時政府地點定在南京。現派專使奉請我公來寧接事。」[2] 孫中山致電黎元洪及各省都督，宣佈袁世凱當選，並且再次聲明「臨時政府地點仍定南京，以袁公到南京接事日為文解職之期」[3]。袁世凱的當選，立即引起了各界的注意。英、美、法、德等國公使紛紛登門，向袁世凱表示祝賀，儘管此前他們拒不承認南京臨時政府。美國眾參兩院一致通過議案祝賀袁世凱政府的成立。前清郵傳大臣盛宣懷從日本神戶給袁世凱拍發電報「叩賀中華第一大總統大喜」，[4] 喜出望外地讚揚袁世凱「總統不折一矢而定天下，古今中外無其匹矣。」[5]

孫中山以及革命黨人可能對自己掌控袁世凱的能力高估了。但是，他們既然交出了大總統，也要準備交出首都地點，交出創建民國的所有

---

**1** 《覆譚人鳳及民立報館電》（1912年2月20日），載《孫中山全集》第二卷，第110頁。

**2** 《致袁世凱電二件》（1912年2月15日），載《孫中山全集》第二卷，第98頁。

**3** 《致黎元洪及各省都督電》（1912年2月15日），載《孫中山全集》第二卷，第100頁。

**4** 《盛宣懷致袁世凱電》，載陳旭麓等主編《辛亥革命前後 · 盛宣懷檔案資料選輯之一》，上海人民出版社1979年版，第252頁。

**5** 轉引自章開沅、林增平主編《辛亥革命史》下冊，人民出版社1981年版，第401頁。

成果。很明顯，袁世凱已經名正言順地擁有了中華民國大總統的頭銜，手頭又掌握了北洋系的重兵，豈能聽南京指揮！盛宣懷在日本就已經得到可靠消息，說袁世凱「是不承認南京臨時參議院的行動的」[1]。事情的發展果然如此。臨時參議院剛剛通過孫中山提出的辭卸大總統的三個條件，袁世凱就做出了強烈反應，提出，如果一定要他南下，他可以「退歸田園」，條件是南京政府要把北方各省及各軍隊妥籌接收。這是將了南京臨時政府的軍。這個條件是南京政府難以接受的。這是說，北方駐有重兵，只有袁世凱可以鎮撫，袁世凱是不可能離開北京的。接着，孫中山派到北京的「迎袁專使」剛剛下榻，北京就爆發了所謂「兵變」[2]。「兵變」是袁克定佈置的。參加兵變的是袁世凱嫡系曹錕率領的北洋第三鎮。兵變部隊在東城和前門一帶焚掠無度，甚至持械闖入迎袁專使蔡元培的下榻之所，迫得蔡元培等倉皇出走。接着，北京附近乃至天津、保定也相繼發生北洋軍嘩變。各國駐華公使與北京兵變緊密配合，譴責孫中山要袁世凱南下是不顧大局，堅持要袁世凱留在北京維持秩序。各國公使決議派出大批部隊巡邏北京市區，進一步加劇北京緊張局勢。北洋各系將領乘機發表非常強硬的通電，直接提出臨時政府必應設於北京。副總統黎元洪通電各省「捨南京不至亂，捨北京必至亡」[3]。面對這種局勢，迎袁專使變成留袁專使。蔡元培致電孫中山和臨時參議

---

**1** 《盛宣懷致李維格函》，載《辛亥革命前後 · 盛宣懷檔案資料選輯之一》，第250頁。

**2** 傳統的説法認為袁世凱是北京兵變主謀。尚小明提出了新的説法，認為袁對南下就職的態度，有一個變化過程。起初因有後顧之憂不願立刻南下，而後隨着局勢變化，逐步變為積極行動，只不過由於袁克定等突然發動兵變而中止。至於袁克定等之所以要發動兵變，阻袁南下，是因為他們擔心自己的前途和既得利益會因袁南下就職而受到損害，所以不能像袁那樣從南北統一的全局和高度來考慮問題。從最終結果來看，袁世凱固然是兵變受益者，但因兵變失去控制，由「政治性」兵變演變為「真性」兵變，並蔓延到其他一些地方，導致袁在國人及外交團心目中的威望遭受重創，從而對南北合一後新政府的建立和運行造成一定影響。參見尚小明《論袁世凱策劃民元「北京兵變」説之不能成立》，《史學集刊》2013年第1期。

**3** 《武昌電報》，《民立報》1912年3月7日。又見《黎副總統政書》第八卷，第3頁。

院主張改變臨時政府地點，迅速建立統一政府。全國一片建都北京的呼
聲，使主張建都南京的孫中山等人已經很孤立了。南京臨時政府只得再
次妥協。3月6日，南京臨時參議院正式決議，同意袁世凱在北京就職，
10日，袁世凱在北京就任臨時大總統。這樣，在與南方革命政府的鬥爭
中，袁世凱又一次取得了勝利，並且進一步穩固了自己的陣腳。

次日，孫中山簽署發佈《中華民國臨時約法》。《臨時約法》規定
了中華民國的國體與政體、人民的權利與義務以及行政、立法、司法三
權分立的政治體制，具有資產階級憲法的性質。建立南京臨時政府與頒
佈《臨時約法》，是中國歷史上的創舉，民主共和國的觀念從此深入人
心。但是，袁世凱是否執行《臨時約法》，以及能夠把《臨時約法》執
行多長時間，歷史隨後將要做出回答。

4月1日，孫中山正式解除臨時大總統職務。5日，臨時參議院隨即決
議臨時政府和臨時參議院遷往北京。資產階級共和國和南京臨時政府只
存在了三個月，就夭折了。袁世凱終於實現他的願望，奪取了辛亥革命
的勝利果實。

在辛亥革命所造成的那樣大的革命聲勢下，革命派為甚麼不能執掌
國家政權？我們現在可以回答，辛亥革命所處的那個時期，正是近代中
國歷史發展「沉淪」到谷底的時期，是「沉淪」到「上升」的轉折期，
也是專制和共和的轉折期。因為資產階級的經濟力量、物質基礎還不夠
強大，決定了其政治力量也就相對軟弱。這是「谷底」時期的表現。總
之，這個時期出現民國歷史的第一個轉折期。這個轉折值得認真研究。
應該說，這個轉折對近代中國歷史發展進程的意義，至今的研究都很不
夠。

第七章

# 北洋軍閥統治——
# 中國社會「沉淪」到
# 谷底的時期

## 第一節

# 袁世凱力行獨裁
# 孫中山再次發動革命

袁世凱擔任臨時大總統後，按照《臨時約法》實行責任內閣制，成立了以唐紹儀為總理的責任內閣。按照南北達成的協議，唐紹儀加入同盟會，又因為閣員中同盟會員比較多，這一屆內閣被稱為「同盟會中心內閣」。唐內閣成立不到三個月，就因袁世凱破壞《臨時約法》關於發佈政令必須有內閣總理副署的規定而辭職。袁世凱隨即任命他的親信趙秉鈞組織內閣。趙內閣成了袁世凱的御用機關。與此同時，袁世凱把眼光盯在南方的數十萬革命軍隊上。臨時政府北遷後，黃興主持南京留守府，尚保留指揮數十萬軍隊的權力。袁世凱感到威脅，十分不自在，臥榻之側，豈容他人鼾睡。他使用各種手段，動員各種輿論，迫得黃興不安於位，終於在兩個月之內，把南方軍隊裁撤，辭去留守府名義。

孫中山辭去臨時大總統後，埋頭於國內實業建設。他認為，中華民國成立，民族、民權兩主義已經達到，只有民生主義尚未着手。他到全國各地演講，大談民生主義，主張當前要一心一意從事「經濟革命」。他表示十年不問政治，願意以在野身份，籌集資金，修築十萬公里鐵路。他接受袁世凱委任，擔任全國鐵路督辦，在上海成立中國鐵路總公司。由於孫中山的帶動，國內大興實業潮流。

民國成立，打破了封建時代「不黨」政治局面，許多所謂政黨冒出地面。據後人研究，民國初年的政治性黨派有312個，其中北京82個和上海80個，而且「幾乎所有的西方政黨類型都可在中國找到」。具有健全政綱或具體政綱者不過35個。這些黨派提出的政綱多數趨同，其中提出

最多者為「振興實業」與「普及教育」[1]。在這些黨派中，組織與綱領比較健全，具有全國性影響的黨派主要是代表革命派的同盟會——國民黨和代表前清立憲派、紳商、有產者利益的統一黨、共和黨、民主黨及其後由上述三黨合併而成的進步黨。

　　同盟會在南京臨時政府時期曾想組成公政黨。1912年4月，同盟會總部遷到北京。8月25日，在黃興、宋教仁主持下，同盟會聯合由立憲派、舊官僚組成的幾個政治團體統一共和黨、國民公黨、國民共進會、共和實進會、全國聯合進行會建立了國民黨。國民黨推孫中山為理事長，此時孫對政治表示淡漠，專注於其鐵路計劃，對黨務「一切不問，純然放任」，國民黨黨務實際由宋教仁以代理理事長的身份主持，實權操在宋教仁手中。國民黨提出以「鞏固共和，實行平民政治」為宗旨，以「保持政治統一，發展地方自治，勵行種族同化，採用民生政策，維持國際和平」為政綱。[2] 這個政綱不顧部分同盟會員的反對，原來同盟會綱領中的革命精神基本上被拋棄了。主持改組的宋教仁認為，這是同盟會為吸納其他黨派加入而做出的必要讓步，主張理想主義應遷就現實政治，以策略讓步而獲得戰略進取。宋教仁希望用議會制和責任內閣制來約束袁世凱，以實現政黨內閣，把中華民國建設成為類似當時西方民主共和制的國家。為了實現議會政治，吸收更多的軍閥官僚參加進來。宋教仁在當時是一個積極從事政治活動、有活力的政治家，因為力倡政黨政治、責任內閣以限制袁世凱的權力，而為當權的袁世凱集團所仇恨。表面上，國民黨成了參議院中第一大黨，聲勢浩大，實際上越來越成為脫離人民群眾的官僚政客集團。黃興對於孫中山和宋教仁的主張都積極給予支持。

---

1　張玉法：《民國初年的政黨》，（台北）中研院近代史研究所2002年版，第42—46頁。
2　鄒魯：《中國國民黨史稿》，商務印書館1945年版，第62頁。

袁世凱就任中華民國第二任臨時大總統（1912）

　　在國民黨之外，還有統一、共和、民主三黨。統一黨源於中華民國聯合會。1912年1月，反清健將、革命宣傳家章炳麟（太炎）聯合江蘇軍政府都督程德全等，在上海成立中華民國聯合會，章、程分任正、副會長，張謇、熊希齡等成為參議會成員。中華民國聯合會「以聯合全國、扶助完全共和政府之成立為宗旨」；政治上，主張實行責任內閣制；經濟上，主張實行國家社會主義。3月，中華民國聯合會宣佈改名為統一黨，推舉章炳麟、張謇、程德全、熊希齡、宋教仁為理事。統一黨以「統一全國建設，強固中央政府，促進完美共和政治為宗旨」。章炳麟解釋為「不取急躁，不重保守，惟以穩健為第一要義」[1]。民國成立後，章炳麟提出「革命軍起，革命黨消」主張，可知他不信任孫中山及革命

---

**1** 中國第二歷史檔案館編：《北洋軍閥統治時期的黨派》，檔案出版社1994年版，第5—10、14—18頁。

黨人。統一黨成員多為前清官吏和立憲派人士，與革命黨人的立場本有分野，故站在擁袁立場，成為袁世凱與革命黨人鬥爭時可以利用的力量。9月2日，袁世凱的手下王揖唐在北京操縱統一黨再次改組，其後又推選袁世凱為名譽理事長，徐世昌、馮國璋、趙秉鈞等為名譽理事，統一黨由此幾被袁收編。

共和黨是由民社、國民協進會、民國公會和統一黨組成，國民共進會的部分成員也參加了共和黨。1912 年 5 月，共和黨在上海正式成立，選舉黎元洪為理事長，張謇、章炳麟、伍廷芳等為理事（不數日統一黨宣佈退出）。共和黨成立時並無特別具體明晰的政綱，只是強調「統一」、「國家主義」和「國家權力」，無疑對已經手握國家政權的袁世凱有利。實際上，共和黨的成立在相當程度上是反同盟會人物的集合，得到袁的扶持，專與國民黨對抗。

民主黨由共和建設討論會、國民協會以及國民新政社、共和統一會、共和促進會、共和俱進會合併組成。1912年9月在北京正式成立，選舉湯化龍為幹事長。組成民主黨的中堅力量——共和建設討論會成員多為前清立憲派人物，奉梁啟超為實際領袖，梁亦對民主黨的組黨活動表示支持。10月，梁啟超自日本回國，在北京與袁世凱謀面商談，雖未獲任袁之官職，但袁月贈其生活費3,000元。袁世凱的手下亦打入民主黨內部活動。

上述三黨與孫中山、革命黨格格不入。1913年初國會選舉完成，國民黨成為國會第一大黨，袁世凱迫切需要組織能與國民黨相較之大黨，以在運用武力的同時，在國會內與國民黨進行政治爭奪，完成選舉正式大總統的合法手續。1913年5月29日，三黨在北京舉行大會，正式合併組建新黨，並定名為進步黨（部分共和黨人稍後復行單立門戶，仍稱共和黨）。進步黨以黎元洪為理事長，梁啟超、張謇、伍廷芳、孫武、湯化龍等為理事，在全國不少地方設有分支部。進步黨建設「強善政府」的主張，適應了袁世凱加強中央集權和個人專制的需要。

在1913年初國會兩院選舉中，國民黨獲得全面勝利。在眾議院，國民黨獲269席，共和、統一、民主黨合計只獲154席，另有跨黨者147席，無黨派26席；在參議院，國民黨獲123席，共和、統一、民主黨合計只獲69席，另有跨黨者38席，無黨派44席。宋教仁得意非常，以為這是用合法鬥爭取得政權的大好機會，似乎國民黨責任內閣已經儼然在握了。宋教仁遍歷湖南、湖北、江西、安徽、江蘇等，到處演說，批評時政，宣傳政黨內閣的主張。袁世凱正密切注視着宋教仁的動向。1913年3月20日宋教仁在上海火車站準備北上組閣時，被暴徒暗殺。宋教仁是醉心於議會政治的忠誠的資產階級革命家，他完全沒有想到，在大地主大買辦階級的政治代表袁世凱的統治下，議會政治的夢想是多麼難以實現。

宋案立即成為一大政治新聞。報紙很快披露謀殺宋教仁的主謀正是袁世凱，刺客是國務總理趙秉鈞通過內務部祕書洪述祖收買的，刺宋為事先周密佈置的政治謀殺案，完全是在袁世凱、趙秉鈞授意下所為。這一事件使社會各階層人民迅速擦亮了眼睛。孫中山立即從彷徨中清醒過來，認定「總統指使暗殺，則斷非法律所能解決，所能解決者只有武力」[1]，「非去袁世凱不可」，力主組織力量武裝討袁。但是，在對袁妥協空氣籠罩下，黃興等主張「靜待法律解決」。渙散無力的國民黨，不可能迅速組織反袁武裝進行鬥爭。但是，袁世凱卻早已下定決心，要用武力消滅國民黨在南方幾省所掌握的實力。4月，袁世凱政府與英、法、德、日、俄五國銀行團違法簽訂《善後借款合同》，借款2,500萬英鎊，籌集了鎮壓革命的經費。5月，袁世凱制定了對湘、贛、皖、蘇四省用兵的軍事部署，北洋軍隊紛紛南下。袁世凱甚至傳語國民黨人：「現在看透孫、黃，除搗亂外無本領，左又是搗亂，右又是搗亂。我受四萬萬人民付託之重，不能以四萬萬人之財產聽人搗亂。⋯⋯彼等若敢另行組織

---

**1** 孫中山：《在廣州大本營對國民黨員的演説》（1923年11月25日），載《孫中山全集》第八卷，第433頁。

政府，我即敢舉兵征伐之。」[1] 6月，藉口江西都督李烈鈞、廣東都督胡漢民、安徽都督柏文蔚等通電反對「善後借款」為不服從中央，宣佈撤免三人職務。7月初，北洋軍李純所部開赴九江。國民黨走投無路，不能不起而應戰。

7月12日，李烈鈞按照孫中山的命令自上海潛回江西湖口，成立討袁軍司令部，宣佈江西獨立，通電討袁。黃興到南京組織江蘇討袁軍，宣佈江蘇獨立，表示「不除袁賊，誓不生還」[2]。安徽、上海、廣東、福建、湖南、重慶等地也先後舉兵討袁，宣佈獨立。這就是國民黨的「癸丑討袁之役」，又稱「二次革命」，因為討袁軍以江西和南京為中心，所以又稱為「贛寧之役」。由於袁軍已分別集結在九江、南京附近，實力大大超過國民黨，而且獨立各省之間在軍事上缺乏統一指揮，這就給了袁世凱以各個擊破的機會。7月下旬，湖口被袁軍攻佔，8月中旬，南昌失陷，江西討袁軍失敗。9月初，南京為袁軍攻陷，江蘇討袁軍失敗。「二次革命」就這樣結束了。結果，南方各省的國民黨勢力被袁世凱摧毀，袁世凱完成了對全國的武力統一。孫中山、黃興再一次被迫流亡日本。

袁世凱撲滅孫中山發動的「二次革命」後，就着手廢除國會和《臨時約法》，建立專制統治並復辟帝制。老奸巨猾的袁世凱，經歷了共和制的衝擊，要想恢復專制，拋棄共和制，首先還要裝出尊重法律的樣子。他為了廢棄《臨時約法》，便要起草憲法來代替《臨時約法》。按照《臨時約法》規定，要選舉正式大總統，就要先起草憲法。但是起草憲法曠日持久。他要把臨時大總統變成正式大總統，便先讓國會起草《大總統選舉法》。國會本是他實現「行政統一」的障礙物，必得除之而後快。可是，大總統還要通過國會選舉才合法。這樣，袁世凱一面在

---

南方鎮壓國民黨的「二次革命」，另一面在北方禮遇佔多數席位的國民黨議員，為的是讓他們安心投他的票。這些國民黨議員已經被袁世凱的屠刀嚇怕了，在議會裏乖乖地聽從擺佈。

1913年10月4日，國會通過並頒佈了《大總統選舉法》。10月6日，國會選舉大總統。前兩場投票，袁世凱都未能通過。為了讓選舉順利通過，會場內有所謂「公民黨」大肆鼓噪，會場外有所謂「公民團」包圍國會，叫嚷「今天不選出我們中意的大總統，你們就休想出院」[1]。議員被困在國會中，無論是積極反抗還是消極反抗均難以進行，只好又勉強進行第三輪投票，袁世凱終以507票的相對多數當選正式大總統。投票從早上8點延續到晚上。1913年10月10日，在前清皇帝登極大典之舉辦地──太和殿舉行了中華民國大總統就職典禮。

國會既然選出了袁世凱為大總統，國會就是多餘的了。袁世凱及其黨徒大造輿論，聲稱國會是「暴民專制」，妨礙政權集中。11月，袁世凱公開下令解散國民黨，收繳了國會議員中國民黨議員證書。在國會中佔有多數的國民黨議員不能出席會議，國會開會就不能形成法定多數，自然不能活動下去。1914年1月，國會中其他黨派議員資格也被停止了。2月，又解散了各省省議會。到此為止，國會就被袁世凱取消了。

取消國會並不是唯一目的。袁世凱的目光還盯着《臨時約法》。《臨時約法》不取消，袁世凱即使作為正式大總統，也還不能為所欲為。袁世凱就任正式大總統後，即攻擊《臨時約法》妨礙國權的統一，隨即組織一個完全聽命於他的所謂約法會議作為立法機構，發佈《增修大綱》，宗旨在於「力謀國權之統一」。約法會議按照增大總統權力的原則，炮製出一個所謂《中華民國約法》，於5月1日公佈施行。同時廢止南京臨時政府制定的《臨時約法》。這個新約法規定總統「總攬統治權」，凡一切內政外交、任免大權均由總統獨攬，總統代表國民全體，

1 陶菊隱：《北洋軍閥統治時期史話》第二冊，第6頁。

只對國民全體負責，而不對任何民意機構負責。新約法還規定參政院代行立法院職權，參政院制定的憲法須由大總統提出，交國民會議決定。國民會議卻由大總統召集並解散。這樣，只有大總統的權力是不受任何約束的。撤銷《臨時約法》規定的國務院，大總統下設政事堂，政事堂首腦稱國務卿。這個政事堂則相當於晚清時代的軍機處。國務卿和政事堂，對於總統，都只處在輔佐、贊襄位置，像前清內閣、軍機處對於皇帝一樣，只是承旨辦事而已。6月，正式設立參政院，以黎元洪為院長。8月，參政院提出《總統選舉法》修改案，12月經約法會議通過，規定總統任期長達10年，可以連選連任；總統繼承人由總統推薦，沒有規定繼承人的資格。這是用「法律」形式，規定了袁世凱是終身總統，而且規定了袁總統死後可以子孫相繼。袁世凱還在總統府內成立「陸海軍大元帥統率辦事處」，大凡一切軍國要政，都由袁世凱直接裁奪。袁世凱甚至還身兼相當於「御林軍」的模範團團長。關於中央官制，袁世凱將文官分為三級九等，即卿、大夫、士三級，每級分為上中下三等。各省都督（這是辛亥革命後改的名稱）改稱將軍，民政長改稱巡按使，觀察使改稱道尹。袁世凱的新約法實施後，除了中華民國這個名號外，辛亥革命後的成果包括革命黨人設計來約束袁世凱的《臨時約法》和國會，就都化作烏有了。而且從國家體制到中央地方官制，都與前清相靠近，就只差把總統改為皇帝了。事實上，袁世凱的確不滿意集國家大權於一身的總統名號。雖然，在表面上他一再駁斥別人要他進升帝制的建議，實際上，卻正在設計拋棄中華民國名號、走向帝制的道路。

帝國主義各國支持袁世凱的行動。早在前清，帝國主義就看好袁世凱。不僅支持他奪取辛亥革命的果實，從孫中山手裏奪取臨時大總統的職位和把首都放在北京，也支持他破壞民主共和、復辟帝制。英國、法國和德國的對華政策大體一致，都希望避免將中國「引導到一個混亂局面上去的一些未成熟的或超出這個目標的政治企圖自由發展」，而將袁

世凱視為「能使中國避免出現一個混亂時期的唯一力量」[1]。

孫中山一心想學習西方，在中國建立民主共和制度，使中國富強起來。但是，早就建立了民主共和制度，並且發展了資本主義生產的西方帝國主義國家，卻不希望中國也建立一個民主共和的強大國家，與它們鼎足而立。它們不希望中國富強起來。它們寧願在中國保留一種比較落後的社會制度。在南京臨時政府建立前後，孫中山多次呼籲美歐各國，支持中國的革命，支持中國的革命政府，美歐各國絲毫不為所動。但是袁世凱取得政權，當上大總統後，事情就起了變化。1913年5月，美國宣佈承認北京政府，當然，美國也從袁世凱政府手裏拿到了不少好處。10月，日本取得了在中國東北修築鐵路的權利後承認袁世凱政府。英國在取得中國政府同意與英國談判西藏問題的允諾後，為了支持袁世凱政府，也承認了中華民國。11月，在與沙俄簽訂《中俄聲明》，表示中國政府承認外蒙古自治，以及承認俄國在外蒙古的權利後，沙俄承認了中華民國政府。這就是說，帝國主義不管中國強大不強大，不管是誰執政，只要能給它提供新的政治、經濟權利，它就支持誰。袁世凱做到了這一點，地位就穩固了。

袁世凱準備稱帝的野心，最早為德國摸到。早在1913年，德國駐青島總督就表示支持袁世凱稱帝。1914年第一次世界大戰爆發後，日本不顧中國中立的立場，派兵攻佔青島，宣佈取得德國在青島的權益。為了獨佔中國，日本以支持袁世凱稱帝為條件，於1915年1月向袁世凱政府提出了著名的滅亡中國的「二十一條」。「二十一條」分成5號，每號下分若干款。這些要求是：中國不僅承認山東為日本的勢力範圍，而且要承認日本在南滿洲及東部內蒙古享有優越地位，將旅順、大連及南滿洲及安奉兩鐵路租借期限延長至99年；日本人享有在華居住、經商、

---

**1** 巴斯蒂：《法國外交與中國辛亥革命》，《國外中國近代史研究》第4輯，第81頁；《德國外交文件有關中國交涉史料選譯》第三卷，商務印書館1950年版，第213頁。

採礦及修築鐵路等最大便利；將中國的漢冶萍公司作為中日兩國合辦，中國政府不得自行處置一切產業；中國政府允准，所有中國沿海港口及島嶼，概不讓予或租予他國，藉此達到日本獨佔的目的；第 5 號要求中國中央政府須聘用日本人做政治、經濟、軍事等項顧問，必要地方警察須中日合辦，並須聘多數日本人，等等。日本駐華公使日置益威脅袁世凱說，如果不肯痛痛快快答應日本的全部要求，則會面臨嚴重的後果，「若開誠交涉，則日本希望貴總統再高升一步」[1]。顯然，這是告訴袁世凱，只要你捨得出賣國家權利，日本就支持你當皇帝。經過日本的進一步逼迫和其他列強的說項（日本暫時放棄了涉及其他列強在華利益的第 5 號），袁世凱政府在5月9日答應了除第 5 號以外的其他各條要求。[2]

袁世凱政府的賣國行為，遭到國內各階層人民的強烈反對。「二十一條」暴露了日本把中國變成自己的獨佔殖民地的野心，具有滅亡中國的嚴重性質。消息傳出後，全國各階層群眾無比憤慨，各省各界和海外華僑紛紛集會並通電抗議袁世凱政府的賣國罪行。北京、漢口、上海、廣州、瀋陽、哈爾濱等地商會先後掀起抵制日貨運動。愛國民眾紛紛集會，拒不承認「二十一條」。各地青年尤為激憤，有憤而自殺的，有斷指寫血書的，有要求入伍請纓殺敵的。上海的全國教育聯合會決定，各學校每年以5月9日為「國恥紀念日」。漢口、鎮江、漢陽、福州等地接連發生反日騷動。袁世凱嚴令各省政府，對於人民的愛國行動「認真查禁，勿得稍涉大意」，「遇有亂徒藉故暴動以及散佈傳單，煽惑生事，立即嚴拿懲辦」[3]。迫於全國反日愛國運動的強大聲勢，以及美

---

1 白蕉：《袁世凱與中華民國》，第138頁。

2 1915年5月25日，中日之間簽訂了《關於南滿洲及東部內蒙古之條約》和《關於山東之條約》，滿足了除第5號以外日本有關「二十一條」的大部分要求。這兩個條約及其附件總稱為《中日北京條約》或者《中日民四條約》。條約簽訂後不過一年，袁世凱死去。此後中國政府以該約未經國會批准，不承認該約合法性，巴黎和會時，中國代表團還要求重審。經過多次談判，1923年3月，中國政府宣佈廢除該約。

3 《袁世凱申令》，《申報》1915年5月28日。

國政府對中日條約可能損害美國在華利益提出抗議照會，袁世凱政府不得不發表聲明，聲言此項條約純粹是由於日本最後通牒而被迫同意的，對日本政府不惜採用最後手段，表示「深為可惜」。

袁世凱的野心卻得到日本支持。日本首相大隈重信對中國駐日公使陸宗輿說：「關於君主立憲事，請袁大總統放心去做，日本甚願幫忙一切。」[1]英國、美國、德國、俄國等也都支持袁世凱當皇帝。

8月，袁世凱的政治顧問古德諾（美國人）和有賀長雄（日本人）先後發表《共和與君主論》《共和憲法持久策》等多篇文章，胡說甚麼大多數中國人知識不甚高尚，辛亥革命後由專制一變為共和，難望有良好之結果，而實行君主制較共和制為宜；強調袁世凱政權受諸清皇帝，並不是直接承接南京臨時政府，最好仿效日本實行君主立憲，集權於袁世凱，國家才不致分裂。這兩個外國顧問為實行君主立憲大造輿論，深得袁世凱的歡心。

兩文發表不久，一個在袁政府參政院擔任參政、一向主張君主立憲的日本留學生楊度，獲得了從袁世凱那裏傳出來的消息，便邀約孫毓筠、李燮和、胡瑛、劉師培、嚴復五人組成「籌安會」，名義上是要組織一個「籌一國之治安」的學術團體，實際上是一個由袁世凱提供活動經費，負責宣傳、發動帝制運動的行動機構。楊度發表《君憲救國論》的文章，提出所謂「救亡之策，富強之本」的辦法，是「易大總統為君主，使一國之首，立於絕對不可競爭之地位，庶幾足以止亂」[2]。這篇文章，把籌安會「去民主」、「求君主」的宗旨講清楚了。籌安會向全國發出通電，要求各省派出代表來北京討論國體問題。籌安會還組織「公民請願團」，到參政院請願，要求變更國體。袁世凱的另一個親信梁士詒組織「全國請願聯合會」，要求參政院另行組織「全國代表大會」，選舉新王朝的皇

---

1 鳳岡及門弟子編：《三水梁燕孫先生年譜》（上），第296頁。
2 白蕉：《袁世凱與中華民國》，第177—206頁。

帝。袁世凱的親信段芝貴聯合十四省將軍向袁世凱遞交密呈，請求袁世
凱「速正大位」。

　　經過一番佈置，參政院匆匆炮制出《國民代表大會組織法》。從10
月下旬開始，全國各省召開所謂「國民代表大會」，進行國體投票。不
到一個月，未等各省報齊，參政院宣佈共收到1,993票，主張君主立憲
1,993票，因此決定實行君主立憲國體。按照組織法，國民代表大會只決
定國體，結果，連皇帝也一體推戴出來了。當時討論和投票情況，《申
報》有一則很生動的報道。那則報道說：「投票之日，軍署自大門以至
投票處，軍警夾道背槍荷戈。各代表於刀槍林立之中，魚貫而入，其心
已不能無懼。及入場，所謂將軍者，又戎服登壇，慷慨以談帝制之有利
於中國。投票紙上又僅有『君主立憲』字樣，並非謂帝制與共和並列，
此反對二字，遂俞覺下筆難矣。投票已畢，即有職員捧出預定之推戴
書，各代表哄然聚觀，職員又厲聲謂，諸君何必紛擾，一言以蔽之，舉
袁世凱為皇帝而已，為時已晚，望諸君從速簽名，不然者，恐今日將不
及出門矣……簽名既畢，又有職員發起高唱『大皇帝萬歲』三聲，然當
時眾志不齊，聲口不一，竟有誤呼『中華民國萬歲』、『大總統萬歲』
者。」[1] 有評論說：「僅僅八小時，而參議院與政府文書，往還兩次，
且鴻文巨制，頃刻而成。大計大疑，片言立決。自有議會以來，辦事手
續，未有如此之捷速者也。」[2] 梁啟超認為這次帝制討論醜劇，是袁世凱
自討自論、自請自願、自表自決、自推自戴，「不外右手夾利刃，左手
持金錢，嘯聚國中最下賤無恥之少數人，如演傀儡戲者然」[3]，顯然，這
次傀儡戲是由袁世凱一人獨自導演的，責任應該由他一人承擔。

　　12月11日，參政院以國民代表大會總代表名義向袁世凱上「推戴

1 《申報》1916年7月13日。
2 高勞：《帝制運動始末記》，《東方雜誌》1916年第13卷第7號，第28頁。
3 梁啟超：《袁政府偽造民意密電書後》，《飲冰室合集‧專集之三十三》，第103頁。

書」，袁世凱假意謙讓，於是參政院再上推戴書，特意解釋，過去贊成
共和是順從民意，現在恢復帝制也是順從民意。12日，袁世凱發表接受
帝位申令，正式接受推戴。13日，在中南海居仁堂接受文武百官朝賀。
隨後成立大典籌備處，下令改中華民國五年（1916）為「中華帝國洪憲
元年」，決定元旦舉行登極大典。

　　袁世凱稱帝，民國副總統黎元洪拒不配合。袁世凱稱帝後，封黎元
洪為「武義親王」，黎元洪拒不接受。這個態度是可取的。

# 洪憲帝制及其破產

袁世凱推翻共和、復辟帝制的倒行逆施，立刻激起全國反抗。

1913年11月，國民黨被袁世凱解散以後，孫中山認為國民黨已經失去革命性，組織渙散，各行其是，不能擔當領導今後革命的重任，因此堅持重新組黨。他於1914年7月在日本另行組織中華革命黨，力圖重新舉起資產階級革命的旗幟，反對袁世凱，維護中華民國。中華革命黨擁孫中山為總理，以陳其美任總務部長，居正任黨務部長，許崇智任軍務部長，胡漢民任政治部長，張靜江任財政部長。中華革命黨的成立，在革命低潮時期重新聚集了革命力量，先後設立了18個省支部及39個海外支部，人數最多時有萬餘名黨員，公開樹起了反袁革命旗幟。但是由於孫中山沒有能夠正確總結同盟會、國民黨失敗的歷史教訓，把中華革命黨搞成了一個狹隘的革命小團體，要求黨員必須向孫中山宣誓效忠，引起一些人不滿。黃興等不同意孫中山的做法，1914年6月赴美，避免捲入黨內糾紛。留在日本而又未加入中華革命黨的人士，由李根源等提議，決定成立歐事研究會，以討論正在進行的歐洲大戰的學理面目出現，避免和中華革命黨形成直接對立的兩個政黨。1914年8月，歐事研究會在日本東京成立，參加者主要是多年追隨黃興並與黃興有較多個人關係的部分軍人，如李烈鈞、柏文蔚等。在反袁行動策略上，他們與孫中山堅持的武裝鬥爭路線有分歧，但在反對袁世凱統治的大方向上，兩者並無區別。當然，他們也不認同孫中山在組建中華革命黨時要求立約按印的一些做法。

袁世凱稱帝過程中，中華革命黨在各地聯絡軍隊，組織暴動，進行暗殺，成為反袁鬥爭中的堅決力量。陳其美在上海、朱執信在廣東、居

正在山東、石青陽在四川,以及武昌、長沙、江陰、大通等地,都有中華革命黨人發動起義。1915年12月,孫中山發表《討袁宣言》,指出袁世凱「既忘共和,即為民賊」,決心「誓死戮此民賊,以拯吾民」[1]。但是,由於革命黨人的分裂,力量減弱,中華革命黨沒有把全國的反袁鬥爭領導起來,沒有積極發動群眾進行鬥爭,只是單純地軍事冒險,以致不斷失敗。

在袁世凱稱帝後領導大規模反袁鬥爭的,是原先追隨袁世凱、以梁啟超為領袖的進步黨。梁啟超和他的學生蔡鍔在其中起了領導作用。據梁啟超稱,他「一月以來」與蔡鍔等「二三摯友,反覆討論國家前途及吾儕所以報國之道」,認為袁世凱「不足以奠定此國」,袁氏「一年以來,假面既揭,醜形暴露」;「今當舉國鬼氣沉沉之時,非有聖賢之心,豪傑之行,孰敢赴此大義?」他認為:「吾黨二三子若猶是不自振拔,鋪糟啜醨,則天下之大,更復何望,亡國之罪,實與彼中分之矣。是以義不及顧,計不旋踵,劍及履及,已從今役。」他們「討論既熟,詢謀僉同」,決定「分途趨功,而植基之謀,首在南服」,達成了發動西南進行武力聲討之共識。[2]

從籌安會活動開始,梁啟超即對袁世凱的復辟帝制活動有所警惕。雲南有一部分中下級軍官和反袁的原國民黨軍人李烈鈞等一直在策劃反對袁世凱的鬥爭。這時候,梁啟超、蔡鍔即與雲南一些軍官聯絡反袁。唐繼堯還就反袁事與孫中山有所商討。11月中旬,蔡鍔以就醫為名,祕密脫離袁世凱嚴密控制的北京,先往日本,再經上海、香港到越南,於12月19日輾轉來到昆明。此前兩天,曾在雲南講武堂任教的歐事研究會成員、前贛督李烈鈞來到昆明,協助蔡鍔等發動討袁大業,對雲南首舉

1 《討袁宣言》,載雲南社會科學院、貴州社會科學院編《護國文獻》(上),貴州人民出版社1985年版,第7頁。

2 梁啟超:《致籍忠寅等函》(1915年11月18日),載李希泌、曾業英、徐輝琪編《護國運動資料選編》上,中華書局1984年版,第79—81頁。

義旗起到了重要作用。

　　雲南軍界連續召開會議，討論起兵討袁事宜。12月25日，蔡鍔、唐繼堯等聯名宣佈雲南獨立，通電武裝討伐袁世凱。同時廢除將軍稱號，恢復民國元年的都督府，以唐繼堯為雲南都督，組成護國軍。護國軍共分三軍，第一軍總司令為蔡鍔，第二軍總司令為李烈鈞，第三軍總司令為唐繼堯。1916年元旦，雲南發表《中華民國護國軍政府檄》，揭露袁世凱禍國殃民的罪狀。隨後，護國軍分三路向四川、貴州、廣西進軍，討伐袁世凱。這就是歷史上著名的護國戰爭。所謂「護國」，是反對帝制，維護中華民國，也即維護資產階級共和國。

　　雲南獨立後，袁世凱即決定武裝鎮壓雲南起義。袁軍也是兵分三路，第一路由曹錕率領進兵四川；第二路由馬繼增率領進兵貴州；第三路由龍覲光率領自廣東肇慶溯西江而上進攻李烈鈞所率護國軍第二軍。1916年1月，護國軍進入貴陽，貴州宣佈獨立。2月、3月，護國軍主力、蔡鍔所統第一軍分途進至川南，與北洋軍曹錕、張敬堯部激戰，重創敵軍。接着廣西宣佈獨立。袁世凱眼見前線軍事失利，各省獨立有增無已，北洋將領也不可靠，不得不於 3 月 22 日宣佈撤銷承認帝制案，但仍希望保留大總統的權位。4月，護國軍聲明，袁世凱稱帝犯了背叛民國的大罪，按《臨時約法》應除其大總統資格。4月、5月間，陝西宣佈獨立，廣東、浙江、四川、湖南也被迫宣佈獨立。未獨立省份，也紛紛組織護國軍。5月上旬，獨立各省在廣東肇慶成立了以唐繼堯為首的軍務院，宣佈不承認袁世凱為總統，由軍務院指揮全國軍事，繼續進行討袁戰爭。

　　袁世凱眼見自己的天下分崩離析，連馮國璋、段祺瑞也不忠誠於自己，3月21日，馮國璋即聯合江西將軍李純、山東將軍靳雲鵬、浙江將軍朱瑞、長江巡閱使張勳聯名密電袁世凱，要求取消帝制，以平滇黔之氣，給了袁重重一擊。4月15日，黃興發表通電，宣示其「不去袁逆，國

難無已，望力阻調停，免貽後累」[1]的主張；5月9日，孫中山發表《討袁宣言》，責「袁氏今日，勢已窮蹙，而猶徘徊觀望，不肯自歸於失敗，此固由其素性貪利怙權，至死不悟」；提出「今日為眾謀救國之日，決非群雄逐鹿之時，故除以武力取彼兇殘外，凡百可本之約法以為解決」[2]。袁世凱終於在6月6日在全國一片討伐聲中抑鬱而死。6月7日，按照《臨時約法》，黎元洪繼任為大總統，隨後，黎元洪宣佈恢復《臨時約法》和國會，恢復國務院，以段祺瑞為國務總理。護國戰爭結束。

護國戰爭勝利結束，最大的政治和社會意義在於，在「護國」名義之下，共和制成為國人普遍的共識，而帝制已經不可能再發生於中國，即使袁世凱這樣的「梟雄」稱帝，注定都將是短命的行為。護國戰爭同時以「護法」的名義，在形式上恢復了民元約法和國會制度，無論其實際效果如何，也是與共和制相聯繫的政治行為。因此，護國戰爭對於在中國這樣有數千年帝制歷史的國度確立共和制度具有非常積極的意義。應該注意的是，護國戰爭提出的政治目標與口號——「護國」與「護法」，實際與革命派當年發動的辛亥革命與二次革命的政治訴求一脈相承，說明孫中山領導的革命派與梁啟超為代表的改良派，在一定的歷史背景下，政治上仍有其共通性，他們都以各自的方式貢獻於近代中國政治的轉型與建設。共和觀念的深入人心，固得益於護國戰爭之功，而孫中山等革命派當年篳路藍縷，發動辛亥革命，維護共和民國，宣傳發動反袁仍功不可沒，袁世凱稱帝之敗亡，也充分說明辛亥革命創立民國對改變中國人觀念的重要意義。

護國戰爭後的中國政治格局與形勢，北洋系仍掌握着中央權力，民主仍為共和制下之虛設，孫中山及革命黨人仍不能不為理想而奔波。北洋系的分裂與地方軍閥勢力的抬頭，非常不利於中國的統一與現代化，

---

**1** 黃興：《致唐紹儀等電》，載湖南省社會科學院編《黃興集》，第425頁。
**2** 孫中山：《討袁宣言》（1916年5月9日），載《孫中山全集》第三卷，第285頁。

並將對中國政治產生深遠的影響。

辛亥革命以來的歷史發展，到這裏暫告一個段落。孫中山領導的辛亥革命，是近代中國一場偉大的民主主義革命。它包括民主主義思想的大規模傳播和民主主義革命行動的急風暴雨式的推行。民主主義思想的大規模傳播，在中國歷史上，在中國近代歷史上，都是空前規模、空前深刻的，它為民主主義革命的推行起到了極其重要的輿論動員作用，更為重要的是民主主義革命的實現。它使全國的老百姓受到了一次極其難得的民主主義的實際教育和洗禮，懂得以往認為天經地義的皇帝專制統治，是要不得的，是可以推翻的，是可以用民主的方式來代替的。這種民主的方式，主要是一種資產階級參與統治的方式，是較之以往的封建專制更能夠推動社會發展的統治方式，對於近代中國所經歷的那種深刻的社會危機和國家存在的危機來說，它又是一種救國的方式，是一種可能推動中國走向現代化的方式。

推翻封建專制，推翻皇帝統治，這種大規模的社會革命，對普通人的教育，比讀多少書都更重要。這就是為甚麼袁世凱背叛共和、復辟帝制失敗得那麼慘的歷史根據。袁世凱竊據了辛亥革命的歷史成果，居於統治的巔峰，掌握着龐大的軍事機器，控制了從中央到各省的政權，其統治權威，實際上比前清皇帝還要厲害。但是，他要從共和倒退到帝制，不旋踵而身與名俱滅。推翻袁世凱的帝制，實際上也是採用了急風暴雨式的武裝鬥爭。為了準備這場武裝鬥爭，以及實際進行這場武裝鬥爭，所花去的時間和人力，要比發動辛亥革命時少得多了。

孫中山、黃興總結失敗的經驗，從袁世凱稱帝活動中猛醒，這是可以理解的。因為他們一向是主張用革命的手段來推動中國社會民主化、革命化的。連一向反對革命的改良主義者梁啟超，一個曾經支持過袁世凱的人，看到袁世凱的稱帝，也立即轉變立場，投入到領導反袁的鬥爭中去。這是因為，梁啟超雖然不贊成用革命手段改造中國社會，但卻贊成中國社會的民主化。當他看到不民主、反民主的勢力破壞中國的民主

進程時，就要反戈相向了。就連袁世凱自己培養起來的那些親信，那些平時對他一呼百諾的人，那些想從他稱帝後分得一杯羹的人，看到全國民主勢力反袁活動的空前高漲，也不能不懾於這種時代潮流，與袁世凱離心離德了。

歷史學家常說，袁世凱篡奪了辛亥革命成果、背叛共和後，辛亥革命就失敗了。這是從歷史事實中抽出來的結論，當然是不錯的。但是，如果從民主發展的進程來說，袁世凱反對民主、背叛共和失敗的那麼慘那麼快，又是辛亥革命的結果，是辛亥革命用實際行動向全國人民普及了民主知識的結果。從這個角度來說，辛亥革命又沒有失敗。歷史發展不是長安街、不是平安大道，沒有那麼徑情直遂，但歷史發展按照一定規律朝着某種不變的方向前進，又是不能改變的。袁世凱的失敗，再次證明了這個歷史發展的真理！

# 北洋軍閥的統治與
# 軍閥割據戰爭

### 一、張勳復辟與南方護法運動

袁世凱死後，繼任總統黎元洪宣佈恢復《臨時約法》，重開國會，並任命段祺瑞為國務總理。以張勳為首的北洋督軍們對國會、約法橫加干涉，攻擊國民黨及其議員、閣員不遺餘力。黎元洪不得不下令禁止軍人干政。張勳等竟公然覆電斥責北京政府，並威脅國會。

黎元洪總統府與段祺瑞國務院之間，因爭權奪利，引發一系列矛盾鬥爭，歷史上稱為「府院之爭」。1917年，當日本為換取英、法等國承認其在中國山東新取得的權益，勸告中國對德宣戰。在是否參加對德作戰問題上，府院之爭再一次爆發出來。段祺瑞企圖以參戰名義得到日本借款，擴大皖系勢力，積極主張參戰。黎元洪和直系軍閥馮國璋在美國支持下反對參戰。當國會議員大部反對參戰時，身為國務總理的北洋將軍段祺瑞，竟暗中組織所謂公民團，以請願為名，圍攻國會，向不贊成宣戰的國會議員大打出手。此事引起公憤，段竟然準備解散國會，黎元洪為平息眾怒，下令解除段祺瑞國務總理和陸軍部長之職。段祺瑞卻挑唆北洋各省督軍先後宣佈獨立。黎元洪眼看局面無法收拾，請張勳出來調停，不想張勳不僅脅迫黎解散了國會，並且親率辛亥革命後中國最後一支辮子軍來到北京，驅逐了總統黎元洪，又上演了一齣復辟醜劇。1917年7月1日凌晨3時許，張勳身着藍紗袍、黃馬褂，頭戴紅頂花翎，率康有為等50餘人，乘車進宮，向廢帝溥儀行三跪九叩大禮，奏請復辟，聲稱：「外察各國旁觀之論，內審民國真實之情，靡不謂共和政體不適吾民⋯⋯臣等反覆密商，公同盟誓，謹代表二十二省軍民真意，恭請我

皇上收回政權,復御辰極」[1]。

張勳不顧袁世凱稱帝的前車之鑒,再度冒天下之大不韙,復辟帝制,自然成為過街老鼠,人人喊打。消息傳出,舉國上下一片嘩然,就連各地軍閥,包括北方各省的北洋督軍,也幾乎一致反對。段祺瑞乘機在日本人的支持下組織討逆軍,僅用一週左右時間就擊敗了毫無鬥志的張勳辮子軍,重新回到北京做他的國務總理。對德宣戰問題也隨之解決,因為國會還未恢復,宣戰案也不用提交國會討論了。

袁世凱死後,孫中山等革命黨人一度相信和平民主即將實現。但隨着在北京上演的這一齣齣鬧劇,孫對北洋軍閥的統治已徹底絕望,提出打倒假共和、建立真共和的主張,號召擁護《臨時約法》,恢復舊國會,進一步推動護法運動。因此,當張勳復辟發生,而同為北洋督軍的馮國璋宣告代理黎元洪的總統職位後,孫中山立即表示反對,公開通電號召國會參眾兩院議員「全體南下,自由集會,以存正氣,以振國紀」[2],準備以廣州為根據地,聯合宣佈護法的西南各省軍閥,建設臨時政府,公推臨時總統。

1917年8月中旬,響應孫中山號召南下廣州的國會議員已達150多人,雖不足法定人數,但眾議員一致決定,仿照法國先例,做非常處置。據此,150多位國會議員在廣州召開了國會非常會議,決定為恢復《臨時約法》而奮鬥。會議決議組織中華民國軍政府,孫中山隨後於9月10日就任海陸軍大元帥。隨着廣州軍政府的成立,各地以護法討逆為號召的護法軍、靖國軍紛紛興起。段祺瑞政府決定對西南各省用兵,以實現武力統一。他命令直系軍隊進入湖南,與護法軍作戰。這就不可避免地爆發了以孫中山的廣州軍政府為一方和以北洋軍閥段祺瑞為首的北京

---

**1** 胡平生:《民國初期的復辟派》,(台北)學生書局1985年版,第229頁。

**2** 孫中山:《致參眾兩院議員電》(1917年7月4日),載《孫中山全集》第四卷,第110頁。

政府為一方的戰爭，歷史上又稱護法戰爭。

　　1917年10月初，孫中山以軍政府大元帥名義，發佈討伐段祺瑞命令，開始了這場以護法名義出現的南北戰爭。戰爭在湖南打了不過一個多月，就以北洋軍慘敗，段祺瑞下台而告一段落。而後，湘、粵、桂聯軍攻克岳陽，湖北荊州、襄陽守軍起義護法，滇、黔、川靖國軍出川援鄂，但因滇系及桂系軍閥僅以謀求自身權位和確保地方割據為目的，不願冒險北上，失去了一鼓作氣拿下武漢，擴大勝局的機會。北京政府因在參戰問題上聽了日本人的話，日本政府也不惜公開提供援助，接連向北京政府提供各種名目的借款，包括與北京政府兩次簽訂了總數達數千萬元的軍械借款合同。從而使本來財政拮据的北洋政府能夠源源不斷地得到金錢和軍火的援助，向西南聯軍進行反撲。

　　由於北洋軍後援強大，戰爭形勢逐漸逆轉。岳陽、長沙重又落入北洋軍之手。但是，南北兩方這時內部均矛盾重重，和戰意見不一，結果南北戰爭逐漸演變成忽進忽退、忽戰忽和的奇怪局面。特別是在廣州軍政府一方，滇、桂兩派軍閥各懷鬼胎，為了爭權奪利，鞏固各自地盤和軍隊，竟不斷地壓制和排擠本來就為數不多的擁護孫中山的海軍和陸軍，甚至不惜暗殺率領海軍來歸的北京政府海軍總長程璧光，將明顯傾向於孫中山的駐粵滇軍將領張開儒囚禁起來，並且把張交給孫中山直接指揮的20營省防軍調離廣州地區。再加上軍政府各部總長均不就職，各部隊在軍事上根本不把孫中山放在眼裏，有令不行，有禁不止，不僅孫中山很快成了一個無兵可統、無將可依的光桿司令，連軍政府也是有名無實。最後，鑒於孫中山堅持主張毫不妥協，兩派軍閥乾脆下決心將孫中山踢開。1918年4月，唐繼堯密電西南各省，主張承認北京政府，在南方組織軍務院或國務院，以岑春煊為國務總理，陸榮廷長陸軍，唐繼堯長財政，讓孫中山「遊歷各國」。5月，受到西南軍閥控制的非常國會堅持改組軍政府，孫竭力反對無效，不得不於5月21日離開廣州。孫中山認

識到「吾國之大患，莫大於武人之爭雄，南與北如一丘之貉」[1]，從此得出結論說，中國靠「護法斷斷不能解決根本問題」[2]，必須「重新開始革命事業，以求根本改革」[3]。

## 二、南北議和 軍閥割據戰爭

1918年下半年，中國出現了一段被稱為「霸權均勢」的短暫穩定時期，各派軍閥間未發生大的戰爭和軍事衝突，南北雙方前線停戰，代表議和，國會、政府間亦無大的政潮發生。

這種局面的出現，主要是因為北洋集團內，直皖兩大派系力量對比中，誰都不佔有絕對優勢，都需要各自積聚力量。皖系操縱國會，主控北京中央政權，在政治力量上佔上風，但主戰政策普遍不受歡迎，主戰政策難以施展。段祺瑞便採取政治上以鞏固政治成果為主，對北京政府具體事務較少過問，軍事上則利用日本貸款，加緊編練參戰軍（第一次世界大戰結束後改稱邊防軍）的策略。直系在馮國璋下野及去世後，喪失在中央政權直接施展影響的地位，但很快形成以曹錕—吳佩孚為首的新一代核心，因為在作戰中顯示出不凡實力，又敢於自主停戰主和，頗贏得一些清譽，並與西南軍閥互通聲氣，呈現出蒸蒸日上的局面。曹、吳與段相比資歷尚淺，同時直系的優勢更多表現在軍事上，缺乏較有影響的政治領袖人物，因此也不足以構成對皖系的壓力。同時在國內軍閥連年混戰中飽受蹂躪摧殘的全國人民，反對內戰，渴望和平，呼籲停戰息爭，逐漸形成一場聲勢頗大的和平運動。北洋集團內主戰、主和兩派

---

**1** 孫中山：《辭大元帥職通電》（1918年5月4日），載《孫中山全集》第四卷，第471頁。

**2** 孫中山：《在廣州軍政府的演說》（1921年1月1日），載《孫中山全集》第五卷，第450頁。

**3** 孫中山：《在上海寰球學生會的演說》（1919年10月18日），載《孫中山全集》第五卷，第139頁。

處於均勢，使得西南地區壓力減輕。

　　歐美各國於1918年11月結束了第一次世界大戰，在戰爭結束前，英、法、美協約國獲勝大局已定，它們就開始重新關照它們在遠東的利益。日本乘歐美大戰無暇東顧之機，扶植皖系，獨自擴張在華利益的行為引起英、美不滿。英、美駐華公使都向北京政府表明態度，施加壓力。他們希望中國有一個統一的政權。當然不是只聽命於日本，而是門戶向各國平等開放，使各國在華利益均沾。同時他們也向日本施加壓力，迫使其改變對華政策。

　　北京政府主政的總統徐世昌是北洋元老，但非軍人出身，手中無一兵一卒，平衡調和各派是其發揮政治影響的一貫手法。10月，北京政府致電西南，發出和議試探，西南岑春煊等也致電北京政府，主張雙方各派代表舉行對等和談。11月雙方發佈前線停戰命令。1919年2月20日，南北代表在上海正式開始談判，是為南北議和。

　　議和談判從 2月20日開始，先後斷斷續續地舉行正式會議8次，非正式談話會 20 餘次。雙方爭執的焦點可分為陝西停戰、參戰軍與對日借款、國會問題三項。和議一開始，首先商討陝西停戰問題。在護法戰爭中，胡景翼在三原舉兵，響應護法，佔據渭南，段祺瑞派兵援陝。11月停戰令頒佈後，北方軍隊以陝西剿匪為藉口，拒絕停戰。後經李純調停，北京政府同意停戰，但實際上北軍並未停止進攻。第二個問題是參戰軍與對日借款問題。段為擴充皖系實力，藉中國加入協約國參戰之名，編練一支參戰軍，經費則來自1918年一筆數額 2,000 萬日元的專項借款，並已支付300萬元，還按照祕密的中日共同防敵軍事協定，聘請日本人訓練。和議開始前後，段不僅未停止參戰軍編練，還延長與日本締結的「防敵軍事協定」，繼續接受1,700萬日元借款餘額。3月2日，南方代表唐紹儀指責北方一面言和，一面主戰，通電中外，宣佈和議停頓。後在國內輿論和各方面調停下，4月7日恢復談判。唐紹儀又提出取消中日軍事協定，裁撤國防軍，不得提用參戰借款，國會自由行使職權等議

案。

國會存廢為另一主要焦點。南北戰爭起因即是國會被非法解散，因此南方提出恢復舊國會，這也是非常國會中強硬派所堅持的核心條件之一。但北方如果接受，則等於徹底投降。因為完全恢復舊國會，就等於承認北方新國會非法，不僅安福政客失去存在依憑，由非法國會選出的總統、政府也就成為無本之木。這在皖系掌握實權的北京，也絕不可能。於是安福政客與軍閥頻繁聯絡、通電反對，並籌備再開督軍會議，對和議進行干涉。雙方談判代表的爭執再次形成僵局。

5月初，巴黎和會上中國外交失敗的消息傳來，引發了聲勢浩大、影響深遠的五四運動，皖系軍閥與日本所訂喪權辱國的密約，遭到國人一致譴責。南方代表乘國內愛國情緒高漲，輿論普遍不利於北方之機，於5月13日會議上提出八項主張，表示這是南方最後的讓步。北方代表朱啟鈐則表示，由和平會議宣佈解散國會令不能接受，此條不改，其他無法討論。唐紹儀當即退席，通電辭職。朱啟鈐等次日亦向北京政府辭職。和談破裂。

巴黎和會外交失敗、國內南北議和破裂，宣告北京政府對外對內政策破產，此後雖在國人和平呼籲和英、美等國外交壓力下，議和未正式宣告結束，但也一直未能恢復。這些矛盾引發了北京政府新一輪政治危機，國內政局再陷動盪。

6月，徐世昌在內外夾攻、主張難以推行的局勢下，明知此時總統之職無適當人選替代，於是採取以退為進的策略，與總理錢能訓同時「引咎」辭職。果然不出所料，徐世昌去職引起一系列未知的政局變動，為安福系所不願。於是不僅國會參眾兩院議長登門挽留，段祺瑞也親自出面，甚至引起全國性的挽徐浪潮，並表示支持其對德和約簽字和南北議和政策。徐世昌適可而止，收回辭職咨文。

11月，皖系大將靳雲鵬組成新內閣，皖系內部又產生嫌隙。靳雖為段的親信，但與徐樹錚不和睦，且與曹錕是金蘭兄弟，與張作霖為兒女

親家，關係密切。因此靳欲在直皖奉之間尋求平衡，不願完全受段的擺佈。內閣成立前後，安福系屢加干涉，處處掣肘，更增加了靳的反感。皖系內部漸漸離心。與此同時，曹錕在馮國璋之後成為直系新的首領，並對後起之秀吳佩孚極為器重，與長江三督及盤踞東北三省的奉系漸形成反皖同盟。

吳佩孚不願為皖系控制的中央政府賣命，前線停戰主和。南北和會破裂後，吳又趁五四運動中愛國熱情高漲，北京政府及各地軍閥當局均採取高壓政策時，獨樹一幟，通電支持學生運動，反對在對德和約上簽字。吳所表現出的愛國意識和政治上標新立異，敢言敢為，使他一時間成為各界交口讚揚的「愛國將軍」。吳進一步利用這種聲譽和時機，加大對皖系政策抨擊的力度，同時自動撤兵北歸。一來進一步展現其反對內戰主張和平的政治態度，提高其政治地位和影響；二來增加對皖系政治和軍事壓力，還進一步增加與西南軍事同盟關係。

西南方面為自身利益計，利用北洋內部矛盾，加強與主和派同盟關係，因此審時度勢，採取聯直制皖的策略。吳與湘、滇、桂、粵、川代表於11月在衡州祕密簽字，並進一步討論決定了共同行動的步驟。西南不僅在前線與吳佩孚結盟，更進一步通過各種渠道加強與整個直系的聯繫，逐漸形成西南、直、奉三角同盟（1920年4月又加入豫督趙倜，是為八省反皖同盟）。

1920年5月，吳佩孚不經過北京政府同意，自衡陽撤兵北歸，駐在鄭州至保定一線。皖系則將徐樹錚的邊防軍調回京畿。直皖矛盾達到白熱化程度。7月14日雙方分東西兩路在津浦、京漢路同時開戰。奉系出兵聲援直系。皖系不堪一擊，數日之內，兵敗如潮。除浙江督軍盧永祥外，皖系全部垮台。

直皖戰後，由於在處理善後問題上利益和態度的不同，直奉漸生矛盾。吳佩孚提出解散國會，嚴懲安福禍首，將段置於湯山，聽候國民公決，以徹底鏟除皖系勢力，從速召開國民大會解決國是，並主張先解

決與西南統一問題，再組織內閣。奉張則以安福既倒，出而為段轉圜，以贏得皖系的擁護，並且堅決反對召開國民大會。為早日入關，奉系急於組閣，並力主靳雲鵬為總理。徐世昌因解散國會將危及他這個由安福國會選出的總統，也堅決不允。吳佩孚雖有社會影響，但在張、徐眼中只是師長，偏裨牙將，無權過問政治，其主張均遭拒絕。曹錕本人毫無政治主見，只要本身利益得到滿足，政治上一切均由張作霖做主。曹、張、徐簽訂了一份密約，達成暫時妥協，約定北京政府由直奉共同主持後，結束了這場政治分贓。直奉共同主政也只是雙方暫時「貌合」，不可調和的利益相爭本質，必然導致新的政治鬥爭，以致兵戎相見。在直皖戰後直奉之間的爭奪幾乎一天也沒有停止過。先是安徽督軍之爭，後有江蘇督軍之爭，最後在內閣問題上的爭端終於又導致了1922年的第一次直奉戰爭。

　　直皖戰後，北京政府的財政大權被與奉系關係密切的交通系財閥控制。該系企圖以其首腦梁士詒組閣，於是製造財政危機，運動推倒總理靳雲鵬。1921年，北京政府大量積欠軍費和薪金，造成各部索薪和各省不斷發生兵變索餉事件，迫使靳雲鵬辭職。親奉的梁士詒上台後，賣國借債，起用曹汝霖、陸宗輿等賣國分子，大赦皖系軍閥等，均引起人民不滿。吳佩孚乘機對內閣展開電報攻擊，迫梁離職。奉系不甘示弱，宣稱「為維持體面計，亦萬不能使己所擁護之人被斥去位」[1]，並以維持京津地方秩序為名，遣兵入關。1922年4月，直奉雙方在京漢線長辛店、津浦線馬廠一帶展開大戰。結果奉系敗出關外，雙方以榆關為界，達成停戰協議。

　　第一次直奉戰爭以直勝奉敗結束，直系單獨掌握北京政權。吳佩孚指使孫傳芳發表通電，提出了「法統重光」的口號。所謂「法統重光」，就是恢復1917年被非法解散的舊國會和被迫辭職的大總統黎元洪

---

1 李劍農：《戊戌以後三十年中國政治史》，中華書局1965年版，第324頁。

職務，直至其任滿。直系此舉的如意算盤是：一可取消南方護法政府、非常國會存在的理由，實現由其主導的統一；二可抵制各省軍閥聯合興起的「聯省自治」；三可趕走徐世昌，為曹錕登上總統寶座鋪平道路。6月1日曹、吳在天津召集舊國會，次日徐世昌被趕出總統府，11日黎元洪被迎入京復位。黎元洪上台後首先着手組織政府，曹、吳表面上公開聲稱不干預政治，而黎提出唐紹儀出任總理後，立即遭到吳佩孚的極力反對，結果還是由吳圈定組成了由吳之心腹主持，以王寵惠為總理的「好人內閣」。吳把持內閣，發號施令，及先立憲後選總統問題上的主張，引起直系津保派[1]不滿，雙方嫌隙越來越大。津保派利令智昏，為了早日讓曹錕當上總統，迫不及待地進行倒閣驅黎運動。先是以財長羅文幹簽訂奧國借款展期合同所得 60 萬元為吳充當軍餉一事，指使國會查辦羅違法受賄，致使「好人內閣」垮台；後又數次倒閣，致使政府無人負責，黎元洪不安於位。1923年6月，曹錕進一步指使馮玉祥等直接對黎發動索餉逼宮，甚至用對黎宅停水停電的手段相逼。黎元洪被迫出京，直系又在楊村劫車索印，強迫黎簽字辭職。以暴力手段除掉黎元洪這個絆腳石後，曹錕加緊了賄選總統的步伐，終於在10月5日由「豬仔議員」們選舉為中華民國大總統。曹錕賄選不僅標誌西式民主制度在中國的徹底破產，也表明直系軍閥已走向末路。曹錕賄選遭到全國人民的強烈反對，孫中山也於10月8日「宣佈罪狀，申命討伐」[2]。

退至關外的奉系軍閥張作霖，不僅以東三省保安總司令的名義繼續他的統治，同時積極整軍經武，聯絡各地反直力量，與孫中山和浙江督軍、皖系殘部盧永祥結成反直三角同盟，欲圖再度入關，報戰敗之仇，問鼎中原。直系軍閥則繼續窮兵黷武。

---

**1** 曹錕之弟曹銳為直隸省長，在天津把持政治、經濟大權，人稱津派。曹錕坐鎮保定，為保派。吳佩孚駐兵洛陽，是為洛派。

**2** 孫中山：《討伐曹錕令》（1923年10月8日），載《孫中山全集》第八卷，第260頁。

1924年9月，江浙戰爭爆發。浙江方面出動9萬人，江蘇方面出動8萬人，沿滬寧鐵路展開戰線。廝殺月餘，因北方爆發第二次直奉戰爭，奉軍不能支持浙江，浙江軍閥敗北。

江浙戰爭尚未結束，第二次直奉戰爭就打響了。原來，江浙戰爭開始，奉系通電支持浙江盧永祥，責難直系曹錕出兵討浙，遂集中奉軍25萬，分成六路，自任總司令，大舉入關。張作霖致電曹錕說，我本來想遣使前來問候，無奈你把山海關的列車扣留了，我只得「派員乘飛機赴京，藉侯起居」，「枕戈待旦，佇盼福音」[1]，顯然是要問鼎中央政權了。9月17日，曹錕下令討伐張作霖，並任命吳佩孚為討逆軍總司令。兩軍在山海關左近激烈爭奪。正在難解難分之際，直系中央陸軍第三師師長、討逆軍第三軍總指揮馮玉祥從前線祕密撤退，10月23日到達北京，重兵包圍總統府，並與所部聯名發表通電，提出「弭戰之主張」，要求促進和平，反對自相殘殺，聲明另組中華民國國民軍，「如有弄兵而禍吾國，好戰而殃我民者，本軍為縮短戰期起見，亦不恤執戈以相周旋」[2]。馮玉祥的行動使直軍迅速潰敗。這一事件，史稱「北京政變」。在奉軍和國民軍的聯合打擊下，11月3日，吳佩孚率殘部南下。第二次直奉戰爭結束。

第二次直奉戰爭結束後，奉系軍閥勢力深入關內，國民軍也有了發展。皖系軍閥乘機再起，段祺瑞擔任北京政府的臨時執政。直系則控制着長江流域。但是軍閥之間的征戰並未結束。1925年下半年又有直系的孫傳芳與奉系爭奪上海的戰爭，孫傳芳獲勝。11月，奉系將領郭松齡不滿張作霖，聯合馮玉祥國民軍倒奉，由於日本支持張作霖，郭軍倒奉失敗。這時候，國民軍受國內革命形勢的影響，開始傾向民眾，傾向革

---

**1** 張作霖致曹錕電，二史館藏大總統府檔案，轉引自陳長河《從檔案看1924年第二次直奉戰爭》，《軍事歷史研究》2003年第4期。

**2** 《馮玉祥等通電》，《申報》1924年10月28日。

命。1926年初，原來殺得不可開交的直、奉兩系又聯合起來，共同對付國民軍。3月，國民軍被迫退出北京，撤退到西北地區。國民軍退出後，皖系段祺瑞下野，直、奉分掌北京政府的權力。1926年12月1日，張作霖在天津就任安國軍總司令，次年6月18日，安國軍政府發佈《中華民國軍政府組織令》，張作霖以陸海軍大元帥名義行使國家統治權。直到國民革命軍北伐成功，北洋軍閥統治的局面才告結束。

　　自袁世凱取得中華民國臨時大總統的職位後，民國政壇上風雲不斷。袁世凱下台後，隨着控制北京政權的軍閥勢力的增強或者消滅，表面上掌握政府的內閣像走馬燈似的，頻繁更換。1912—1928年17年間，總共經歷了46屆內閣。袁世凱當政的五年間換了8屆，其後12年有38屆平均每年換了兩三屆，內閣可見更換之頻繁。一屆任期短的只有幾天，長的不過兩年。短短17年間，政府如此頻繁地更換，說明北洋軍閥時期的政治是何等不穩定，這在中國歷史和世界歷史上是不多見的。北洋軍閥統治時期，是近代中國歷史「沉淪」到谷底的時期。

## 第四節

# 民族資本主義空前發展
# 中國工人階級的成長

　　甲午戰爭後，列強可以藉《馬關條約》獲得來華設廠的最惠國待遇，國人積極呼籲發展實業以為抵制，再加上收回利權和抵制美貨的影響，清政府實施新政，改變了實業政策，開始獎勵實業發展。

　　辛亥革命後，南京臨時政府也發佈支持實業發展的法令，中國民族工商業得到一定發展。1895年到1913年，民族資本開設的資本額在1萬元以上的廠礦企業有549家，資本總額有10.2億元，涉及紡織、食品、煤礦、機器、水電、水泥、航運等行業。1905年到1909年，上海、北京、廣州、安徽、江蘇、河北、福建、山西等地，設立織布廠共23家，擁有資本55.9萬元，擁有資本 5 萬元以上的只有 4 家，其他大多為小型工廠，資本額大多在 3 萬元以下。1905年以後興起興辦紗廠熱潮，到1910年短短幾年間新增資本約500萬元，新增紗錠129,597枚。麵粉業，辛亥革命前11年，全國有21個城市創辦新式麵粉廠38家，主要集中在江蘇和東北地區。辛亥革命促進了近代工業發展，民族資本麵粉業在1912—1913年內建立了新式麵粉廠20家。

　　1914年到1918年，由於第一次世界大戰，歐美列強自顧不暇，對華減輕了商品輸出和資本輸出，中國民族工商業得到了前所未有的發展機會。大戰前，包括官辦和民營的中國民族工業約有工廠698個，資本30.3億元。1920年，工廠增至1,759個，資本 5 億餘元。

　　適應歐洲市場和國內市場需要，紡織、麵粉、卷煙、造紙、制革等輕工業發展尤為迅速。例如，棉紡織業，1913—1921年，全國華商紗廠的紗錠，由484,100枚增至1248,400枚，增長157.8%；布機由2,016台增至

5,825台，增長188.9%。紡紗業贏利大增。湖北楚興公司所產棉紗、布疋年年盈餘，1919年贏利200萬兩，1920年贏利350萬兩。1915年創辦的上海申新一廠，額定資本30萬元，1919年增資到80萬元，1920年再增資到150萬元，當年實現利潤127萬元。1917年創建的天津裕元紗廠，初創資本200萬元，到1922年共贏利600萬元。1917年由周學熙等創辦的天津華新紗廠，初創資本200萬元，1919年贏利達150萬元。

麵粉業，1913年至1921年，新建麵粉廠123家，平均每年新增13.7家，其中民族資本經營的有105家，這105家擁有麵粉生產能力203,585包，佔全部新增麵粉廠生產能力的82.5%。有資本可查的有80家，共有資本2,318萬元，平均每廠資本28.9萬元。從1915年開始我國連續成為麵粉出超國。1915—1921年，麵粉出超量由19,229擔，增加到1,294,331擔，增加67倍多。麵粉業集中在上海，無錫、濟南、漢口、天津有相當發展。採礦、運輸業也有相當發展。例如，民族資本的新式煤礦產量，1915—1920年，由87萬噸增至328萬噸，增長近 4 倍。中國輪船噸位，1913—1921年，由 14 萬噸增至 38 萬噸，增長271%。

中國近代工人階級的出現要早於資產階級。鴉片戰爭以後，最早在中國設廠的外國工廠裏，就誕生了早期的中國工人階級。甲午戰爭前夕，外國資本所開設的工業企業百餘家，僱傭工人大約3.4萬人。1894年前，中國民族資本自辦企業百餘家，僱工約 3 萬人。總計起來，這個時期中國工人的人數不會超過10萬人。

甲午戰爭後，列強紛紛在中國設廠製造，造鐵路、開煤礦等，大量掠奪中國權益。1913年外國在中國直接和間接投資的鐵路達1.1萬公里，投資新式煤礦29個，其中年產10萬噸以上的有淄川、坊子、井陘（德國經營）、開灤、焦作、門頭溝（英國經營）、撫順、本溪湖、萍鄉（日本經營）等11處。還是這一年，外國在華開設工廠166家，在華設立輪船公司14家。這樣，隨着外國資本的擴大，一大批鐵路工人、海員工人、礦山工人以及其他各類工人應運而生。加上民族資本企業裏的工人，到

1913年，全國中外企業工人總數估計已達到50萬—60萬人。隨着第一次世界大戰期間中國民族工業的發展，工人階級的人數也有了大幅增加，據估計，1919年全國產業工人數達到261萬人，其中鐵路工人16.5萬，郵電工人 3 萬，海員15萬，汽車電車工人 3 萬，搬運工人30萬，工廠工人60萬，外國在華工廠工人23.5萬，礦山工人70萬，建築工人40萬。

上述工人階級組成中，外國企業裏的工人和海員工人資格最老。產業工人的絕大多數來自農村破產的農民。據海關調查，1921年，中國47個通商口岸的人口總數超過1,000萬，10萬人口以上的都市50個，25萬人口以上的都市20個。大批破產農民進入通商口岸，為發展中的資本主義工業企業提供了廉價的勞動力市場，成為工業無產階級的勞動後備軍。

從地域分佈看，中國工人大多集中在東南沿海各省或者水路交通沿線城市。上海、廣州、武漢、天津、青島等地，分別集中了十餘萬人乃至數十萬人，江蘇、浙江、廣東各省也有多至幾十萬工人的。西北各省幾乎沒有近代產業工人。1894年統計，僅上海、廣州、漢口三地的工人，佔全國工人總數的76.7%，上海一地就佔了46.4%。[1]

中國近代資本主義工業企業的產生，同時產生了中國的資產階級和工人階級。這是資本主義新生產力帶來的自然結果。這個新的生產方式和新的階級力量，是在半殖民地半封建社會裏產生的，與傳統中國的小農經濟是不同的，將在中國未來的政治、經濟和社會生活中發出與傳統中國不同的聲音。它的存在與發展，將預示着中國新的未來。新的生產方式和新的階級力量，是決定近代中國「上升」因素的物質基礎。

---

1 以上主要參考汪敬虞主編《中國近代經濟史1895—1927》下冊，人民出版社2000年版，第12、14章；劉明逵、唐玉良主編《中國近代工人階級和工人運動》第一冊，中共中央黨校出版社2002年版，第1章。

# 新文化運動與
# 五四愛國民主運動爆發

　　新文化運動是在反對復古尊孔的倒退逆流中應運而生的，是一場塑造新國民的文化救亡運動。1914年9月，袁世凱發佈「祭孔令」，提倡尊孔讀經、講求傳統道德，「凡國家政治，家庭倫紀，社會風俗，無一非先聖學說發皇流衍。是以國有治亂，運有隆替，惟此孔子之道，亙古常新，與天無極」[1]。1914年12月23日，袁世凱在天壇行祭天禮，其官位設置、上下稱呼、處事之道等均有復舊趨勢，直至謀劃稱帝，將復舊推向了高峰。一時間，民國的社會面貌頗有回復舊觀之徵相。針對這種社會現實，一些思想敏銳的、經歷過辛亥革命的知識分子在思考辛亥革命的成敗得失，思考中國的出路時，發出疑問，為甚麼在辛亥革命後在共和旗幟下，人們還要忍受專制之苦？要確立這種共和制度的「國民政治」，「要鞏固共和，非先將國民腦子裏所有反對共和的舊思想一一洗刷乾淨不可」[2]。陳獨秀認為：「共和立憲而不出於國民之自覺與自動皆偽共和也，偽立憲也，政治之裝飾品也。」[3]這就很自然地提出了批判封建主義專制文化傳統的歷史任務。

　　袁世凱正在籌劃稱帝的時候，也就是時人所說「人人腦中的皇帝尚未退位」[4]的時候，1915年9月，從日本回國的陳獨秀在上海創辦了《青年雜誌》。他隨後被主張「兼容並包」的北京大學校長蔡元培聘為文科

---

**1** 《政府公報》，1914年9月26日。
**2** 陳獨秀：《舊思想與國體問題》，《新青年》第三卷第三號。
**3** 陳獨秀：《吾人最後之覺悟》，《青年雜誌》第一卷第六號。
**4** 高一涵：《非君師主義》，《新青年》第五卷第六號。

學長，1916年9月，《青年雜誌》改名為《新青年》，並於1917年初遷至北京。從此掀起了一場被後人稱為新文化運動的思想解放運動。北京大學和《新青年》雜誌是發動新文化運動的主要陣地。以陳獨秀、李大釗、魯迅、胡適和吳虞為代表的一批年輕的知識分子，高舉民主與科學兩面大旗，勇敢地向一切封建落後的頑固思想宣戰，極大地推動了國人思想的啟蒙與解放。

1917年每期發行量增加到一萬五六千份，成為新文化運動的大本營。1918年1月起，《新青年》由陳獨秀個人主編改為編委會，由陳獨秀、周樹人、周作人、錢玄同、胡適、劉半農、沈尹默等輪流主編。

陳獨秀（1879—1942），1901年赴日本留學，是辛亥革命的積極參與者，1905年組織了安徽地區的革命組織岳王會，辛亥革命後曾出任安徽都督府祕書長。陳獨秀為《青年雜誌》寫的發刊詞《敬告青年》鮮明地舉起了民主和科學旗幟，指出：「自人權平等之說興，奴隸之名，非血氣所忍受。世稱近世歐洲歷史，為『解放歷史』。破壞君權，求政治之解放也；否認教權，求宗教之解放也；均產說興，求經濟之解放也；女子參政運動，求男權之解放也。解放云者，脫離夫奴隸之羈絆，以完其自主自由之人格之謂也。」人權，當時指民主。陳獨秀把民主與科學當作新青年的旗幟，也是新文化運動的旗幟。

李大釗（1889—1927）是新文化運動的另一位旗手。他在日本早稻田大學讀書期間，為《新青年》積極撰稿，抨擊封建專制，尖銳指出：「民與君不兩立，自由與專制不並存。」[1]魯迅、胡適等都是新文化運動中勇猛地向封建文化衝擊的生力軍。陳獨秀指出：「要擁護那德先生，便不得不反對孔教、禮法、貞節、舊倫理、舊政治；要擁護那賽先生，便不得不反對舊藝術、舊宗教；要擁護德先生又要擁護賽先生，便不得不反對國粹和舊文學。」「我們現在認定只有這兩位先生，可以救治

---

1 李大釗：《民彝與政治》，載《李大釗文集》，人民出版社1984年版，第175頁。

陳獨秀（1879—1942）

李大釗（1889—1927）

中國政治上、道德上、學術上、思想上一切的黑暗。」[1] 胡適在《新青
年》上發表《文學改良芻議》，陳獨秀發表《文學革命論》，提出「文
學革命」的三大目標：推倒雕琢的阿諛的貴族文學，建設平易的抒情的
國民文學；推倒陳腐的鋪張的古典文學，建設新鮮的立誠的寫實文學；
推倒迂晦的艱澀的山林文學，建設明了的通俗的社會文學，高舉起用民
主主義的新文學反對封建主義的舊文學的旗幟。魯迅發表小說《狂人日
記》，是一篇聲討封建勢力的戰鬥檄文。《新青年》從1918年第四卷第
一號開始全部改成白話文出版。新文化運動激起了新舊思想的激盪與論
戰，非常有力地啟發了一代新青年。

　　新文化運動的基本內容有三個，一是提倡民主與科學，二是反對封
建禮教，三是倡導文學革命。新文化運動的基本活動，實際上都有着鮮
明的政治目的。他們明確認為，中國政治之腐敗與黑暗，根本上就在於

---

**1** 《本志罪案之答辯書》，《新青年》第六卷第一號。

國民沒有覺悟，因此沒有參與政治的願望和能力。要有真共和，就必須徹底解放思想，打破一切束縛思想的條條框框，就要以民主和科學為準繩，進而將黨派政治變為國民政治。新文化運動的發動者們把鬥爭的鋒芒集中指向封建主義的正統思想，他們以進化論觀點和個性解放思想，猛烈抨擊以孔子為代表的「往聖前賢」，提倡新道德，反對舊道德，提倡新文學，反對舊文學。追求個性解放，提倡民主，反對獨裁，提倡科學，反對盲從迷信，以建設西洋式的新國家、新社會，這是資產階級的新文化反對封建階級的舊文化的鬥爭，動搖了封建統治思想的正統地位，在中國社會上掀起了一股思想解放的浪潮，在近代中國歷史上起到了非常進步的作用。

孫中山在政治上思考真共和和假共和的時候，新文化運動的先鋒們則在思想上、文化上改造着人們思想中的假共和，為造成思想文化上的真共和而奮鬥。

正是在新文化風暴的衝擊下，爆發了近代中國歷史上具有轉折意義的五四運動。

1918年3月，段祺瑞重新出任國務總理，為獲得日本進一步援助，密切同日本的關係，竟不惜與日本簽署了一系列借款協定，甚至在1918年9月同日本互換照會及簽約，承認日本在青島、濟南駐軍，與合辦膠濟鐵路等。特別是雙方簽訂的所謂中日軍事協定，不僅同意在日本軍司令指揮之下參與日本對俄國的軍事行動，而且允許日本軍隊可以為對俄作戰任意進入中國領土領海和佔用中國各項設施。軍事協定一經簽訂，日本立即於8月宣佈對俄出兵，單方面出兵北滿，陸續侵入哈爾濱、博克圖、滿洲里、齊齊哈爾等地，強佔滿洲里駐軍營房，勒令中國在滿洲里的駐軍退駐後方。中日軍事協定赤裸裸地暴露了段祺瑞政府賣國嘴臉和日本對中國的侵略野心，不可避免地激起了全國各界的強烈憤慨。

中日軍事協定談判，始終祕密進行。當報界透露出日方要求的部分內容之後，全國各界立即掀起了反對浪潮。特別是在日本留學的中國學

生，5月初分別召開大會，堅決反對中日密約。憤而回國的上千名留學生，在各地的抗議活動當中起了重要的鼓動宣傳作用。就在全國民眾一片抗議聲中，段祺瑞政府仍舊與日本簽訂了《中日陸海軍共同防敵軍事協定》。此舉進一步引起更大規模的抗議浪潮。北京、天津、上海、福州各地學生紛紛罷課遊行，人們對北京政府勾結日本的賣國行徑，已經忍無可忍。

中日軍事協定所引起的一系列風波尚未完全平息，第一次世界大戰以協約國勝利而宣告結束，中國成為戰勝國的一員。全國各地都舉行了規模不等的慶祝活動，視歐戰勝利為公理戰勝強權的象徵。美國總統威爾遜此前發表聲明，提出了解決戰爭善後問題的公開締約、航海自由、除卻經濟障礙、縮小武裝、公道處理殖民地問題、組織國際聯盟、國無分大小一律平等等「十四點」意見。[1] 戰後應該不偏不倚公道議和，並維護各國政治獨立和領土完整，因此中國社會各界對即將在巴黎召開的和會寄予厚望，希望能夠因此改變自1840年以來80年的屈辱地位，特別是希望藉此廢除庚子賠款、領事裁判權、二十一條以及收回山東權利等。

巴黎和會於1919年1月18日開始在巴黎舉行，令國人矚目的山東權益問題成為中國代表團必爭之點。中國外交代表之一顧維鈞在日本代表要求德國將其在中國山東的權利無條件讓於日本的表態之後，有力地陳述了中國的觀點，說明中國對德宣戰之際，已明確聲明中德間一切約章全數廢除，因此德國在山東所享有膠州租借地暨他項權利，在法律上已經早歸中國，德國沒有將山東轉交他國之權。

由於巴黎和會辯論過程中，顧維鈞利用美國總統威爾遜關於戰後各國外交活動必須公開，不得訂立祕密協定的主張，公開表示中國政府願意公佈中日密約，使得國內各界群起響應，促使北京政府不得不於3月間

---

**1** 中國社會科學院近代史研究所《近代史資料》編輯室主編：《祕笈錄存》，中國社會科學出版社1984年版，第28—29頁。

陸續公佈中日各項密約。與此同時，同樣是由於相信威爾遜會幫助中國取得平等地位，中國代表團先後向和會提交了關於直接歸還山東權利、要求廢除二十一條等說帖，以及期待列強自動放棄在華勢力範圍，撤退外國軍隊和巡警，撤銷領事裁判權，歸還租借地及租界，以及關稅自主等各項希望條件。

中國代表未曾想到，不僅中國提出的希望條件被會議拒絕，而且討論中國山東問題竟然不讓中國代表參加。討論中，美國方面也僅僅建議將山東交五國共管，當日本表示強硬之後，威爾遜為避免和會破裂，竟決定犧牲中國，滿足日本要求。4月22日最高會議討論時，威爾遜一反其反對任何密約的主張，明確表示：中日1915年之二十一條，以及1918年之中日條約，均應維持。當顧維鈞起而解釋說，二十一條純為日本強迫所訂，威爾遜竟反問道：那麼1918年9月，世界大戰停戰在即，日本已不能強迫中國，何以中國又欣然同意與之就山東問題訂約呢？這雖然是威而遜為遷就日本而強詞奪理，脅迫中國就範，中國代表卻無言以答。

4月30日，巴黎和會最後做出裁決，在對德和約中規定，德國在山東的一切權益均讓與日本，沒有按中國代表要求寫上「日本須將山東交還中國」的字樣。事情很清楚，巴黎和會仍是大國俱樂部私下商議的場所，而非弱國小國爭取自身權益的地方。當美國對日利益超過對華利益時，美國自然會放棄對中國的同情，而傾向於日本一邊。「山東歸屬的結果，實質上就是美國在中日之間利益選擇的結果。」[1] 原來以為一次大戰勝利是公理戰勝強權，結果顯示和會不過是大國分贓，還是強權戰勝公理。

5月1日，英國外交大臣將和會對山東問題的決定通報中國代表。中國代表團提出強烈抗議，表示「痛切失望」。3日，鑒於山東交涉完全失

---

1 參見鄧野《巴黎和會與北京政府的內外博弈》，社會科學文獻出版社2014年版，第243頁。

敗,代表團五位代表陸徵祥(外交總長)、王正廷(廣東非常國會參議院副議長)、施肇基(駐英公使)、顧維鈞(駐美公使)、魏宸組(駐比利時公使)聯名致電北京政府請求辭職。

巴黎和會上山東交涉失敗,立即在國內引起軒然大波。5月1日,上海英文日報《大陸報》最早報道了這條消息,2日的北京《晨報》又有後續報道,結果引起國民群情激奮。5月3日,得知消息的北京大學學生情緒更是激動,他們齊集校園商議,決定在次日(星期日)舉行示威,反對強權決不簽約。會中還有學生當場寫下血書「還我青島」,更使參加者熱血沸騰,示威之舉遂定。[1]

5月4日,北京十餘所學校的3,000多名學生齊集天安門,手執寫有「還我青島」、「保我主權」、「取消二十一條」、「外抗強權,內懲國賊」的標語示威遊行。學生們在宣言中明確提出:「中國的土地可以征服而不可以斷送!中國的人民可以殺戮而不可以低頭!國亡了!同胞們起來呀!」遊行群眾矛頭直指負責簽訂中日密約的曹汝霖、陸宗輿、章宗祥等。遊行隊伍要求通過東交民巷向各國大使館遞交請願書,為外國軍警阻攔。學生們無比氣憤,便來到趙家樓胡同曹汝霖住宅,火燒了曹宅,並把從曹家跑出來的章宗祥痛打了一頓。軍閥政府出動大批軍警鎮壓,逮捕學生32人。北京學生不顧高壓,組成北京中等以上學校學生聯合會,發動25,000名學生舉行總罷課,開展抵制日貨活動。

北京學生的愛國行動,立即得到了各地青年熱烈響應。各地紛紛成立學生聯合會、救國十人團等團體,舉行罷課,抵制日貨,上街演講,組織遊行,一致要求懲辦賣國賊,拒簽對德和約。運動範圍並且逐漸由學界擴大到各界,由下層擴大到部分上層,由自發性行動發展到有組織

---

1 中國社會科學院近代史研究所、中國第二歷史檔案館史料編輯部編:《五四愛國運動檔案資料》,中國社會科學出版社1980年版,第182頁;中國社會科學院近代史研究所近代史資料編輯組編:《五四愛國運動》(上),中國社會科學出版社1979年版,第453頁。在此前後,還有若干學校的學生也聚集討論了發起或參加示威的事宜。

五四運動

的行動。6月3日，鑒於北京政府準備屈從簽字，北京各校學生不顧軍警
鎮壓和逮捕，毅然上街演講，反對簽字。當天被捕達170餘人。6月4日，
學生們仍舊上街演說，警方出動馬隊，並逮捕學生700餘人。5日，學生
們再度衝破阻撓，走上街頭演講。

北京學生被大規模逮捕的消息傳到上海，上海各界群起抗議。6月
5日，上海學生罷課，部分工廠、商店也罷工、罷市，聲援北京學生。
上海參加罷工的行業發展到紡織、機器、印刷、電車、汽車、碼頭、輪
船、煙廠，甚至滬寧鐵路工人也參加了罷工鬥爭，罷工工人多達六七萬
人。這在中國工人運動史上是前所未有的。這表明中國工人階級開始以
獨立姿態登上了政治舞台。

北京、上海的鬥爭迅速影響了天津、漢口等大城市，20多個省區，
100多個城市的學生、工人參加了運動。鬥爭的中心逐漸由北京移到上

中華民國八年五月四日北京學界遊行大街會被拘留之北京高師愛國學生七日返校時攝影

五四運動中被捕學生返校時合影

海,鬥爭的主力逐漸由學生轉到工人。這表明五四運動突破了知識分子的狹小範圍,成了有工人階級、小資產階級和資產階級參加的全國規模的革命運動。群眾運動風起雲湧,勢不可當,各地軍閥均感形勢嚴重,要求北京政府罷免曹、陸、章,以平息事態。6月10日,總統徐世昌被迫下令准予免去曹、陸、章三人的職務。與此同時,眼看國內輿情洶洶,均反對簽字,北京政府不得不含糊其詞地電令陸徵祥「自酌辦理」。中國旅法勞工和學生也到中國代表團駐地聲援,要求拒絕簽字。據此,當6月28日對德和約簽字儀式舉行時,中國代表團決定不前往簽字。親歷其事的外交家顧維鈞在回憶錄中說:「代表團最後的一致意見和決定是自己做出的,並非北京訓令的結果」,「無論從國內還是國際觀點來看,它都是中國歷史上的一個轉折點。」顧維鈞還說:「這對我、對代表團全體、對中國都是一個難忘的日子。中國的缺席必將使和會、使法國外

交界甚至使整個世界為之愕然，即便不是為之震動的話。」[1]

中國外交代表在國際會議上面對險惡的國際環境說「不」，這在鴉片戰爭以來的中國近代外交史上是一個重要的里程碑，開創了一個敢於對帝國主義國家的現有秩序抗爭的先例，對以後的中國外交產生了積極的影響。

五四運動是中國近代史上具有劃時代意義的事件，是一次民族覺醒的運動。毛澤東說過：「五四運動是反帝國主義的運動，又是反封建的運動。五四運動的傑出的歷史意義，在於它帶着為辛亥革命還不曾有的姿態，這就是徹底地不妥協地反帝國主義和徹底地不妥協地反封建主義。」[2] 從中國近代革命史角度說，五四運動標誌着近代中國的革命運動，將從舊民主主義時期轉入新民主主義時期。

**1** 中國社會科學院近代史研究所譯：《顧維鈞回憶錄》第一分冊，中華書局1985年版，第211、209頁。

**2** 毛澤東：《新民主主義論》，載《毛澤東選集》第二卷，人民出版社1991年版，第699頁。

# 馬克思主義在中國傳播
# 社會主義成為時代潮流

　　新文化運動的興起正值第一次世界大戰期間。第一次世界大戰造成了兩股強勁的思想潮流，一股是民主主義的思想潮流，另一股是社會主義的思想潮流。前者隨着戰爭中德、奧、俄這三個專制帝國的垮台而日益高漲；後者則伴隨着俄國十月革命的勝利，和歐美、日本等資產階級國家內工人運動以及社會革命運動的勃發，而澎湃於歐亞大陸。新文化運動明顯地受到了這兩大思想潮流的推動和衝擊。

　　1918年7月，眼見世界大戰將要結束，受美國總統威爾遜的影響，李大釗公開歡呼它是民主主義的勝利，稱今日所見都是民主主義的旗。但僅僅四個月後，當大戰結束之際，他已明顯地受到俄國十月革命勝利的影響，感覺到僅僅強調民主主義的勝利已經不夠了。他宣佈說，這次戰爭的勝利，固然是民主主義的勝利，但更是勞工主義的戰勝，是社會主義的勝利，即是布爾什維克的勝利。社會主義將成為20世紀的新潮流，「試看將來的環球，必是赤旗的世界！」[1]

　　五四運動以後，從救國的願望出發，人們已經更多地在注意俄國革命了。俄國革命發生在1917年，先是推翻了沙皇統治，創立了民主制度，接着布爾什維克又領導工人、士兵通過十月革命，建立了無產階級專政的政權。新政權建立初期，中國輿論界始終抱着一種懷疑的態度。因為蘇俄政權很快就遭到了英、法、日等14國的武裝干涉，形勢極其危

---

**1** 李大釗：《Bolshevism的勝利》（1918年12月），載《李大釗文集》第二卷，人民出版社1999年版，第246頁。

險。但是，布爾什維克靠着國內的工人、農民，竟然頑強地堅持了下來，並且把它的統治範圍迅速伸展到了臨近中國東北邊界的遠東地區。這種情況給了中國廣大進步知識分子以極大的觸動與啟示。為甚麼中國人請求帝國主義列強施恩，卻仍舊得到屈辱的裁決，而一個新生的俄國革命政權竟能夠挫敗帝國主義的武裝干涉？億萬中國人因此不能不重視作為俄國革命指導思想的馬克思列寧主義了。這就是毛澤東說的：「十月革命一聲炮響，給我們送來了馬克思列寧主義。」[1]

李大釗是第一個在中國公開宣傳馬克思主義的人。他早在 1918 年 7 月《言治》第三冊發表《法俄革命之比較觀》一文，指出「俄羅斯之革命是二十世紀初期之革命，是立於社會主義上之革命，是社會的革命而並著世界的革命之色彩也。」11 月 15 日，他在《新青年》五卷第五號發表《庶民的勝利》《Bolshevism 的勝利》強調「1917 年的俄國革命，是二十世紀中世界革命的先聲」。1919 年，李大釗連續在《新青年》第六卷第五、六號發表《我的馬克思主義觀》，這是國內首篇較為系統地介紹馬克思主義的重要文獻。該文大量介紹了日本社會主義者對馬克思主義的認識，對馬克思主義理論明顯地持肯定的態度。他還詳細介紹了馬克思主義理論的三個組成部分，即唯物史觀、政治經濟學和科學社會主義，並且強調了馬克思主義的階級鬥爭學說，稱「階級競爭說恰如一條金線，把這三大原理從根本上聯絡起來」[2]。這篇文章的發表，標誌着李大釗已經轉變成為一個馬克思主義者。

李大釗還在《新青年》《每週評論》《新潮》等刊物上發表《階級競爭與互助》《再論問題與主義》《由經濟上解釋近代思想變動的原因》《唯物史觀在現代史學上的價值》等多篇論文，介紹馬克思主義，並嘗試用馬克思主義觀點解釋中國革命等現實問題。李大釗還在北京大學經濟

---

**1** 毛澤東：《論人民民主專政》，載《毛澤東選集》第四卷，第1471頁。
**2** 李大釗：《我的馬克思主義觀》（上），《新青年》第六卷第五號。

系、歷史系、法律系等高校開設「唯物史觀」、「社會主義與社會運動」等課程，向青年學生宣講社會主義思想。[1]《新青年》成為集中宣傳馬克思主義的刊物。據統計，從五四運動到中國共產黨成立前夕，《新青年》發表的介紹俄國革命和宣傳馬克思主義的文章有130多篇。[2]

自1919年2月以後，《每週評論》以大量篇幅介紹了當時風起雲湧的歐洲革命浪潮和各國的工人運動，他們甚至在4月6日的一期上，還專門選登了馬克思、恩格斯的《共產黨宣言》第二章「無產者共產黨人」中的一段譯文，介紹了馬克思的無產階級專政的思想。他們特別為此加了編者按，稱「這個宣言是馬克思和恩格斯最先最重大的意見……其要旨在主張階級戰爭中，要求各地勞工的聯合，是表示新時代的文書」。

20世紀初，上海報刊開始傳播社會主義思想。《大陸報》發表文章說：「嘻，社會主義為前世紀以來最大問題，而實為大中至正，盡善盡美、天經地義、萬世不易之道，豈有如許行之說者乎？社會主義在昔日為空論，在今日則將見諸事實。」[3]《新世紀學報》譯載《近世社會主義評論》，譯者按語寫道：「索西亞利士謨（按即社會主義）者，其宗旨專在廢私有財產，而為社會財產，為共有財產」，「此社會主義者……吾再拜以迎之，吾頂禮以祝之。」[4]上海廣智書局和作新社在1903年出版了四種有關社會主義的書籍。這些宣傳在社會上產生了一定影響。[5]五四運動之後介紹傳播革命的社會主義迅速成為一種潮流。當時許多報刊都陸續刊登了大量介紹俄國革命和革命社會主義的文章及通訊。除了《新青年》《每週評論》以外，比較著名的還有國民社出版的《國民》雜誌、《晨報》

---

**1** 參見丁守和、殷敘彝《從五四啟蒙運動到馬克思主義的傳播》，生活．讀書．新知三聯書店1979年版，第164—165頁。

**2** 黃修榮：《20世紀中國全史．曙光初照》，中國青年出版社2001年版，第195頁。

**3** 《敬告中國之新民》，《大陸報》第六期，第4頁。

**4** 杜士珍：《近世社會主義評論》，《新世紀學報》癸卯第二期。

**5** 參見金沖及、胡繩武《辛亥革命史稿》第一卷，上海人民出版社1980年版，第245頁。

副刊以及《建設》《星期評論》等。1919 年 7 月在湖南長沙由毛澤東創辦的《湘江評論》，在進行徹底的反帝反封建宣傳和馬克思主義的傳播方面也發揮了作用。

《國民》雜誌是由一些激進的青年學生創辦的。當時其他報刊翻譯《共產黨宣言》大部分還都是片段章節，而他們則整整譯載了第一章。同時，他們在介紹俄國布爾什維克方面也不遺餘力，組織了不少文章。

《晨報》本是研究系梁啟超一派人的機關報。五四運動前後顯然也受到歐美社會主義思潮的強烈影響，一度熱衷於譯介有關馬克思主義和俄國革命的著作文章。它當時特別闢出版面刊出「馬克思研究」專欄和「俄羅斯研究」專欄，不僅介紹馬克思、列寧的生平，而且花大量篇幅譯介了若干馬克思主義的經典著作，如馬克思的《僱傭勞動與資本》《第三國際第一次代表大會宣言》以及考茨基的《馬克思的經濟學說》和日本社會主義者河上肇的《馬克思唯物史觀》等。同樣，研究系在上海舉辦的《時事新報》副刊和《改造》雜誌，也譯介了不少有關馬克思主義理論的文章。

同樣受到社會主義思潮衝擊和影響的還有在孫中山和國民黨支持與指導下的《民國日報》副刊、《建設》與《星期評論》等。《民國日報》副刊《覺悟》在譯介馬克思主義著作方面所做的工作相當多。它在一段時間裏譯介了不少馬克思列寧主義的原著，包括馬克思、恩格斯的《共產黨宣言》，恩格斯的《社會主義從空想到科學的發展》、列寧的《戰爭與和平》《論糧食稅》《帝國主義》《帝國主義是資本主義的最高階段》《國家與革命》，以及考茨基的《倫理與唯物史觀》、布哈林的《無政府主義和科學社會主義》等。

陳獨秀和李大釗等人，在五四運動之前就開始注意社會主義新思想傳播。五四運動以後，從社會主義到改良主義、無政府主義、互助主義、工學主義、新村主義等各種思想都有傳播，都有研究，但在社會改造問題上，主張社會主義日益成為時代主流。各種進步期刊和社團明顯

地表現了對社會主義的嚮往。社會主義成為時髦的新思潮。有的文章認為資本主義是大眾的公敵,「要救中國社會,應當實行社會主義;要實行社會主義,應當先使生產社會化;要使生產社會化,必須藉助政治的權力,必須先掌握政權,必須先幹革命;要幹革命,必須大家努力宣傳,準備實力」[1]。當時有一篇文章做過這樣的分析:「一年以來,社會主義的思潮在中國可以算得風起雲湧了。報紙雜誌的上面,東也是研究馬克思主義,西也是討論鮑爾希維主義,這裏是闡明社會主義的理論,那裏是敍述勞動運動的歷史;蓬蓬勃勃,一唱百和,社會主義在今日的中國,彷彿有『雄雞一唱天下曉』的情景。」[2]

馬克思主義在中國的傳播,推動了以陳獨秀和李大釗為代表的一代有初步共產主義思想的知識分子的產生。他們在政治上是既不屬於孫中山國民黨,也不屬於梁啟超改良派,是一部分具有獨立政治見解的新興力量。他們明顯地傾向於社會主義的改造方法,尤其看重平民及勞動階級的歷史作用。他們對俄國革命的同情和對馬克思主義的重視,促使他們開始自發地組織各種馬克思學說研究會、俄羅斯研究會,開始探討在中國組織類似俄國布爾什維克黨那樣的組織。

本書根據近代中國「沉淪」、「上升」歷史規律的理論體系,把 1901年《辛丑條約》簽訂到 1920 年中國共產黨早期組織成立這段時間,看作是「沉淪」、「上升」中間的過渡段:「谷底」。

思考近代中國歷史發展規律的時候,人們很容易看到,由於帝國主義的侵略,封建統治的腐敗,使獨立的中國社會變為半殖民地,獨立主權、領土完整受到嚴重損傷,這就是近代中國的「沉淪」,甚至「沉淪」到「深淵」。但是近代中國歷史是發展的,這個「沉淪」、「深淵」,就這

**1** 上海《民國日報》副刊《覺悟》,引自《五四時期期刊介紹》第一集上冊,生活・讀書・新知三聯書店1978年版,第194頁。
**2** 《東方雜誌》第十卷第四號,1921年2月25日。

麼無限下去嗎？深淵的「底」在哪裏？就在 20 世紀頭 20 年，就在《辛丑條約》簽訂以後至北洋軍閥統治時期，無論從國際關係的角度說，還是從國內歷史進程的角度說，中國國勢的沉淪都到了「谷底」到了中國近代社會最困難的時候：《辛丑條約》給中國帶來了最大的打擊，帝國主義侵略中國更加重了，西有英國對西藏的大規模武裝侵略，東有日俄在東北為瓜分中國勢力範圍進行的武裝廝殺，北有俄國支持下外蒙古的獨立運動，南有日本、英國、法國在台灣、九龍租借地（新界）和廣州灣租借地的統治；到 1915 年以後，又有日本提出的企圖滅亡中國的二十一條、袁世凱稱帝、張勳復辟、日本出兵青島和山東以及軍閥混戰，民不聊生至於極點。看起來中國社會變得極為黑暗、極為混亂，毫無秩序、毫無前途。但是，正像黑暗過了是光明一樣，中國歷史發展在「谷底」時期出現了向上的轉機。資產階級革命派力量在此期間壯大起來，並導演了辛亥革命推翻帝制的悲喜劇。這個革命失敗，中國人重新考慮出路。於是，新文化運動發生了，五四愛國運動發生了，馬克思主義大規模傳入並被人們接受。孫中山領導的中國國民黨從這時改弦更張，重新奮鬥。中國共產黨在這時候成立並提出反帝反封建的明確主張。

我們可以看出，從這時候起，中國社會內部發展明顯呈現上升趨勢，中國人民民族覺醒和階級覺醒的步伐明顯加快了。在這以前，中國社會也有不自覺的反帝反封建鬥爭，也有改革派的主張和吶喊，但相對於社會的主要發展趨勢而言，不佔優勢；在這以後，帝國主義的侵略還有加重的趨勢（如日本侵華），但人民的覺醒，革命力量的奮鬥，已經可以扭轉「沉淪」，中國社會的積極向上一面已經成為社會發展的主要趨勢了。這就是為甚麼不把辛亥革命，不把新文化運動和五四運動看作「上升」起點，而把中國共產黨的成立看作「上升」起點的基本原因。